U0933300

楚汉四年：

道出国史千年宿命

Four Years of the Struggle Between Chu and Han

孔令堃 著

江苏凤凰文艺出版社
JIANGSU PHOENIX LITERATURE AND ART PUBLISHING

图书在版编目（CIP）数据

楚汉四年：道出国史千年宿命 / 孔令堃著 . -- 南京：江苏凤凰文艺出版社，2021.6
ISBN 978-7-5594-5495-9

Ⅰ . ①楚… Ⅱ . ①孔… Ⅲ . ①中国历史 – 楚汉战争时代 – 通俗读物 Ⅳ . ① K234.109

中国版本图书馆 CIP 数据核字 (2020) 第 244905 号

楚汉四年：道出国史千年宿命

孔令堃 著

责任编辑 白 涵

策划编辑 曲安娜

营销编辑 黄志瑛

责任印制 刘 巍

出版发行 江苏凤凰文艺出版社

南京市中央路 165 号，邮编：210009

网 址 http://www.jswenyi.com

印 刷 三河市祥达印刷包装有限公司

开 本 710mm × 1000mm 1/16

印 张 21

字 数 277 千字

版 次 2021 年 6 月第 1 版

印 次 2021 年 6 月第 1 次印刷

书 号 ISBN 978 - 7 - 5594 - 5495 - 9

定 价 88.00 元

目录 Contents

中篇　群雄投机中的楚汉相争

下篇　大汉王朝里的失意皇帝

楔　子

中国历史上伟大的诗人李白曾经写下过这样的诗句："秦王扫六合，虎视何雄哉！挥剑决浮云，诸侯尽西来。"这首《古风》说的就是大秦王朝那一统寰宇的豪迈，思来令人心驰神往，肃然起敬。

李白所处的时代离秦始皇的时代将近一千年，他本人也是一个极具尚武精神的侠客，所以从李白的角度去仰视秦朝的那段峥嵘岁月，不由发出如此慨叹。其实不光李白，即便是距离秦始皇时代两千多年的我们，再看秦始皇和他缔造的秦王朝，也能领略到身为秦始皇君臣的那份骄傲，那是一份空前绝后的骄傲：廷尉李斯建议秦始皇用三皇五帝中最尊贵的"泰皇"为称号，但秦始皇本人觉得仅仅是"泰皇"不足以诠释其伟大，所以秦始皇从"三皇和五帝"中各取一个字，以"皇帝"为称号。后世帝王跟着秦始皇沿用皇帝称号，但是敢于睥视三皇五帝且不被质疑的，只有秦始皇一人而已。

秦始皇是伟大的，贴在他身上最醒目的标签就是"统一"。他统一全国、统一文字、统一度量衡、统一货币、统一车轴、统一路宽；他北却匈奴、南逐百越、北筑长城、南修运河……就是这样一个伟大君主，连他的敌人在总结他的过失的时候，依然掩盖不住对他的钦敬之意。如贾谊在总结秦朝过失的《过秦论》里面写道：

“及至始皇，奋六世之余烈，振长策而御宇内，吞二周而亡诸侯，履至尊而制六合，执敲扑而鞭笞天下，威振四海。南取百越之地，以为桂林、象郡；百越之君，俯首系颈，委命下吏。乃使蒙恬北筑长城而守藩篱，却匈奴七百余里。胡人不敢南下而牧马，士不敢弯弓而报怨。于是废先王之道，焚百家之言，以愚黔首；隳名城，杀豪杰，收天下之兵，聚之咸阳，销锋镝，铸以为金人十二，以弱天下之民。然后践华为城，因河为池，据亿丈之城，临不测之渊，以为固。良将劲弩守要害之处，信臣精卒陈利兵而谁何。天下已定，始皇之心，自以为关中之固，金城千里，子孙帝王万世之业也。”

贾谊虽然总结的是秦朝的过失，但是在言及秦始皇时，还是毫不吝啬地把赞美之词悉数奉上。然而历史就是这么幽默，秦始皇活着的时候，生活在他统治下的中国人绝大多数不觉得他伟大，也同样不觉得大秦王朝伟大。在那个时代，能证明秦始皇伟大的只有他游历天下到处营造的歌功颂德碑而已。相反，老百姓对这位始皇帝有切齿的仇恨，被他灭掉的六国贵族后裔天天盼着颠覆这个反动政权，跟着秦始皇打天下的老臣眼巴巴地盼着皇帝论功行赏，自己封邦建国，但是李斯力排众议支持皇帝废分封行郡县，让大臣们失望至极。而李斯这样急君王之所急的大臣，小日子也过得如履薄冰。博士淳于越为了秦始皇好而再议分封被活埋，同时殉葬的还有四百多儒生。总而言之，从皇族到官员，从士大夫到百姓，都可以深刻地体会到大秦帝国的恐怖，根本感受不到这个王朝的伟大或可爱。

当时的人并没有同为炎黄后裔的民族认同感。对于东方六国来说，秦朝是让他们成为亡国奴的侵略者，其中不少六国公卿在积极酝酿反秦运动。秦朝对六国之人也没有爱护，只有无休止的兵役和徭役。人们坚信这个王朝一定会很快崩溃，虽然秦始皇英明神武，虽然大秦帝国有数十万横扫天下的虎狼之师。但是民间一直流传着一个传说：楚虽三户，亡秦必楚！

而我们的故事，就从生活在原楚国领土上的三个人说起……

上篇

Part one

强秦盛世下的帝国危机

第一章　国仇家恨

如果说大秦王朝是个伟大的王朝，下面这位年轻人必然不能认同。此人姓项名籍字羽，也就是我们熟知的楚霸王。项羽是下相县（今江苏宿迁西南）人，楚国名将项燕的长孙。那么，项羽为什么不认同呢？这还要从项羽的家族说起。

项氏出于姬姓，西周时被封在项国。项国曾被齐国所灭，后来楚国强盛，项国又划到楚国境内。项国后人被楚国封在项地（今河南省项城市），因此他们改姓项。项氏世世代代为职业军人，家族使命就是保卫楚国。那是在战国末年楚王负刍时代，秦国派大将李信、蒙恬率军二十万攻楚，楚将项燕诱敌深入，击败秦军。由于项燕打败了不可一世的秦军，那他自然被楚人奉为战神，视之为楚国的擎天白玉柱。谁承想第二年，秦国派出老将王翦率军六十万再次攻楚，王翦并不急于和项燕决战，而是依靠强大的国力和楚国相持，大打消耗战。楚国国力跟秦国国力没法比，项燕自然也耗不起。耗得差不多了，实在耗不下去的项燕决定撤退。王翦趁机追击，项燕战败自杀。

出处

项籍者，下相人也，字羽。初起时，年二十四。其季父项梁，梁父即楚将项燕，为秦将王翦所戮者也。项氏世世为楚将，封于项，故姓项氏。——《史记·项羽本纪》

项燕死后，楚国人很久都不能接受这个事实。秦国统一后，原本是楚国职业军人的项燕子孙，失去了家族世代保卫的楚国。原本是楚国贵族的项氏家族，开始过起了隐姓埋名的生活。项羽作为项燕的长孙，对秦朝集国仇家恨于一身，从未想过要在秦朝做一个顺民。

在项燕的众多儿子里，小儿子项梁跟项羽的关系最为密切。一来两人岁数相差不大；二来项燕的儿子里，只有项梁最有家族使命感，这点和项羽完全契合。所以在相当长的时间里，项梁成了这个没落家族的族长，而项羽紧紧地跟随在项梁之后。项家爷们儿既然是将门之后，自然都继承着家族的绝学。最起码项家子孙都是练家子，剑法好得很。但是项梁惊奇地发现，项羽实在是太不像项家子孙了。最初在项梁眼中，项羽是个文不成武不就的。项羽不爱学语文，说学那玩意儿也就是记记姓名；项羽还不爱学剑术，说学那玩意儿最多也就是打败一个人。像他这样的奇男子，必须得学力敌万人的兵法。项梁一琢磨，也是这个道理，所以把从项燕那里学到的兵法悉数传给了项羽。谁知道项羽看完目录之后就觉得全部掌握了，绝不肯再多看一页。这令项梁非常失望。不过这样一个文不成武不就兵法不通的项羽，很快就让项梁颠覆了人生观。

秦朝的暴政那是出了名的，其中有一条连坐法，十分残忍坑人。项梁是一个戒骄戒躁、小心谨慎的人。虽然他身份敏感，但是胸怀大志。可是他传给项羽兵法这事，一不小心被邻居知道了。秦朝的大将一代代家传，根本用不着从老百姓里面选将军。比如蒙恬，那是老将蒙骜的孙子，名将蒙武的儿子；大将王离，他爷爷是战神王翦，他爸爸是名将王贲。你这个前楚国人没事学兵法干什么？显然这是要颠覆朝廷的行为。万一这事让官府知道，邻居也要连坐受刑的。所以邻居马上举报，项梁莫名其妙地被捕入狱。项羽上下使钱，项梁写信走了司马欣的门路，这才被释放。事后项梁咽不下这口气，杀掉了告密者，然后和项羽一起逃到了吴中地区的会稽郡（今江苏省南部和浙江省北部地区，治所在今天江苏省苏州市）。项梁之所以逃往会稽，那是为了躲避仇家报仇。这时候的项梁觉得不能再低调下去了，是时候报仇了。

《秦律》在杀人罪中，规定了四种形式，分别是：贼杀（偷盗时杀人）、斸杀（械斗时杀人）、故杀（故意杀人）和擅杀（不经请示擅自杀人）。项梁杀人，事出有因，一来使钱，二来上面有人，所以不在四杀之列，没法量刑。可见秦朝所谓的依法治国只是个相对概念，只对平民有用。

到了会稽郡的项梁，凭借自己的学识，混了个小吏的职位。秦朝取缔私人办学，以官本位思想出发而规定教育要“以官为教，以吏为师”。项梁在会稽就负责教学，而会稽郡有名望的士大夫都是项梁的学生。项梁还负责当地的兵役、徭役，以及婚丧嫁娶的主持工作。久而久之，很多人因为仰慕而跟随项梁，项梁选择这些人当中的靠谱者，秘密传授兵法。

随着项梁人气的节节攀升，令他惊讶的一幕发生了。此时的项羽已经成年，他身高八尺、相貌堂堂、体格健硕，外貌特征足以征服万千少女。而且不学剑法的项羽战斗力比有名的剑客还要高，他力能扛鼎，英武非凡。这个力能扛鼎可不是一般人能办到的，当初以力大闻名的秦武王就是因为挑战扛鼎运动，被大鼎压断双腿，不久便一命呜呼。项羽虽然没怎么学过兵法，但是谈及谋略，他也折服了很多人。就这样，项羽成了吴中子弟膜拜的偶像，人气也远远高于项梁，这也为他们将来在吴中举事奠定了坚实的基础。也正是因为如此，心高气傲且对秦朝有切齿仇恨的项羽才会不屑地对着秦始皇的车驾说：“彼可取而代之！”

出处

项梁尝有栎阳逮（栎阳逮：在栎阳有案底），乃请蕲狱掾曹咎书抵栎阳狱掾司马欣，以故事得已（用过去的交情打动司马欣免罪）。项梁杀人，与籍避仇于吴中。吴中贤士大夫皆出项梁下。每吴中有大徭役及丧，项梁常为主办，阴以兵法部勒宾客及子弟，以是知其能。秦始皇帝游会稽，渡浙江，梁与籍俱观。籍曰：“彼可取而代也。”——《史记·项羽本纪》

那是一份自幼便埋在项羽心里的仇恨，随着项羽的成长，这份仇恨越发地不可控制，而他们家族的大仇人就在那辆华丽的马车中。项羽发誓，一定要推翻暴秦，让当年欺骗楚怀王的秦国皇族付出血的代价！

孤傲且刚愎，这就是项羽的性格。正是在这种性格的驱使下，项羽没有按照项梁为他规划的人生路线走下去，而是选择了一条自己认为正确的发展道路，而这个性格，成了日后项羽成就丰功伟绩的关键，也埋下了项羽自刎乌江的宿命。

其实这种复仇的思想并不是项羽独有，前六国的贵族公卿或多或少都有这样宏愿。比如前韩国末代丞相张平之子张良，虽然体弱多病，但是他为了复仇，做出公然反秦的举动比体格健硕的项羽要早得多。比如前齐国贵族田横，也在暗中积蓄力量，时刻准备着闹革命。他们都属于旧贵族阶层，代表了旧贵族的普遍思想。至于平民百姓，虽然痛恨秦朝的徭役、兵役，但不代表每个人都想跟秦朝说再见。至少下面要说的这位老百姓，在秦朝混得有模有样。

第二章　狼行千里吃肉

即便是在秦朝那个民不聊生的时代，依然有底层出身的人物混得风生水起。让我们把目光投向大秦王朝的沛郡丰邑县阳里村（今江苏省丰县），认识一位善于“混”的人物。

说到“混”，不同阶级的“混”有着截然不同的定义。农民混的是田间地头，流氓混的是“江湖道义”。比如说丰邑的这位爷，姓刘名季，那是混街面的一把好手。即便是放到今天，能在一个县城混成刘季那样，在群众眼中也是混得比较成功的角色。

刘季是农民出身，从名字就能看出他在家排行老四。古代中国人给孩子排序号的顺序是伯、仲、叔、季，刘季的意思其实就是刘四。由于刘季的哥哥长到成年的只有两个，所以很多人误以为刘季是老三。过去每个家庭里的小儿子都集万千宠爱于一身，一般都比较能作。刘季虽然不是最小，但是“作”的水平很高。他还真不是好吃懒做，虽然他不爱干活，没有赚钱的手艺。但是在那个时代的农民当中，刘季属于志向远大的那一类。

刘季年轻那会儿，还是战国末年，那个时代有无数的成功人士给刘季当榜样。比如在刘季出生的几十年前，有个叫苏秦的农民就愤然放下锄头，靠三寸不烂之舌赢得六国相印，令人敬仰不已。再比如当时同为农民出身的张仪，也扔下了锄头投奔秦国，靠嘴皮子当了秦国的丞相。

刘季觉得他比苏秦、张仪更有机会出人头地，一来他也是个爱学习的农民；二来刘季生活的时代，战国四公子之一的信陵君魏无忌家里的大门常打开，开放怀抱等待天下英雄。因此刘季也决绝地放下锄头，离开楚国前往魏国大梁（今河南省开封市）去投奔偶像魏无忌，希望能奋斗出一番事业。当然了，此时的刘季不能再叫刘季，他叫刘邦。

当年的苏秦、张仪师出名门，都是鬼谷子的弟子，也算是当年他们混官场的敲门砖。刘邦也有好老师，小时候刘邦和发小卢绾就曾拜马维为师，今天的丰县还有马公书院的纪念馆。但是刘邦混江湖靠的是颜值，没错，他是个靠脸吃饭的人。刘邦长得帅，据说左腿上有七十二颗黑痣。这咱也不知道这七十二颗黑痣是谁数的，总之这也算是刘邦最早的营销。这事要放到今天，也甭数了，赶紧去医院查查是不是皮肤癌吧。

出处

高祖为人，隆准而龙颜，美须髯，左股有七十二黑子。——《史记·高祖本纪》

刘邦毅然决然地前往大梁投奔信陵君，在刘邦之前，无数的英雄人物都走过这条道路。此时的刘邦身上还没有任何的流氓气息，他既温文尔雅，又不失豪侠气度。然而世事如棋，那时候刘邦没有手机，自然在路上无法随时看新闻。等到刘邦历尽千辛万苦到了大梁，尴尬的一幕出现了。饱受秦国离间计折磨的魏无忌，在酒色荒淫中郁郁而终，这让刘邦十分遗憾。不过刘邦倒也算是不虚此行，在大梁，刘邦结识了魏无忌的门客张耳。张耳才华出众，当年的刘邦受张耳影响很深。后来秦国名将王贲（老将王翦之子）灭掉魏国，刘邦才返回家乡。

出处

秦之灭大梁也，张耳家外黄。高祖为布衣时，尝数从张耳游，客数月。——《史记·张耳陈馀列传》

对于刘邦来说，这次大梁之行虽然没有达到目的，但是意义重大。刘邦开阔了眼界，增长了知识。同时，他也意识到了苏秦、张仪那套方式已经和时代脱节。什么合纵连横？秦灭六国才是大势所趋。没多久，刘邦的祖国楚国也被秦国灭掉，刘邦从此变成了秦。

大秦一统之后，刘邦仗着体格结实，又见过世面，所以混了个泗水郡沛县泗水亭的亭长当。过去的亭相当于现在的街道办事处，亭长就是这个街道办事处的“综合执法队长”。什么街面上的地痞流氓啊，小偷小摸啊，小商贩啊，都归亭长管。刘邦混了这个差事，那自然是开启了自己的别样人生。

自从刘邦干上了综合执法，那绝对是黑白两道通吃，在他综合执法的那十里地面上，还都买他的账。比如刘邦跟衙门口的人称兄道弟，肆意玩笑；比如卖狗肉的小商贩樊哙，绝不敢找刘邦要肉钱。就樊哙那脾气体格，放今天也是暴力抗法的苗子，但是他却非常愿意结交刘邦，曲意逢迎刘亭长。

刘邦不仅仅是个吃狗肉不给钱的主儿，人家喝酒也不给钱。但是刘邦喝酒有规矩，可不是谁家酒店都有机会让刘亭长白喝的。刘亭长就爱去寡妇开的酒店去喝酒，一喝就醉，一醉就睡。酒钱人家没说不给，先记账，至于还期，那是遥遥无期。他最喜欢的两个寡妇老板，一个叫王媪，一个叫武负（“负”通“妇”）。刘邦无论来她们俩任何一个酒店喝酒，必须喝醉。咱不管真醉假醉，反正不醉没理由睡在人家那里。这才符合太史公给刘邦下的评语：“好酒及色。”根据人们爱传闲话的悠久传统，久而久之这事就传开了。很多人都想一探究竟，看看刘亭长的风流艳事是怎么回事。所以刘邦前脚去寡妇酒店买醉，后脚那些好事者就去店里探秘。如果好事者只是进去看热闹，得让酒保轰出来，另外刘亭长也不会放过他们。所以这些人到店里得假装喝酒，顺便点几个小菜。大概有这么一年的时间，无论是王媪还是武负，都发现只要刘邦前脚进来买醉，后脚顾客就纷至沓来。对于她们来说，刘邦简直就是吉祥物，他欠的酒钱跟他带来的营销效应相比，压根不值一提。所以王媪和武负都选择了放弃要债，两人都使出浑身解数拉拢刘邦，热切地盼着刘邦到自己店里来。

出处

（高祖）及壮，试为吏，为泗水亭长，廷中吏无所不狎侮。好酒及色。常从王媪、武负贳酒，醉卧，武负、王媪见其上常有龙，怪之。高祖每酤留饮，酒雠数倍。及见怪，岁竟，此两家常折券弃责。——《史记·高祖本纪》

刘邦不仅跟底层人民打成一片，还跟县里的官吏诸如萧何以及曹参勾肩搭背，地方大佬王陵也是刘邦的好朋友。就这样，到哪儿都混得开的刘邦在沛县生活得很惬意。对于大多数苦难百姓来说，刘邦就是个成功人士。生活滋润的刘邦，对大秦王朝根本谈不上恨，毕竟祖上是魏国人的他对楚国也没什么感情。而且无论他的国籍是楚国还是秦国，刘邦都是社会最底层。如今能混到去城里下馆子都不给钱的地步，刘邦对自己的生活很满意。在那样一个绝大多数人都朝不保夕的时代，吃饱饭就是幸福。

所谓狼行千里吃肉，刘邦就属于到哪儿都混得开的“狼”，改朝换代对刘邦的影响微乎其微。别管是什么时代，刘邦都不会安安稳稳地在乡下种地。生命在于折腾，善于交际的刘邦，在沛县折腾得很成功。当然有时候刘邦也有很无奈的时刻，比如他爸爸老觉得刘邦不如刘仲（刘邦的二哥）能挣钱；再比如刘邦的大哥刘伯死后，刘邦老去大嫂家蹭饭不被待见。但是刘邦的内心一直很强大，活得很开心。

圆滑且内心足够强大是刘邦的性格特点，这种性格对刘邦日后的成功起到了重要作用。同样是那个时代，不是所有老百姓都像刘邦那样过得有滋有味。比如他将来的属下韩信，日子过得就很悲催。

第三章　与身份不相符的坚持

战国时代是个英雄辈出的时代，在当时，任何人只要学有一技之长，都能混出名堂。所以那个时代的人别管出身是什么，都能通过后天的努力去改变命运。齐国人蒙骜就这样在秦国掌了兵，小公务员李斯就这样在秦国当了“司法部长”，农民苏秦就这样当了“秘书长”。总之我们熟知的那些战国英雄，大都是从社会底层通过摸爬滚打一步步实现了人生的逆袭。可是秦朝一统天下之后，这种趋势戛然而止。秦朝还没有科举制度，官员的选拔普遍采用世卿世禄制度，老百姓想当官那是白日做梦。

那么安心在家做学问，像孔子、墨子、荀子等大师那样广揽门徒可不可以？在秦朝那也是绝对不行的。秦朝要求以官为教，以吏为师。民间办学是不被允许的。老百姓只能服兵役、徭役，其他的免谈。也正是因为这样，像张良这样的人才会不遗余力地要置秦始皇于死地。也正是因为如此，原本温文尔雅的刘邦混成了街头流氓的老大。张良不能顺应潮流，所以成了通缉犯四处逃难。刘邦比较圆滑，很快在时代的夹缝中找到了自己的生存空间，原本受过良好教育的刘邦说着脏话成了沛县大混混，生活过得有滋有味。

还有一个人在时代的洪流中扮演着顽石的角色，绝不随波逐流。此人就是另一个前楚国人，他的名字叫韩信，坚持着本不该他坚持的信念。韩信出身平民，生活在楚国淮阴（今江苏淮安）。在他十几岁的时候秦朝一统天下，韩信很悲剧地成了秦朝人。作为秦朝的平民百姓，韩信没有土地耕种，这就意味着他想踏实当个农民是不可能的。当然了，韩信就算是有土地也不会安心地当个农民，他跟早年间的刘邦一样，不是个安心混吃等死的人。

年轻的韩信与年轻的刘邦有着很多相似的地方，比如不会种地、不会经商、没有生存的手艺。而且韩信也跟年轻的刘邦一样上进，坚持学习文化知识和剑术。刘邦学习是为了投奔信陵君混出个名堂，而韩信的这份坚持，连他自己都不知道为什么。当刘邦得知学习无用的时候，马上去混了社会，还混了个小吏当当。项梁在逃到会稽之后，也混了个小吏谋生。再看韩信，学了一身本事，因为不屑于钻营，所以连个小吏也没混上。

韩信的内心，充满了悲伤。他不屑于营销自己，结果弄得连饭辙都没了。放眼望去，大秦帝国才刚刚建立。蒙恬北却匈奴七百里，屠睢、任嚣先后出兵平定了南越。这个帝国看上去是那样稳定，这就意味着，韩信所掌握的本事，在当时一文不值。他既不能像刘邦那样混个亭长当当，也没能在哪儿混个保镖。仿佛他唯一的谋生之道就是出去劫道了，很不幸，韩信没有生活在宋朝。秦朝是个劫道都能亏损的时代。秦朝的官方通用货币是半两钱，但是因为受当时生产力和经济政策的制约，半两钱虽然是官方货币，但不代表人人都会带着很多钱出门。当时的官员工资都是靠小米结算，很多时候，小米是那个时代的硬通货。秦朝的税法规定，老百姓收的粮食要拿出三分之二去交税，也就意味着谁也没有余粮等着韩信去劫，这是个治安多好的时代啊，老百姓穷得夜不闭户、路不拾遗。

出处

（始皇）收泰半之赋。——《汉书·食货志上》

在这样一个时代，像韩信这种人要么高傲地饿死，要么收起那份自尊去蹭饭，要么自己找块地种地养活自己。韩信既然不会种地，又不愿意去死，因为他还没有证明自己的价值，所以韩信坚持走上了蹭饭道路。虽然他的自尊心很强，但是生活把韩信硬生生地逼成他最不想成为的那类人。很多时候，韩信自己都瞧不起自己。

在当时很多人眼里，韩信是个不太正常的人。该学种地的时候他读书，该学钻营的时候他练剑。读书和练剑在当时都是贵族们消遣的游戏，对于一个连饭都吃不上的老百姓来说，学这两样完全不具备经济价值。可是饿着肚子的平民韩信就是这么坚持着读书练剑，虽然连他自己都不知道这辈子还有没有机会使用这两大技能，但是他倔强地坚持着，尽管大家都对故意蹭饭之人深恶痛绝，尤其是对天天蹭饭之人，绝对视之如蝗虫。大才如韩信，最终沦落为一个顿顿靠蹭饭为生的人，不得不说这是老天对秦朝的讽刺。

那么说刘邦为什么要请人人都不待见的韩信来家吃饭呢？史书中没有记录这些细节。不过我分析，刘邦请韩信来家吃饭，绝不是让他白吃的，很明显这是一场交易。至于他让韩信干什么，我们不得而知。但是可以肯定的是，他让韩信去办的事触碰到了韩信做人最后的底线，所以韩信没有接这个差事。刘邦一看韩信不上道，就跟自家媳妇演了一出戏。于是某一年某日某一天，在韩信一大早如约而至去吃早点之前，刘邦的媳妇一大早在被窝里就把早点吃光了。韩信知道后顿悟，这个世界上绝对没有免费的早餐。

出处

（韩信）常数从其下乡南昌亭长寄食，数月，亭长妻患之，乃晨炊蓐食。食时信往，不为具食。信亦知其意，怒，竟绝去。——《史记·淮阴侯列传》

这个事情对于韩信来说，是非常严重的。对于韩信来说，原本冷漠的社会，能有刘邦这样的好人款待他，可以让他感到阳光都比以前更明媚了。但是当韩信知道这是一个丑恶的交易后，他对这个世界彻底绝望了。他离开了熙熙攘攘的社会，到城外荒郊过起了避世的生活。其实韩信这种人就是不如刘邦内心强大，同样的事情刘邦也曾遇到过。那是在刘邦年轻的时候，没饭吃的刘邦按照惯例去自己大嫂家蹭饭。那时候刘邦的大哥刘伯早已亡故，刘邦老去蹭人家孤儿寡母的饭，让他大嫂很反感。这次刘邦去蹭饭，一进门就发现大嫂用锅铲子用力地刮着锅底，那意思是饭吃完了，一点儿都没剩下。刘邦只不过打个哈哈，再去别处蹭饭。若干年后，刘邦面南背北登基称帝，封刘伯的儿子刘信为羹颉侯，就是为了调侃当年大嫂刮锅底的行为。

出处

嫂（高祖兄刘伯妻）厌叔（高祖），叔与客来，嫂详为羹尽，栎釜（刮锅底），宾客以故去。已而视釜中尚有羹，高祖由此怨其嫂。及高祖为帝，封昆弟，而伯（刘伯）子独不得封。太上皇以为言，高祖曰："某非忘封之也，为其母不长者耳。"于是乃封其子信为羹颉侯。——《史记·楚元王世家》

韩信做不到刘邦那般强大，只能守着自己那份坚持，一路逃到了郊外。然而生活就是这样，很多事不是你想逃就能逃得了的。韩信的郊外生涯，并不比城里顺利，但遇到了他人生中的第一个贵人。从此以后，韩信经历了一番磨炼，重出江湖。

孟子曰："天将降大任于斯人也，必先苦其心志，劳其筋骨，饿其体肤，空乏其身，行拂乱其所为，所以动心忍性，曾益其所不能。"韩信仿佛经历了孟子所说的种种不幸，但是他没看到有什么大任要落到他的肩上。韩信决定自己动手丰衣足食，而他此时唯一的果腹手段，只剩下了钓鱼。

想当年姜太公钓鱼，那是为了钓人。而韩信钓鱼，那真是为了钓鱼。钓鱼是个学问，使什么杆，用什么线，挂什么钩，下什么饵，这都不是胡来的。韩信一来不精于此道，二来也没有称手的钓具，所以韩信的钓鱼生涯同样悲催。接下来，钓不到鱼的韩信就要直面死亡。虽然在秦朝饿死人的事并不新鲜，但对韩信来说，这时候死，却有太多的遗憾和不甘。

毫无疑问，韩信之才高于别人。但是韩信拿什么证明这一切？作为一个成年人，韩信的资产一直是负增长。如今他要面对饿死的窘境，现实明明白白地告诉韩信：你是个失败者。

就在韩信走投无路之时，一个在河边洗衣服的大娘注意到了韩信。大娘经过缜密的分析，找到了韩信钓不上鱼的原因。韩信为什么钓不到鱼呢？道理很简单。韩信在河边钓鱼，不远处有个老太太在河边洗衣服，虽然鱼的智商很低，记忆只有七秒，但什么鱼敢在水花纷飞的地方捕食？

这位洗衣服的大娘心地善良，见韩信饿得要死，就把自己带的食物分给韩信吃。韩信热泪盈眶，久违了，这就是传说中的饭吧，长得真可爱。虽然这不是什么珍馐美味，仅仅能果腹而已，但对于韩信来说，这就是他当时唯一的追求。韩信吃了大娘很多天的饭，一种复杂的情绪笼罩在韩信心头。这么多年来，韩信一直是社会的弃儿。他周围的人要么是看不起他，要么是想要利用他。就说这次韩信心安理得地吃了大娘这么多天饭，他其实一直在等待，他等着大娘向他出要求，这才符合逻辑。不过大娘好像很沉得住气，好几天过去了，大娘一直是到点来洗衣服，到点给韩信饭吃，到点收工回家。韩信终于沉不住气了，他对大娘说：“等我发达了，一定会报答您。”这句话看起来简单，其实暗含着韩信太多复杂的情绪在里面。老话说得好，“贫居闹市无人问，富在深山有远亲”。韩信有这际遇，一定要跟老大娘摊牌：我现在什么都没有，我能给您的只有一个会被人当成笑话的承诺。大娘被激怒了，她终于说话了，她说她是看韩信可怜才给他饭吃，压根不图什么回报。

出处

信钓于城下，诸母漂，有一母见信饥，饭信，竟漂数十日。信喜，谓漂母曰：“吾必有以重报母。”母怒曰：“大丈夫不能自食，吾哀王孙而进食，岂望报乎！”——《史记·淮阴侯列传》

韩信哽咽了，他发现这个世界也许并没有那么糟。这个大娘最起码是个施恩不图报的好人。对社会充满仇恨和戾气的韩信明白了，自己坚持的做人原则并没有错。不是没好人，是自己以前没遇到罢了。韩信决定再度出江湖，要去有人的地方证明自己。

在那个尔虞我诈的时代，大娘简简单单的善举拯救了一个消极的天才。同样是大娘这个不经意的善举，在未来毁掉了韩信的一切。韩信在不该相信善良的时候选择了相信，结果成了阶下囚，这是后话。

经历了太多的磨难，韩信的内心变得无比坚毅。他整理了一下破旧的衣服，带上那柄并不锋利的宝剑，以一个全新的姿态回到了城里。韩信向大家证明，当年那个四处蹭饭的韩信不见了，取而代之的是一个侠客韩信。

然而生活就是这样现实，并不是说你有一个积极的心态去面对，生活就还你一个微笑。再度出山的韩信到底干了什么，史书上没有详细记录。但是可以清楚地知道，再次返城的韩信没有继续挨饿，反而混得小有名气。

当年韩信满世界蹭饭的时候，没有人会多看他一眼。如今的韩信不一般，人的名树的影，大家都知道城里有个剑客叫韩信。所谓人红是非多，韩信红了之后，自然要招人嫉恨。这不，屠夫行业协会的一个高手要来挑战韩信。这个屠夫青年的挑战规则很奇葩，要么以命相搏，要么韩信就从他胯下钻过。韩信知道这小子的实力，也清楚自己根本打不过他。这要是打起来，让人打死都没地方申冤去。所以韩信简单思考了一下，当场从这小子胯下钻了过去，一场危机瞬间摆平。

出处

淮阴屠中少年有侮信者，曰："若虽长大，好带刀剑，中情怯耳。"众辱之曰："信能死，刺我；不能死，出我袴下。"于是信孰视之，俛出袴下，蒲伏（同匍匐）。一市人皆笑信，以为怯。——《史记·淮阴侯列传》

别人都笑话韩信胆小如鼠，也有人同情韩信的屈辱经历。对于经历过种种不幸的韩信来说，他内心早就强大得如铁罗汉一般。多大点儿事，即便是有这样一个经历，韩信依然是那个高才韩信，屠夫依然是那个卑贱的屠夫。就像诗里写的那样："别人笑我太疯癫，我笑他人看不穿。"

总之韩信经历了种种磨难，别的长进没有，但是心却锻炼得无比强大起来。就目前来看，项羽的小成功来自他力气大，刘邦的小成功来自他心大。如今韩信的心也越来越大，仿佛离成功也越来越近了。然而造物主对韩信的磨炼并没有到此结束，对于韩信来说，磨炼和挫折还在后面。

相比而言，项羽是有书不读，有剑不练。刘邦是放弃读书，闲了练剑。只有韩信坚持读书，坚持练剑。结果很讽刺的是，项羽在吴中是全民偶像；刘邦在沛县是黑白通吃；只有韩信屈辱地坚持着本不该他坚持的一切。

看看那个时代刻苦的人，张良坚持学习，那是因为他出身贵族，且矢志不渝地要推翻秦朝。作为五代相韩的张氏后裔，张良有理由去坚持那份艰辛。赵高坚持学习，那是因为他是个获罪的贵族，还不幸成了宦官。要从宦官里脱颖而出，不学习是不行的，作为一个被阉了的没落贵族，赵高有理由坚持那份苦楚。扶苏坚持学习，那是因为他是始皇帝的长子，帝国将来的接班人，往大了说那是为了天下苍生，往小了说那是为了自己老爹那份产业。总之扶苏作为皇长子，必须坚持那份寂寞。

随着现实的残酷，项羽不学祖传兵法，刘邦忘却了自己师出名门，韩信却还在坚持着自己的初心。然而项羽给自己制造了机会，刘邦眼里到处都是机会，只有韩信还在等，他在等一个能成就他的机会。

虽然，韩信都不知道机会在哪，也可能机会永远都不会出现。但是韩信就这么坚持着，他不低头，他注定不是刘邦。

第四章　山雨欲来风满楼

英雄是需要时间和事件磨炼的，所以我们在大秦王朝最初的岁月俯视项羽、刘邦、韩信这三位大爷，会发现他们压根算不得什么英雄。

你看项羽，最多算个网红。粉丝们对他了解最多的还是力能扛鼎这一个绝活，他不会徒手开啤酒，也不能徒手撕脸盆，更别提高空跳跃劈叉。比起今天的东北二人转演员，项羽的绝活少了点儿。刘邦是一个睡寡妇再加对小商贩“吃拿卡要”的亭长，估计也就寡妇们说他是英雄。韩信更别提，胯下之辱成了他最鲜明的标签。

那么说谁才是大英雄呢？很明显，蒙恬、任嚣这样战功赫赫的大将军是英雄。或者说李斯、尉缭这样的秦朝灵魂人物也算英雄。再不济也得算上蒙毅、王离这些世家子弟，怎么数也轮不到项羽、刘邦、韩信这三位爷。

不知道中国历史的导演是哪一位，这位大神在安排秦末风云这场大戏的时候，居然那样迅速地把上部神作的主角都清洗掉，剧情变化之快，直逼施耐庵给梁山好汉们安排的结局。新戏就要捧新人，未来并不属于秦帝国的缔造者们。

秦始皇一统天下，这种感觉真不是一般人能体会的。对于秦始皇来说，大秦那么大，他想去看看。但是大秦太大了，未知领域太多了，宫殿太奢华了，八方贡品太奇妙了，搁谁都舍不得死。人就是这样，越有钱越舍不得死；越无产，就越豁得出去。所以归根结底还是管仲那句话，“仓廪实则知礼节，衣食足则知荣辱”。

秦始皇就非常舍不得死，尤其是他游历了自己的大好河山之后，他决定修仙，要长生不老。皇上有这个需求，下边就有这样的投机者出现，反正整个帝国都围绕着秦始皇一人的喜好去转动。这次出来忽悠秦始皇的，是一群术士。

这是个老生常谈的话题了，秦始皇这么聪明睿智的一个人，怎么会相信那些术士的鬼话，去追求长生不老这种奇谈呢？

这个玩意儿通常人是不会相信的，但是真有人在走投无路之后，就会本着试一试的原则去碰碰运气。秦始皇就是这样，他病态地渴望长生不老。而且他明知道这事没谱，只不过真有人说这事能成的时候，渴望长生的秦始皇是不会拒绝跟术士们合作的。

这些和秦始皇合作的术士当中，最有名要数徐市、卢生、侯生三位。秦始皇想要长生的热情就是他们煽动的，长生不老的可行性报告也是他们编纂的。可问题的关键是，真有那长生不老的好事，这哥仨儿就回去自己修炼了，还会冒着生命危险教给秦始皇？那是不可能的。

其实这都不重要，重要的是秦始皇长生的情绪已经调动起来了，可术士们心里跟明镜一样，长生那可是蒙人的。蒙人的事能蒙一时，很难蒙一世。如果蒙老百姓，蒙一辈子还是可以做到的，但秦始皇作为开国领袖，如果要蒙他一辈子，这事就难办了，他老人家一不高兴可是要杀人的。术士们知道这事就是个假概念，压根不会实现。而且他们不能总对秦始皇提要求，惹了皇上就会掉脑袋。韩终、侯生、石生耗费巨大，依然得不到长生之药。术士集团上下都弥漫着恐怖气息。

在这种情况下，术士徐市谎称海外有瀛洲、方丈、蓬莱三仙岛，他要了大批物资和数千童男女，自告奋勇要去找神仙要长生不老的药。这个要求如果秦始皇不答应，自己就不能交差。是你不满足我的要求，这事不赖我。

出处

既已，齐人徐市等上书，言海中有三神山，名曰蓬莱、方丈、瀛洲，仙人居之。请得斋戒，与童男女求之。于是遣徐市发童男女数千人，入海求仙人。徐市在《秦始皇本纪》中称“徐市”，在《淮南衡山列传》中称“徐福”，本文以《秦始皇本纪》为准。——《史记·秦始皇本纪》

但是徐市没想到秦始皇很开心，竟然准许了他的所有请求。徐市明知道没有什么三仙岛，只好默默地跟秦始皇拜拜。从此以后，徐市就只存在于秦始皇的记忆中，史书所载，徐市消失了。

到了现代社会，很多人研究徐市，又是说他到了日本，又是说他到了韩国，还有人说他到了中国的台湾地区，总之徐市被说成了中国文化传播者。不过我想说的是，一个以长生不老为幌子骗钱，又以寻找神仙为由跑路的术士，压根就是个江湖骗子。他所谓的贡献，也只存在于野史或者人们的想象中。

从团队的角度讲，徐市很没义气。他倒是带着钱跑了，可他的队友就惨了。术士们虽然背地里骂他，但是面上还得说徐市不是骗子。大家都是一个团队的，要是骂了徐市，那其他人也成不了好东西。这就是术士们的尴尬之处，处处供着徐市，还得为他擦屁股，虽然心里恨得要死，还得夸他是好人。

关键是徐市这么不负责任地跑了，其他人再想骗钱跑路就很难了。术士卢生和侯生给徐市编故事，说徐市很可能是遇到海上的大鱼才没能成功，再去的时候得带上强弓硬弩。秦始皇又不傻，再也不会允许术士单独行动了。所以卢生继续编故事，说要接近神仙，皇上的称谓是不对的，得称“真人”。按理说当时世界上最尊贵的职称就是皇帝，最无敌的自称就是

“朕”。理论上没有人会放弃这么尊贵的自称。但是秦始皇是吃了秤砣铁了心，非得长生不可。因此大秦帝国的缔造者秦始皇，接受了卢生的建议，自称“真人”。

秦始皇倒是从善如流，卢生可是汗如溪流。皇上这么上道，连“朕”都不要了，这要是再搞不定长生不老的丹药，那可就不是一死能解决问题的。卢生一咬牙一跺脚，跑了。

出处

卢生说始皇曰：“臣等求芝奇药仙者常弗遇，类物有害之者。方中，人主时为微行以辟恶鬼，恶鬼辟，真人至。人主所居而人臣知之，则害于神。真人者，入水不濡，入火不爇，陵云气，与天地久长。今上治天下，未能恬倓。愿上所居宫毋令人知，然后不死之药殆可得也。”于是始皇曰：“吾慕真人，自谓‘真人’，不称‘朕’。”——《史记·秦始皇本纪》

卢生这一跑，事情就严重了。故事再往前倒叙一点，有一年秦始皇过生日，有七十多个儒生博士给秦始皇祝寿。这七十多个人，都是马屁精。要不说同行是冤家呢，这些人还不团结。仆射周青臣大唱赞歌，赞叹秦始皇废分封行郡县这个在当时极有争议的政策，说上古圣君也不如秦始皇伟大。秦始皇是多么自恋的人啊，这马屁拍得舒服。周青臣抢完风头，淳于越不干了。为了争宠，淳于越得扳回一局。你周青臣不是说郡县制好吗？那我淳于越就说分封好。这事其实很简单，殷商是不是搞分封？周朝是不是搞分封？人家两朝的国祚都延绵千年。当然了，具体数字不要较真，淳于越也没仔细算。再看晋国和齐国不把子弟分封到各地，遇上范氏、智氏、中行氏、韩氏、赵氏、魏氏六卿作乱和田常代齐这样的恶性事件，晋国和齐国就灭亡了。假如秦朝也遇上田常、六卿之类的大臣，而皇室子弟没在地方上掌权，那国家不就危险了吗？

出处

仆射周青臣进颂曰："他时秦地不过千里，赖陛下神灵明圣，平定海内，放逐蛮夷，日月所照，莫不宾服。以诸侯为郡县，人人自安乐，无战争之患，传之万世。自上古不及陛下威德。"始皇悦。博士齐人淳于越进曰："臣闻殷周之王千余岁，封子弟功臣，自为枝辅。今陛下有海内，而子弟为匹夫，卒有田常、六卿之臣，无辅拂，何以相救哉？"——《史记·秦始皇本纪》

秦始皇一琢磨，周青臣和淳于越的话都有道理。既然如此，开会讨论。这个会，得分什么时候开。假如大秦定鼎之初召开，周青臣得被斩首。因为那时候的丞相王绾是分封制的支持者。你想啊，大秦可比周朝大多了，秦始皇才多少个儿子？所以像王绾这样的老人，跟秦始皇关系又铁，混个王爷当也很正常。可如今这场会，当朝相国变成了李斯。李斯是郡县制的坚定推行者。当年身为廷尉的李斯，为了这事公然挑战丞相王绾的权威。所以这次朝会，淳于越没有胜算。

李斯是个狠角色，为了在秦国站稳脚跟，公然挑战秦国亲贵，把郑国间谍案翻了案。为了保证他在秦国的核心地位，李斯用计害死了韩非。这次居然有人敢挑战他热衷的郡县制，李斯怒不可遏，一语戳中秦始皇的要害。他说儒生们都以三皇五帝为榜样，但是三皇五帝的江山可都没传给儿子，这事能学吗？如今大秦都得以当今皇上为榜样。皇权大于一切。为了保证皇权的至尊，李斯建议废除私人办学，改为官方办学，以吏为师。至于儒生们看的什么《诗经》《尚书》等，必须统统烧掉，诸子百家都要烧掉。

这就造就了中国历史上空前绝后的焚书事件，虽然说这不是秦国第一次干这事，但是在全国范围内这么干，还是第一次。至于那些儒生，成了帝国的摆设，秦始皇不再重用他们，开始启用术士，儒生皆有怨气。

所以卢生等术士逃跑事件，秦始皇脸上非常挂不住。当初他启用术士，就是为了打儒生们的脸。如今术士集团的徐市、卢生让秦始皇更丢脸，始皇帝第一反应就是儒生们会笑话他。那怎么办呢？秦始皇派出御史，也就是当年的纪检部门去找那些失意的儒生们聊天，没想到真被秦始皇说中了。那这事可严重了，于是儒生们替术士徐市、卢生背了锅，四百六十多儒生被活埋，这就是历史上著名的坑儒事件。

事发之后，皇长子扶苏提醒秦始皇，说天下初定，民心为附，儒生们都是孔子的信徒，而孔子在民间又有很高的声望。如今杀了他们，恐怕天下人会内心不安，这事得提前做准备。正在气头上的秦始皇趁机把扶苏发配到了九原郡（今内蒙古自治区包头市），当然这里也有让扶苏监视蒙恬的意思。

总之在秦帝国崩溃之前，从秦始皇准备修仙开始，帝国上下已经开始弥漫着“山雨欲来风满楼”的气息。不过秦始皇自己并不以为意，他记得卢生当年推算过：“亡秦者胡也。”就因为这句话，秦始皇不惜发动了一场战争，成就了蒙恬却匈奴七百余里的大功。但是这个世界上，并没有人能令秦始皇完全信任，哪怕是三代辅佐秦国的蒙家也不例外，秦始皇决定考察一下蒙恬。这一考察不要紧，考察出大事来了。

第五章　黑云压城城欲摧

秦始皇是个很可怜的人，没错，富有四海的千古一帝秦始皇，其实是个可怜人。最起码世间最珍贵的三样东西——亲情、友情、爱情，他一样都没有。

很难想象秦始皇的童年是一种怎样的悲惨经历。总的来说，秦始皇的童年分为两个阶段。那时候他叫赵政，他的父亲赵异人是秦国送往赵国的人质。很多人误以为秦始皇叫嬴政，其实这是个错误的概念。先秦时代的中国人姓氏分开，姓指的是家族来源，氏指的是自己这一支在同姓中的单独符号。据传中国人起源于上古八大姓，后来人口越来越多，所以家族分支就越来越多。有的人以职业为氏，有的以官位为氏，有的以封地为氏，有的自己取了一个氏。比如项羽拥立的义帝，芈姓熊氏，他的名字叫熊心，不叫芈心。秦始皇家的嬴姓，是上古八大姓之一，出自嬴姓十四氏，秦始皇先祖造父被周穆王封在赵城（今山西省南部），所以他这一支就是嬴姓赵氏，因此秦始皇的名字也就叫赵政，不叫嬴政。

出处

十六年，秦庄襄王卒，秦王赵政立。——《史记·秦本纪》

你别看秦、赵两国都姓赵，但是关系可不是一般地紧张。由于秦、赵关系紧张，所以秦国派往赵国的人质，那一定是秦国宗室的弃儿。果不其然，虽然秦国有人质异人在赵国，秦国依然时不时地攻打一下赵国，那赵异人的日子过成什么样，可想而知。最关键的是赵政这个小朋友还不是异人正儿八经的大公子，他是异人和情妇赵姬所生，最要命的是赵姬又曾经是吕不韦的情妇，所以赵政的亲爹是谁这个问题，从他一出生一直讨论到他死后两千年。

也就是说，赵政在异人面前，并不重要。异人自从搭上吕不韦这条线，就坚信自己一定能回到秦国，而且一定能获得世子地位，登上大王宝座，迎娶更多美女，生出更多儿子，走向人生的巅峰。这就像当年知青返城的时候，很多知青放弃自己在乡下的孩子也要重返城市一样，赵政对于异人来说，随时可以放弃掉。

赵政童年的第一阶段就是在没有父爱中成长的，直到有一天，他的父亲不见了，官兵一天来家里搜好几次，赵政童年的第二个阶段开始了。这时的赵异人在吕不韦的帮助下，逃回了秦国。而留在邯郸的赵姬母子，自然成了赵人欺辱的对象。这种欺辱不仅是肉体上的，还有精神上的。赵政是吕不韦的野种也就是从这个时候传开的。所以赵政的童年是灰色的，他能回忆起来的往事，只有仇恨。若干年后，秦灭赵，贵为秦王的赵政再度回到了邯郸，他要做的只有一件事，找当年的仇人们报仇！

那么说没有父爱的赵政有母爱吗？这点更悲剧，赵姬对异人充满了恨，哪怕她将来贵为太后，她对秦国王室依然没有感情，她对异人的儿子赵政自然也谈不上感情。太后赵姬和假宦官嫪毐勾搭成奸，并生下两个孩子。嫪毐知道早晚得露馅，所以他坚持要叛乱。赵姬毫不犹豫地把太后之玺和王玺奉上，她倒真希望嫪毐能改朝换代成功，自己想再当一次王后，他们的儿子还能是王世子。不过嫪毐能力不行，叛乱刚开始就很快被剿灭，秦王政把嫪毐车裂，然后当着亲娘赵太后的面，把那两个同母异父的弟弟装进麻袋里活活摔死，从此秦王政和赵太后的关系变得紧张，娘儿俩之间的裂痕永远都不能补上了。

也正是因为这样的过往，秦始皇变得刻薄寡恩，不相信任何人。他没有朋友，没有王后，对儿子们的感情也很一般。哪怕他一统天下，依然是孤家寡人一个。秦始皇只能爱自己，所以他要长生。

蒙恬掌握着秦朝最精锐的部队，这让秦始皇非常不放心。就像当年秦始皇不信任手握重兵的王翦，如今秦始皇也不信任手握重兵的蒙恬。当年王翦用自污以自保，而如今蒙恬各方面都堪称完美，这让秦始皇十分头疼。坑儒事件之后，秦始皇把扶苏派往蒙恬军中当监军，其实很大一部分原因是为了监视蒙恬。

秦始皇三十七年（前210年），这位始皇帝开始了他人生中最后一次出巡，出巡的最后一站就定在了蒙恬驻军的前线。然而整个秦王朝的政治走向，竟然变成螳螂捕蝉黄雀在后的局面。

作为秦帝国元首，秦始皇必须掌控着帝国所有的实力派。对于任何一个皇帝来说，丞相都是皇权的巨大威胁。秦始皇在一统天下的过程中，一直重用两个人。头一个是李斯，堪称秦灭六国的灵魂人物。第二个是尉缭，这是个堪称帝师的人物。秦始皇很看好李斯，李斯为他谋划的每一条毒计都深得秦始皇之心。但是由于李斯太优秀，或者说他的计谋都太毒，所以秦始皇对这个人的戒备心也很强。所以李斯的官职一直都不太高，哪怕是天下一统，李斯也还是当了个廷尉。甚至当年秦始皇非常想扶植韩非来钳制李斯，可惜韩非在残酷的政治斗争中落败，死于非命。再看尉缭就不一样，岁数大了，又没什么野心，平时就爱写个兵书。所以尉缭虽然来秦国晚，还背地里骂秦始皇，但是这位先生起点就是国尉，这是自武安君白起之后一直空着的职位。

秦朝统一以来，按理说论功行赏，也该李斯当丞相了。结果没想到，帝国第一任丞相是懂得秦始皇内心的王绾。但是很明显，即便是王绾为相国，秦始皇依然要隔过王绾重用李斯。在秦始皇眼里，李斯可以干活，但是不能分蛋糕。王绾能分蛋糕，但不受秦始皇重用。后来王绾死，再不立李斯为相就说不过去了。因此秦始皇设两位丞相，左相为李斯，右相为冯去疾，用以约束李斯。

秦始皇都不能完全信任李斯，自然也不能完全相信大将蒙恬。蒙恬北却匈奴，修万里长城，功高不赏。秦始皇巡边，为的就是约束一下蒙恬。虽然蒙恬不至于反，但是必要的敲打还是要有的。秦始皇自以为一切尽在掌握中，但是没想到，他本人却在另一个人的计划之内，此人就是赫赫有名的赵高。

赵高是秦朝赵氏家族的远支亲戚，咱不知道他爹犯了多大罪，总之他家所受的刑罚，那可谓是惨绝人寰。赵高兄弟数人，生下来就被阉了。他妈妈也被处以重刑，赵高全家都是秦帝国最卑贱的一类人。在这样一个不幸的家庭之中长大，并没有让赵高意志消沉。他要复仇，在他眼里，秦帝国是他的仇家。

出处

赵高者，诸赵疏远属也。赵高昆弟数人，皆生隐宫，其母被刑僇，世世卑贱。——《史记·蒙恬列传》

假如赵高不是阉人，他的特点可以说是集项羽、刘邦、韩信于一体。论努力，赵高在隐忍期间所做的努力，不比韩信少。一个奴隶凭借自己的努力，不仅精通刑律，还写得一手好书法，尤其擅长隶书。成年后的赵高像项羽一样，力大无穷。能不能扛鼎不知道，总之一个奴隶的力气大到秦始皇都听说了，这就不简单了。赵高的性格特点又像极了刘邦，不管在什么环境下，哪怕当个奴隶，赵高也能混得有肉吃。

赵高的励志故事不胫而走，传到了秦始皇耳朵里。秦始皇喜欢这样的人，一个太监，还能有什么野心？所以秦始皇启用了赵高，让他当皇宫的车府令。由于赵高是太监，可以出入禁宫，所以赵高的官职是中车府令。赵高有这机遇，好好地驾车不就完了？人家偏不，为了能给自己内心深处的仇恨有个交代，赵高瞄上了秦始皇的小儿子胡亥。赵公公秘密接触胡亥，很快就暴露了，秦始皇令蒙恬之弟蒙毅依法处置他。蒙毅不徇私情，判决赵高死刑。这个结果令赵高的天都塌了。谁能想到秦始皇只是吓唬赵高，念他驾车驾得好，又让他官复原职。

出处

秦王闻高强力，通于狱法，举以为中车府令……高有大罪，秦王令蒙毅法治之。毅不敢阿法，当高罪死，除其宦籍。帝以高之敦于事也，赦之，复其官爵。——《史记·蒙恬列传》

这一次有惊无险，更让赵高心中复仇的火焰熊熊燃烧。但是赵高把仇恨深深地埋藏起来，更加曲意逢迎秦始皇。这样的人是可怕的，同样也是不可爱的。这就好比当年的越王勾践给吴王夫差当车夫，这种人万一有一天翻身了，那后果可是千万人的腥风血雨。

隐忍仇恨跟放下仇恨表面上看是一样的，其实这是两个相反的概念。赵高显然不是第二种人，他不会放下仇怨，所以仇恨越积越深。赵高表面越是和风细雨，内心越是地动山摇。秦始皇的注意力不在这个太监身上，他看到小儿子胡亥真是顽劣不堪，于是让赵高正式当了胡亥的老师，希望他能好好教导胡亥。

赵高握紧了胡亥这张牌，让胡亥对自己言听计从。就在秦始皇三十七年，始皇帝要带着李斯、冯劫这一文一武去出巡，顺道去蒙恬那里看看。胡亥哭着闹着要跟秦始皇同行，秦始皇觉得带个小孩出去长长见识也好，就答应了胡亥的请求。其实这是赵高计划的一部分，作为胡亥的附属品，赵高也出现在了随行队伍中。

没想到秦始皇行至沙丘（今河北省广宗县）驾崩，旧英雄给新英雄让路的速度开始快了起来。

秦始皇驾崩之前，遗诏传位扶苏。作为政坛常青树，以铁腕手段弄死政敌而著名的李斯接受了“心机帝”赵高的建议，发动政变，扶秦始皇幼子胡亥继位，矫诏杀扶苏和蒙恬。对于李斯来说，岁数大了，实在不想在新皇登基后还要费尽心力地去搞死新的政敌蒙恬。为了他奋斗了一辈子的基业，他宁愿让智商有待商榷的胡亥即位，也不想跟着一个精明的扶苏。至于赵高，一个宦官能掀起多大浪来。毕竟在赵高之前，没有宦官专权的例子。

沙丘政变之后，李斯和赵高联手，按部就班地扶植胡亥称帝，有条不紊地杀扶苏、杀蒙恬。对于李斯来说，这下安全了。不过李斯没想到，自己其实也是赵高计划里的一部分。

至于李斯怎么被赵高算计至死，那是后话。对于秦帝国来说，扶苏的死都不如蒙恬的死影响巨大。在没有蒙恬的日子里，秦国将上演新的大戏。

第六章　英雄让路

魏晋时期，竹林七贤之首的阮籍在参观完楚汉之争的古战场之后，说了这样一句话："时无英雄，使竖子成名。"千百年来，人们对阮籍这句话有着不同的分析和解释。有人说他是讽刺刘邦、项羽都不是英雄，有人说他是讽刺魏晋时期的司马氏不是英雄。假如阮籍讽刺的是刘邦、项羽为竖子，那么那个时代的英雄一定是蒙恬。

蒙恬祖上是齐国人，他爷爷蒙骜入秦为将，成了韩、赵、魏三国的噩梦。

蒙骜的儿子蒙武自幼学习兵法，成年后又在王翦手下担任副将，深得蒙、王两家的兵法真传，在灭楚的过程中屡立战功。最起码在逼死项燕的战争中，蒙武功劳不小。

到了蒙恬这辈更了不得，蒙恬自幼长在军中，秦灭六国之战蒙恬或多或少都有参与。蒙恬灭齐之后，功成名就，其荣光不亚于自己的父祖。

假如仅仅是这样，蒙恬之功不至于在秦国诸将当中拔尖。后来秦始皇修仙，术士卢生信口胡诌说"灭秦者胡也"。秦始皇一琢磨那还了得，先发制人，灭胡！

胡可不好灭，当年草原上的胡是匈奴。一直以来，华夏民族在跟匈奴作战都是吃亏的一方。中原的军队在匈奴骑兵面前表现出了全方位的劣势。后来华夏族出现了一代名将李牧，是抗击匈奴的英雄。但是李牧也只是守关作战，根本不可能带兵出关跟匈奴硬碰硬。当年赵国若不是因为武灵王学习胡服骑射，不用周朝六国出手，匈奴早就能灭了赵国。

农耕民族打不过游牧民族不仅仅是古代中国的问题，放眼全球，世界上最初的农业文明诸如古埃及、古印度、古巴比伦都消亡在游牧民族手中。中国人生存的地理位置很特殊，仗着西方地势复杂来不了强敌，东方是汪洋无际的大海，南方是丛林里的土著，需要防守的仅有北方而已。所以从周朝开始，华夏民族就不惜一切代价修筑长城。当然了，有时候修长城比战争死的人还多，但是长城的作用还是很明显的。比如说宋朝，在没有长城的保护下，跟游牧民族的战争很容易就发生在黄河岸边或者开封城下。所谓的四大文明古国只剩下了中国，跟地缘政治是很有关系的。当然了，另一方面中华文明生生不息还是因为其文化的强大，胡人即便是入主中原，早晚也会被同化。

农耕民族打仗，那是兵马未动粮草先行。游牧民族打仗，压根不需要过多的军需。他们看见动物能打猎，看见人类能抢劫。匈奴人七岁就能拉弓射箭，中原人七岁就能下地干活，所以要通过军训把农民变成战士，中原人早就输在起跑线上了。匈奴不来骚扰内地就不错了，如今秦始皇要大规模去招惹匈奴，这活儿谁敢接?

正所谓疾风知劲草，国难显忠良。这时候挺身而出的，正是大将蒙恬。这仗怎么打的，史料上都没有记载细节。我们能看到的只是结果，蒙恬带领三十万大军北上击败匈奴，把国界线推到了河套地区以北，达到了“胡人不敢南下而牧马，士不敢弯弓而报怨”的目的。其实蒙恬这次大功，也算是沾了时代的光。当时的匈奴正夹在东胡和月氏之间不能自拔，如今再加上蒙恬这一击，匈奴三面作战，失败也理所当然。几十年后，匈奴领袖冒顿单于崛起，开始挨个报仇。月氏人被他们赶到了中亚，东胡人俯首称臣，南方的大汉皇帝被围在了白登山差点挂了。倘若蒙恬遇上的对手是冒顿，胜负也未可知。

但是不管怎么说，蒙恬开创了中原人跟匈奴野战胜利的先河，并在北方开疆拓土，建九原郡。之后蒙恬驻上郡（今陕西省绥德县），变身包工头指导修长城工作，长城自蒙恬主持修建开始，才连在一起绵延万里。

蒙恬对于秦朝的意义，相当于项燕对于楚国的意义。作为大秦帝国的保护神，蒙恬从没想过有一天他保卫的这个帝国要把他杀掉。当命他自尽的诏书送到之后，蒙恬不服。他一再上书朝廷自我辩解，说他没有罪。蒙恬不明白，朝廷就是想要他的命，跟他有没有罪没关系。在蒙恬生命的最后时刻，他总结自己最大的罪过可能是修长城挖断了地脉。不知道这个解释，岳飞怎么想？蓝玉怎么想？年羹尧怎么想？朝廷想要杀一个武将，怎么可能去考虑他的功过呢？于是蒙恬死了，这个时代最厉害的将军让了位，这样非职业军人们就可以登台表演，新的大戏要开演了。

秦二世胡亥没有秦始皇的命，却得了秦始皇的病。同样是穷奢极欲滥用民力，秦始皇活着的时候，老百姓最多只敢背地里骂街。换作秦二世上台，老百姓那是真敢造反。拉开秦末战争风云序幕的，不是六国公卿贵族的后裔，而是两个底层青年。

这两个人就是传说中的陈胜和吴广。陈胜和吴广都是小名，这哥俩的大名是陈涉和吴叔。吴叔这名字倒不是因为他要占人便宜，“叔”在名字里当“三”讲，所以吴叔其实就是吴三，极有可能吴叔在家排行第三。

陈涉这个人，农民出身，处于社会最底层。但是，陈涉又不甘于做个农民，用他自己的话说，他是个有鸿鹄之志的人。陈涉的鸿鹄之志，说白了就是变成奴役自己的那种人，然后去奴役自己这样的人。在没有科举的年代，社会底层若有鸿鹄之志，得通过自我提升来闯荡出一番事业。比如刘邦和韩信，都是自我学习提高的典范。刘邦善于审时度势，韩信坚持自我不忘初心。陈涉则不然，他坚信他的未来不是梦，就算不学习，也有的是机会建功立业。毕竟早期的刘邦和韩信都想打动上层人物，而陈涉反其道而行之，整天琢磨下层人物的心理世界。

这不，机会来了。秦朝徭役和兵役繁重，陈涉被征调派往渔阳（今北京市密云区）戍边。由于陈涉体格好，又会来事，因此陈涉被任命为屯长。“屯长”乍一听仿佛是个不小的官，一般情况下，别看屯子不咋大呀，最起码屯长能管百十号人吧。可是在秦朝不是那样，商鞅变法以后，军队最小的作战单位就是屯，五人一屯，设屯长一名。也就是说，陈屯长就管四个人。

这支戍边队伍一共有九百多人，屯长自然就不少。陈涉敏锐地发现，有个叫吴叔的屯长不一般，这位吴屯长的武功非常好。在行军的过程中，陈屯和吴屯结下了深厚的友谊。

按理说这二位将来在边关干活，弄不好一不小心就能混个小军官当，再不小心，有可能混个中层干部当。再不小心，嚯，怎么下这么大的暴雨？

这支戍边部队走到大泽乡（今安徽省宿州市）的时候，天降暴雨。作为大秦帝国的队伍，他们的使命又是去戍边，那是要去保家卫国，为国家看好北大门。渔阳那个地方形势又很复杂，不仅挨着匈奴，还靠近东胡。国家的安危，就靠每一个戍边士兵去保卫。即便是下点儿雨，也应该奋不顾身地冒雨前行。要是一下雨就不走了，全国各地的部队都不按时到达边关，都说下雨了，难道还让官员们考察下雨的真实性吗？这不是在增加行政成本吗？所以，作为一个刚直不阿的官员，我才不管你下没下雨，来晚了就得斩首。这就叫依法办事，任何人都不能徇私枉法！哎，不对啊，当初项梁杀人怎么就给放了？废话，人家给钱了，人家那是不小心，之后项梁出来不是给他们赔礼道歉了吗？是被杀的那家人不懂事，整天拎着刀要报仇，吓得良民项梁背井离乡。

总之，那些官员们绝对是坐着说话不腰疼。再看这支队伍，领头的两个队长是不担任何责任的，反正来晚了杀士兵又不杀他们。这里边又折射出一个问题，就算是今天，火车、飞机都有晚点的时候。秦朝很多地方连正经的路都没有，没按规定时间到边关的事情肯定屡有发生。但是，没有人造反。难道当时误了日期的人都顺顺利利地到边关集体慷慨赴死吗？这不科学。你要说一支队伍突然遇上了强敌，当时吓蒙了，被敌人杀光，这是正常的。或者说，一群人当了俘虏，被敌人拉过来一个个杀掉也是正常的，毕竟他们失去了反抗能力。再或者一群人突然遇上几个武装匪徒，当时没反应过来，被杀掉也正常。关键是告诉你要到几百里、上千里之外的地方去斩首，得让你自己走着去，还是两人看管几百、上千人，这漫长的送死之路，如果没人逃亡或反抗，这不科学。就算是傻子，也知道逃跑，不至于几百人傻傻地跟着两个人去千里之外洗颈就戮，不符合人类的正常求生欲望。

唯一的解释就是，秦朝这条法律，并不会认真执行。而大泽乡事件既没按部就班地去渔阳行贿，也没人沿途逃跑，最终演变为一场武装暴动，说明这件事陈涉早有预谋。陈涉早就想出人头地，这次戍边之旅，陈涉结交了武功很好的吴叔，等到大泽乡暴雨倾盆之后，突然拿出了一整套起义方案，而且这个方案十分完整，显然是谋划已久的作品。

在这个方案中，陈涉首先宣扬末日理论，也就是他们所说的误了日期到渔阳就会被斩首，这样一来，戍边队伍人心惶惶，期盼救世主的到来。紧接着陈涉拉拢吴叔，说既然都是死，那就拉上几个垫背的，不如直接反了。老百姓最恨谁啊？王侯将相呗。凭什么我们生下来就得种地，你们生下来就是高官厚禄？因此陈涉喊出了那句振奋人心的话：“王侯将相宁有种乎？”下一个阶段，他需要找到自己起义的正义性。陈涉早有准备，愣说他们是大公子扶苏和楚将项燕的队伍，号称扬楚！我一直不理解大公子扶苏怎么就和仇人项燕勾搭一块去了。但是老百姓不管那个，总之扶苏和项燕有号召力。再往后就是玩君权神授的把戏了，无论是鱼腹藏书还是狐音预言，总之让九百个农民误以为亡秦必楚的传言即将实现，而实现这个传言的关键人物就是陈涉。

最后是要把人们心中的怒火勾起来，吴叔很正义地扬言为了大家着想，得逃跑。领头的队长不干了，逃跑哪儿行？为了维护法律的尊严，队长不仅不让大家逃跑，还鞭打吴叔。这一打，底下人不免同情弱者，更何况吴叔这人的人缘非常好。眼看底下人都要暴怒了，吴叔暗自运功，作为一代武林高手，挨打的吴叔突然发难，以一招空手夺白刃夺了对方的宝剑，接着顺势一剑而取对方性命。仅仅两招，吴叔干净利索快速地干掉了对手，展现了一代大侠的深厚功力。电光火石间，旁边的副队长都看傻了。就这一错神的工夫，副队长就被陈涉给杀了，临死他都没看清陈涉是怎么出招的。陈涉和吴叔杀人的过程被记录在《史记·陈涉世家》当中，司马公用简单的描述告诉我们，天下武功，唯快不破。

杀人之后的陈涉立马召集人手，开始了慷慨激昂的演说。整个戍边队的情绪瞬间被激发了出来，大家一拍大腿，跟着陈涉干了！

看吧，大泽乡起义拢共分六个步骤，先宣扬末日论，再拉拢强者吴叔，接着打出扶苏和项燕的名人旗号，然后搞出鬼鬼神神的东西创造救世主，最后激起大伙儿对秦朝的仇恨，最终杀人而宣布起义。

这六大步，绝非陈涉临时想的，很明显是他早就谋划好的，一环扣一环，非常完美。后世假借邪教起义的教主们，基本上也都是采取这几个步骤来举事。

第七章　秦朝的百万大军之谜

陈涉起兵之时大秦帝国到底有多少兵力？这个问题其实很难解答，如果按照史书记载的数字进行推断，会有社科专家说那个时代养不了那么多兵。如果按照社科专家经过精密测算得出的结果推断，这点兵力根本控制不了秦帝国如此广袤的疆域。所以这个问题，只能按照个人理解去推断。

在秦国灭楚统一的前夕，老将王翦带领六十万大军去伐楚。这次王翦几乎掏空了秦国的家底，要不是项燕太难对付，秦王政断然不会给王翦这么多兵力去作战。当然了，王翦要不是带走了秦国所有兵力遭到猜忌，他也不至于用自污的方式表明自己没有反心。

这六十万的大军，一线战斗部队不会超过四十万，其余的都是后勤辎重部队。不像草原上的胡人，怀里揣个烧饼随时可以吃饭。咱们华夏民族作战，吃饭是很讲究的，必须吃汤饼。所谓汤饼，就是面片汤，可以看作是面条的前身。吃这玩意儿得有炉灶、锅、碗、筷子。那你想想看伺候几十万吃饭得用多少人？这些人也是要算进部队人数中去的。所以，打仗的时候数对方的锅灶就知道对方的兵力。齐国孙膑更是用增兵减灶之法忽悠魏国庞涓轻军冒进遭到伏击。所以说当时的人打不过胡人的原因就在这儿，兵法中大部分策略对胡人不起作用。你数他家的炉灶？人家没有。你断他们的粮道？他们也没有。你想围城？他还没有。

秦国靠六十万大军一统天下，蒙恬北击匈奴用了其中三十万人马。后来蒙恬把这三十万人布防在长城沿线，主要集中在九原郡、上郡一带。蒙恬死后，这支部队交到了王翦之孙王离手里，这是秦帝国的王牌军。

除了北却匈奴之外，秦始皇时代还有一场开疆拓土的大战发生在南方。国尉屠睢、大将任嚣先后攻打百越，后者把中国的领土一直延伸到南海，秦朝置南海郡（今广东省东部一带）、桂林郡（今广西壮族自治区东部一带）、象郡（今广西壮族自治区西部一带）。这场战争比蒙恬北击匈奴难打得多，国尉屠睢带副将赵佗南下，水路两栖并进。越人避其锋芒，玩了一出坚壁清野。屠睢粮食耗尽，只好退兵。秦军前脚走，越人后脚就追了出来，屠睢战死。五年之后，秦军卷土重来，这次带兵的是大将任嚣和副将赵佗。有了上一次的教训，任嚣进军顺利，击败了越人，这才有了南海、桂林、象郡三郡的设立。任嚣担任南海尉。

出处

（秦始皇）乃使尉屠唯发卒五十万……以与越人战，杀西呕君译吁宋。而越人皆入丛薄中，与禽兽处，莫肯为秦虏。相置桀骏以为将，而夜攻秦人，大破之，杀尉屠雅，伏尸流血数十万。

——《淮南子》

那么说秦军征南用了多少兵力呢？《史记》上没有记载具体数字，倒是《淮南子》上说屠睢南征动用了五十万大军。理论上秦军初始兵力是六十万，蒙恬掌控着三十万，屠睢最多有三十万人马可用。但是，蒙恬驻防河套地区就用了三十万部队，秦军要开疆岭南这么大的地方，有五十万也是正常的。《史记》中记载，为了南征之战，秦朝出现了“丁男被甲，丁女转输”的现象，也就是说，是男的都当兵打仗去了，负责后勤部队的，居然是女兵。可见当时秦朝大肆征兵到了何种地步，老百姓苦到了何种地步。秦朝是有可能调动五十万男女老少平百越的。

除了北方三十万大军，南方五十万大军之外，秦朝剩余的部队集中在咸阳周围，约有十万人。另外还有各地方的驻军，这样加在一起足够百万大军。也就是说，陈涉起兵反抗的是个拥有百万大军的大帝国。虽然想反秦的不少，比如项梁叔侄，比如六国亲贵等。但是六国在的时候绑一块儿都挡不住秦国的六十万虎狼之师，更何况现在呢？所以陈涉起兵之初，大家会觉得他脑子进水了。

但是愣头青陈涉攻打大泽乡，一不小心胜利了。陈涉再攻蕲县（今安徽省宿州市蕲县镇），一不小心又赢了。紧接着，陈涉连克铚县（今安徽省濉溪县）、酂县（今河南省永城西）、苦县（今河南省鹿邑县）、柘县（今河南省柘城县）、谯县（今安徽省亳州市谯城区）五县，陈涉所到之处，老百姓争相加入义军跟秦朝决裂。大量英雄人物加入陈涉大军，很快陈涉的部队就发展到战车六七百辆、骑兵一千多名、步兵数万人的规模。陈涉攻下陈县（今河南省淮阳市），召集当地黑白两道有头有脸的人物开会。大家一致认为，虽然谁也没见过义军的领袖扶苏和项燕，但是陈涉主持大军恢复楚国江山社稷的功劳大家是看在眼里的。虽然大家也没看到楚王，但是都认为陈涉恢复楚国的功劳足以封王。

就这样，陈涉自立为王，号称张楚王。到这一刻，陈涉可以骄傲地说：“我当初怎么说来着？王侯将相宁有种乎，燕雀安知鸿鹄之志！”

陈涉作为起义的先驱，以一介平民的身份当了大王，这个事情瞬间让天下英雄高潮了起来。陈涉这样的人都能成功，谁还不能成功呢？天下英雄蠢蠢欲动，秦帝国的百万大军将何去何从？这是个问题。

就在陈涉把秦帝国的外强中干展示给天下人看之后，据不完全统计，张耳、项梁、彭越、刘邦、英布、张良、田氏兄弟等豪杰都纷纷举起反秦大旗，他们或者加入陈涉大军，或者自己单干。那感觉就像秦国要完蛋了，大家都要去抢一把，谁去晚了就抢不到东西了。

你想吧，陈涉农民出身，当过最大的官是屯长，他起义都能成功，那些比他官大的有什么理由不成功呢？来吧，反了！当时老百姓也很有意思，他们不管谁起义，只要附近有人起义，别管他们打着齐、楚、燕、韩、赵、魏哪一家的旗号，绝对参与，反正是不跟着秦国混了。

在这个狼烟遍地的时候，大秦三大王牌军表现出了超强的心理素质，国难当头，无论是北方王离手下的精锐边军，还是咸阳周围的近卫军，抑或是南方任嚣手下的水陆两栖军团，都有泰山崩于前而色不改的气魄，大家不约而同地作壁上观，比清末张之洞、刘坤一、李鸿章联合起来拒绝参与对八国联军的战争还默契。

直到陈涉部将周文的大军攻打到了秦朝本土，这才引起了朝廷的高度重视。此时任嚣的部队驻守南海郡，离中原太远太远了，根本指望不上，而且任嚣本人打定决心坐山观虎斗。北方王离的部队开始往南调拨，但是远水不解近渴。关键时刻，李斯大胆启用会计出身且没打过仗的章邯为将，发动骊山七十万囚徒组成大军，这才遏制住了陈涉的攻势。

就在不久的将来，章邯被项羽活捉，其麾下七十万中央军在战争前后死走逃亡外加被项羽活埋，全军覆没。王离的三十万王牌军在南下平叛之前就开始出现士兵的减员情况。这就好比陈胜、吴广、刘邦等带着去北方戍边的兵丁，或者因为内地战争，没能去边关完成军队的新陈代谢。另一方面，蒙恬死后，士卒非常寒心，王离压根掌控不住这三十万人马，等到巨鹿之战以后，王离战败被项羽俘虏，秦朝最精锐的十万边军全军覆没。任嚣的大军据在岭南，中原大乱，他完全不参与此事。后来任嚣病重，他传官位给副将赵佗，命令他不许参与中原的混战，要求赵佗自立为王。赵佗就此建立了南越国，汉武帝时期这个国家才完全归顺汉朝。也就是说秦朝的南部驻防军，就这样独立了。秦朝的百万大军在秦末战争风云当中，完全失去了往日的风采。

第八章　报仇的最高奥义

晚唐诗人杜牧曾写过一篇著名的《阿房宫赋》，在这篇文章中，杜牧写了一句非常有道理的话："族秦者秦也，非天下也。"按理说拥有百万大军的秦帝国，不至于让一个小小的陈涉带着一帮饥民横扫半壁江山。正如杜牧所言，真正灭了秦国的是秦国自己，绝非那遍地狼烟。

顺着杜牧的观点细思一下，"族秦者秦也"，绝对不是一句虚言。因为干掉秦帝国的人，不是陈涉，不是六国贵族，不是刘邦，不是项羽，而是当时跟秦帝国仇恨最深的一个秦人，也就是那个跟秦朝宗室一样嬴姓赵氏的赵高。

你看那些所谓的秦国仇敌，也就体格虚弱的张良是个汉子。包括项梁在内，大多数秦朝的仇人也就是背地里撒传单，宣扬一下类似"亡秦必楚""今年祖龙死""秦始皇死而地分"之类的口号，只有张良正儿八经弄个刺客去报仇。

再说这位赵高，人家报起仇来那是思路很清晰，报仇有技巧，非常高效。赵高年轻的时候非常刻苦，他努力学习，精通刑律，写得一手好隶书，练得一身好武功。中国几千年来的太监史中，能有这种综合素质的太监，也就是明朝的郑和和赵高有一拼。

赵高提高自我属性，为的是引起秦始皇的注意，这样他才能进入后宫。进宫后的赵高曲意逢迎秦始皇，得到了秦始皇的百般恩宠。一向以严刑峻法自称的秦帝国皇帝，居然会对犯罪赵高网开一面，可见赵高多会来事儿，也可见《秦律》多么有针对性，更可见秦始皇这人其实没什么原则。

赵高利用这份恩宠，接近并控制了秦始皇的小儿子胡亥。也正是因为如此，赵高在秦始皇最后一次出巡中，操纵胡亥一定要跟着去，因为只有这样，赵高才能跟着去。在这次出巡当中，有了胡亥和赵高的加盟，事情变得诡异起来了。秦始皇突然暴毙途中，赵高突然拿出成熟的方案联合李斯发动政变，赵高和李斯矫诏杀掉帝国的接班人扶苏和帝国的保护神蒙恬，扶植胡亥继位。这一系列的事件，一环扣一环，显示出了赵高超强的运作能力。秦始皇为什么会暴毙？如果不是赵高拉拢李斯搞政变，或者说如果当时蒙毅没有去祭天，或许背后的隐情并不难查出。

秦二世胡亥继位，由于没有蒙恬的庇护，赵高几乎杀尽秦朝宗室，只有秦始皇的儿子公子高留下了后代。这样报仇比张良弄个刺客来得痛快吧，比那些背地里发帖子的六国贵族直接吧。不过这并不算完，赵高要想散尽胸中仇恨，就必须把秦帝国连根拔起。毕竟全家被阉的仇太大了，赵高绝不会这么简单地善罢甘休。为了毁掉秦始皇的毕生基业，赵高再次发动政变，杀实权派李斯、冯去疾、冯劫，从此大权独揽，可劲地折腾秦国。比如说打仗这事，再没人敢立功。当年李由死守三川郡，挫败了陈涉部将周文灭亡秦朝的军事计划。李由功在社稷，结果被赵高判了通敌。李斯启用章邯屡战屡胜，结果被赵高判了谋反。你说谁还敢立功去挑战赵高的地位？不立功就没事了吗？不可能。疑似名将杨端和之子杨熊，因为作战失利被斩首，这仗是真没法打了。

回首赵高的报仇之旅，直接结果就是彻底搅散了秦帝国。章邯好不容易从七十万囚徒和奴隶之中选拔训练了一支极具战斗力的中央军，力挫叛军还杀死了叛军大头目项梁。由于章邯是李斯举荐的，所以大功未赏，章邯心怯。为免死得冤枉，章邯投降了项羽。

再看北方边关的三十万大军，这里边一多半是像当年陈涉那样的，从地方上强征来服兵役的民夫。蒙恬死后，场面就控制不住了。等到王离带军平叛的时候，这支王牌部队还剩下十几万人。军队能不能打，真不在这支部队有多少人，有什么装备，关键看谁带的兵。

当蒙恬换成了王离，秦军这支虎狼之师就变成了猫狗之师。不是说所有的军三代都会打仗，论带兵，王离别说军神蒙恬不能比，跟新手章邯也不在一个水平线上。再加上赵高乱政，终于在一个风和日丽的日子里，王离遇上了项羽，兵败被俘。至于王离的结局，有人说他和章邯的二十万降卒一起被项羽活埋。有人说他逃出囹圄归隐山林。不管怎么说，这位响当当的军三代退出了历史舞台。

同样是手握重兵的边关大将，海南尉任嚣因为地理位置的不同，做出了有别于章邯、王离的选择。任嚣决定割据南方三郡独立，在当时天下大乱的情况下，跟着秦国会被项羽屠杀，跟着项羽会被秦国屠杀，总之中原血雨腥风的时候，南方的任嚣和其继任者赵佗在岭南建立了王道乐土。任嚣死后，赵佗根据任嚣的意愿，建立南越国称帝。所以那时候真要有人为了避祸而隐居，一定是到南越国，而不是桃花源。

在赵高的折腾下，秦国三大王牌的百万大军连番号都没了。那这回赵高再无担忧，从从容容地杀掉了秦二世胡亥。

本来赵高打算和关东群雄聊聊，你们的仇人已经都被我给灭了，咱们就恢复到战国时代的政治版图，谁愿意复国就复国。那秦国呢？赵高不在乎接手这个助人为乐的任务，担任秦国的大王。“皇帝”这个头衔在当时并不那么深入人心，赵高只想当个秦王。

按说敌人的敌人就是朋友，但是关东群雄对赵高并无认同感，人家本来就都复国了，还用得着赵高做这个顺水人情？再说秦始皇当年搜刮了那么多的宝物，如果不抢回来，这不就白闹了？从秦国本土说，太监当国君这种事太离谱，秦国上下并不能接受。赵高退而求其次，只能当幕后老大。但是天然萌的绝佳傀儡秦二世被赵高给杀了，这就不好办了。秦朝宗室都被赵高杀绝了，谁来当秦王呢？这才有了子婴当秦王的故事。

关于子婴的身世，历来都有争论。我个人认为《史记·秦始皇本纪》中所描述的子婴为胡亥哥哥的儿子比较合理。当时秦朝近支宗室人员并不多。秦始皇只有一个弟弟长安君成蛟，因谋反而亡，没有留下子嗣。秦始皇众多儿子当中，除了公子高之外都是全家被杀。只有公子高自觉上书请死，这才没有被灭族。因此子婴作为秦二世胡亥哥哥的儿子，那他父亲只可能是公子高。

秦王子婴继位，标志着赵高报仇进入了新的阶段。只不过赵高没想到，子婴跟胡亥不是一样的人，这个从小担惊受怕长大的子婴，远比胡亥城府深得多。也正是子婴派出刺客杀掉了赵高，结束了赵高乱政的局面。

赵高虽然死了，但是他并不遗憾。因为整个秦帝国已经被他从内部腐蚀干净了。大仇得报，赵高可以瞑目了。赵高从迷惑胡亥开始，忽悠胡亥杀扶苏、蒙恬、蒙毅、李斯、冯去疾、冯劫等大臣，忠臣、能臣都给杀了，这个国家不就完了吗？

赵高的所作所为，体现的就是报仇的最高奥义。即便是子婴杀掉赵高，没过几天，刘邦就杀进了咸阳，子婴投降，秦帝国宣布结束。赵高用生命告诉大秦帝国，全家净身之仇，不共戴天！

最后理一理赵高的复仇人生，其实最关键的一步就是杀李斯。

第九章　只差一个回头的距离

赵高的复仇传奇让我们认识了一个狠角色，而李斯的江湖生涯也展现给我们一个狠角色。同样是狠角色，赵高和李斯这对冤家自然有很多相似的地方。

李斯和赵高都是善于学习的人，赵高以奴隶之身不忘充实自己，李斯起点就是上蔡小吏毅然辞职去找荀子求学深造。赵高和李斯都是做事有条理的人，两人都精通刑律，整人害人的手段再毒都能给自己找到法律依据。赵高和李斯都是不达目的誓不罢休的人，赵高终于毁了秦帝国，李斯终究当上了秦相国。赵高和李斯都是杀人不眨眼的主，屠刀举起必见血，而且奉行挡我者死的原则。这两位狠角色终究要有一战，为什么李斯斗不过赵高呢？其实这两人就差一个回头的距离。

这个回头怎么回事？且请大家慢慢看下去。其实从牌面上看，李斯大战赵高是具有绝对优势的。论本事，李斯是荀子的高足，赵高是自学成才。论经验，李斯玩了一辈子人，当年敢在秦始皇身边安插卧底的，也只有李斯而已；赵高仅在沙丘政变的时候小试牛刀，目测经验有所欠缺。论地位，李斯是丞相，是秦帝国的政府首脑，一人之下万人之上。赵高阉宦一个，又无根基，怎么能跟李相国叫板呢？

其实在秦始皇暴毙之后，赵高的复仇之路上，就只剩下李斯这一个绊脚石了。赵高要想颠覆秦帝国，还必须得靠着李斯这棵大树剪除其他对手。于是赵高选择了和李斯合作。

《史记》中记载了赵高是如何说服李斯的，其核心论点就是李斯功劳不如蒙恬，假如扶苏继位，必然任用蒙恬为相，到时候李斯混好了是光荣退休，混不好就是人头落地。但是赵高的理由其实很牵强，且不说当年百里奚、商鞅的时代，就说从吕不韦任相往后的秦国丞相，诸如昌平君、昌文君、隗状、王绾、李斯没有一个是将军出身，蒙恬又何德何能可以当丞相呢?

李斯之所以会跟赵高合作，并非是担心蒙恬抢夺自己的相位，更不是因为赵高口才好，这里边有更深层的原因。

先做个假设，如果扶苏继位，大秦帝国那真是文有李斯，武有蒙恬，假如人尽其用的话，最起码能保大秦一百年太平。但是，我们得往前倒叙一点。这位皇长子扶苏怎么就跑到上郡去了？假如扶苏跟着秦始皇出行，有扶苏和蒙毅在，就算秦始皇暴毙，谅赵高也翻不起浪来。假如扶苏没跟着出行，而是在咸阳由冯劫、冯去疾辅佐监国，那谁假传圣旨都不好使。让扶苏身份那么尴尬地去边关，完全拜李斯所赐。就是当年那场发生在周青臣和淳于越之间的辩论，导致了李斯大开杀戒，一手策划了焚书事件。扶苏因为倾向淳于越而获罪，这才被发配到边关。所以说如果赵扶苏王者归来，那就不是议论李斯和蒙恬谁的功劳更高的事了，等淳于越被平反，马上就得讨论李斯是自己死还是全家死的问题了。

也就是说，即使没有赵高唆使，李斯也会给自己找退路。李斯谋反的可能不大，就他儿子李由手里那点儿兵，跟蒙恬没法比。我判断，如果没有政变，李斯已经萌生退意，他很可能会选择退休。

李斯从上蔡小吏，到后来官拜相国。对于李斯来说，已经达到了人生巅峰，人生再无遗憾。荀子曾经在李斯毕业之前谆谆告诫他：“物禁大盛。”李斯也曾经反思过，自己这一辈子，到底是对是错呢？从上蔡小吏开始，到后来位列三公封侯拜爵。李斯权倾朝野，连他儿子李由回趟家，门外送礼的车马都数以千计。李斯觉得自己到了大盛的境界了。但是权力这个东西很奇妙，这玩意儿跟毒品一样，沾上就戒不掉。李斯这一犹豫，就到了秦始皇驾崩。

赵高找上门来要求政变，这也算是说到李斯心坎里了，退休远不及让扶苏随先帝而去让李斯安全。但是造反这种大事，李斯怎么可能和赵高一拍即合？所以李斯在知道赵高必反的前提下，百般拒绝，最后半推半就，把假圣旨送到了上郡。

真要是忠臣，李斯一听赵高的建议就直接把赵高杀了，但是李斯不是忠臣，所以他就这样被赵高劝服了。李斯起到了沙丘政变的决定性作用。

假如说赵高假传圣旨说秦始皇赐死扶苏、蒙恬，扶苏得琢磨琢磨，赵高是谁啊？这是个阴谋。但是李斯传来的圣旨，扶苏就不能反抗了。因为这事秦始皇和李斯这对君臣绝对做得出来。隐约中扶苏仿佛看到了秦始皇杀他不是目的，借此捎带着杀蒙恬才是真相。这种毒计李斯想得出来，秦始皇也干得出来。所以扶苏没有挣扎，为了帝国，扶苏自尽。扶苏一死，蒙恬就没了退路，只好赴死。而在远方的李斯和赵高听说扶苏死了，终于长出了一口气。《史记》里面用两个字精准地描述了这二位当时的心情：“大喜！”这是毫无心理负担地大喜过望，胡亥、李斯、赵高就差开香槟了。

秦二世登基之后，李斯开始被动了。如果说政变被质疑，或者说谁查到了什么，政变的主谋永远都是李斯，而不是赵高。这可怎么办？作为和李斯一条绳上的蚂蚱，赵高和李斯再度联手。

在李斯选择性失明的情况下，赵高大开杀戒，从蒙毅到秦始皇的儿孙，只要是能威胁到胡亥、赵高、李斯这个铁三角的人物几乎全被杀了。杀完之后，李斯的作用就没有了，铁三角开始生锈，赵高准备要对李斯下手。

赵高唆使胡亥深居禁宫不见大臣，这样一搞赵高就成了胡亥的代言人。当时天下大乱，很多事李斯要请旨办理。作为秦二世和朝臣联系的纽带，赵高只要发现皇上忙着就说李斯求见，久而久之胡亥就很生气。李斯早不来晚不来，偏偏在自己玩得最嗨的时候求见，分明是故意的。赵高作为李斯的战友，赶紧替李斯解释，李丞相的儿子李由手握重兵，据说还跟叛军联系紧密，咱可不敢得罪李相国。胡亥大怒，对李斯起了杀心，但由于当时天下大乱，朝廷还离不开李斯，所以这事暂且作罢。

等到章邯统兵，朝廷平叛屡屡得胜，李斯的作用也就不复存在。秦二世提出了一个哲学问题需要李斯解释一下，为什么你李斯当了丞相，天下群雄就都造反了呢？你这个丞相是怎么当的？

李斯感到了深深的恐惧，于是他又拿出了自己安身立命的大招，帮助自己躲过此劫。李斯最强大的技能就是写文章，鲁迅先生都说："秦之文章，唯李斯一人而已。"当年被驱逐出境的李斯，就是凭着一篇《谏逐客书》力挽狂澜，还当了廷尉。如今秦二世要拿李斯问罪，李相国再出大招，写下了缺了大德的《行督责书》。

在这封奏章里，李斯说当皇上如果不恣情享乐，那就是把国家当成了自己的镣铐。皇上要是为民着想，那就是当了人民的奴隶。所以必须反过来，让人民当皇上的奴隶。怎么才能把人民变成帝王的奴隶呢？咱严刑峻法啊，咱小罪重罚啊，这样群臣百姓只能考虑自己有没有犯错，哪还有工夫造反？他们老老实实地建设国家，国家富强了，那还不是君主想怎么享受就怎么享受？

这奏章往上一送，说到秦二世心坎里了，乐得秦二世都忘了要杀李斯这事。但是李斯这封反人类的奏章只能起到缓兵之计，赵高见秦二世舍不得动手，就再生奸计，说李由通匪。这一次秦二世不再给李斯留面子，直接逮捕了李斯，捎带手还抓走了冯劫和冯去疾。

冯劫和冯去疾知道大势已去，本着宁死不辱的原则自尽。关键时刻李斯还舍不得死，他又使出大招，写了奏章企图再度力挽狂澜。赵高知道李斯文章厉害，所以不给李斯上书的机会。

当年蒙恬被抓，一再辩白自己无罪，连司马迁都笑话他不识时务，就是李斯和赵高想弄死他，跟他有没有罪没关系。现在李斯被抓，其反应和蒙恬一样，也一再辩白自己无罪，结果只能是全家被腰斩于市。

在冰冷的刑场上，李斯再次回忆起他老师荀子的那句“物禁大盛”，想想看自己折腾的一生，到底是当上相国而被灭三族好，还是踏踏实实在上蔡终老好呢?

蒙恬死之前自我总结，忏悔自己修长城所犯的罪行。李斯临死前没有忏悔过自己背叛师门，跟着荀子学儒出身却力主毁掉儒家经典；没有忏悔自己生怕丢了饭碗而害死了韩非；没有忏悔自己背叛秦始皇搞政变；没有忏悔自己协助赵高诛杀秦始皇子孙；没有忏悔自己视百姓如草芥。在他生命的最后时刻，李斯最希望这一切都是一场梦，没有腰斩，没有入狱，没有政变，没有秦国，没有荀子，而他还是那个上蔡小吏该多好，李斯无论在什么时候回头，看到的都是美好。

最后总结一下李斯和赵高的这场斗争，李斯的一生都是求上进的人，赵高一生都是不得不前进的人。如果当年李斯不去荀子那里深造，回头就是上蔡小吏的职位，日子还蛮不错。但是赵高回头一看，不学习就是继续当个奴隶，所以赵高不能回头。李斯如果不接近秦始皇，还可以在吕不韦门下谋个高薪。但是赵高回头一看，不接近秦始皇最多能混成一个有文化的奴隶，所以赵高不能回头。李斯如果不发动政变，还能当丞相。赵高回头一看，到了这一步如果不发动政变，就是死，所以赵高不能回头。秦二世登基，李斯是既得利益者，当好丞相就可以了。赵高回头一看，如果不搞死李斯，就是自己死，所以赵高不能回头。

也正是因为如此，贪恋权位的李斯没必要杀死赵高，而在死亡线上跳舞的赵高必须弄死李斯。李斯和赵高交手时，李斯是坐享其成的人，赵高是只能进不能退的人。而这，正是无往不利的李斯在这场斗争中失利的根本原因。李斯退路太多，赵高没有退路。

李斯死了，赵高终于实际控制了大秦帝国。从此以后，大秦帝国堕落的速度，直接进入了“高铁时代”。

第十章　燕雀安知鸿鹄之志?

且说陈涉自从当了张楚王，日子过得有滋有味。陈涉作为起义先驱，更多的是为其他人奉献了一种起义模式。

这就好比今天，一家酒店开启了快捷酒店模式，并不代表了这家可以垄断这个市场。其他快捷酒店沿着这条路迅速复制，这才有了快捷酒店遍地开花。

陈涉首义，但是他并不能做这个行业的真正领袖，最多是这个行业的成功案例而已。论血统，当时六国复立，个个都是贵族出身。论本事，那些将门世家和社团老大无论是社会关系还是受教育程度都大大高于陈涉。论号召力，别闹，打着扶苏、项燕的旗号也就骗不明真相的群众，人家项梁还没说话呢。

不过也不是这样就不能成功，人家刘邦就不是贵族，用对了人也是可以的。再看陈涉的用人，活脱脱一出喜剧节目。搞笑，陈涉是认真的。

就当时而言，陈涉手下是有能人的。最起码有两个人在当时是明星大腕，这二人一个叫张耳，一个叫陈馀。

张耳曾是信陵君魏无忌的门客，刘邦曾和张耳是至交好友，后来是儿女亲家。张耳以魏无忌为榜样，所以做事也有魏无忌的风格。陈馀是魏国名士，跟张耳是生死之交，用今天的话说是：好基友，一辈子。

但是如何驾驭张耳、陈馀这样的能人，陈涉毫无章法。话说陈涉年轻的时候见都没见过这个层次的人物，更别提控制这样的人。另外，陈涉称王以后斗争意志逐渐薄弱，开始报复以前贫穷的生活才是最重要的，其他的以后再说。

对于陈涉来说，他更喜欢的人是和他三观更加接近的周文。周文在史书中也写作周章，如果按照《史记·陈涉世家》的叙述习惯，这个人很可能姓周名章字文。周文是个大忽悠，此人自称是春申君黄歇的门客，还曾在项燕军前效力。说起来地位比跟着信陵君门客张耳的履历要精彩得多。周文自称深知兵法，陈涉和他十分聊得来。陈涉对周文委以重任，封他为大将，让他攻打秦国本土。灭亡秦国的重任就落在周文肩上了。

那么说周文是个什么货色呢？这哥们跟现在很多培训机构的讲师差不多，听他讲成功学绝对是慷慨激昂催人泪下，但是实际操作一下就会马上原形毕露。周文在春申君身边就是个生活助理的角色，再直白一点，周文就是春申君的保姆。不是说跟着春申君的都是军事专家。这就好比比尔·盖茨的生活秘书未必是IT精英。周文自称懂兵法，就有点太主观了。周文跟着项燕的时候，主要负责占卜工作。咱不知道王翦和项燕的最后一战，周文是怎么预测的。总之周文这类人，满脑子都是主意，到哪儿都能忽悠，但是到哪儿都忽悠不了三个月。

周文凭借着一张利口，等他杀到三川郡的时候，周文帐下兵力达到数十万，战车千余乘，数据上做得很漂亮。这时候，秦朝启用搞经济出身的章邯为将，章邯发动骊山囚徒和奴隶之子七十余万迎战周文。

这是一场外行对外行的世纪之战。章邯不是搞军事的，他的部队也是一帮外行。周文自称是搞军事的，实际上是个演说家。他的大军也是忽悠来的，也不是职业军人。这两支部队一见面，战场情况开始了一边倒。章邯的奴隶部队企图以此战重获自由，所以非常玩命。周文的部队是被周文忽悠来抢劫的，本来觉得秦军不堪一击，结果发现秦军这么玩命，跟周文说的一点都不一样，大家只能一哄而散。

章邯受过良好的教育，又有带兵的天赋，很快就控制住了局面。周文没见过这场面，残酷的战争场面让周文丢掉了往日在酒桌上的意气风发。周文在三川郡前，一战败函谷（今河南省灵宝市函谷关镇），二战败曹阳（今河南省灵宝市东北），三战败渑池（今河南省渑池县），四战抹脖子自杀。

出处

周文，陈贤人也，尝为项燕军视日，事春申君，自言习兵。胜与之将军印，西击秦。行收兵至关，车千乘，卒十万，至戏，军焉。秦令少府章邯免骊山徒，人奴产子，悉发以击楚军，大败之。周文走出关，止屯曹阳。二月余，章邯追败之，复走渑池。十余日，章邯击，大破之。周文自刭，军遂不战。——《汉书·陈胜项籍传》

在残酷的现实面前，陈涉知道了大忽悠的本质，而陈涉错误重用的另一个人，又给陈涉带来了巨大的惊喜，这个人叫蔡赐。故事要从张耳说起，张耳是个跟过魏无忌的人，怎么说也是吃过见过，肯定不会踏实跟着陈涉混饭吃。陈涉派张耳、陈馀、武臣攻打河北，张耳和陈馀趁机和陈涉划清界限，立武臣为赵王。

张耳这么干，陈涉很不开心，他准备马上带兵攻打张耳。这时候陈涉重用的上柱国蔡赐，给陈涉出了一个馊主意。武臣公然造反，陈涉打算给予其军事打击是正确的。蔡赐这个理想主义者，就在这个关键时刻出错了。

在周星驰主演的电影《鹿鼎记》当中，天地会领袖陈近南曾和韦小宝开诚布公地说过，所谓反清复明都是说给那些不明真相的群众听的，成立反政府武装的最根本目的还是为了女人和钱。陈近南的话虽然说是电影台词，却非常现实。陈涉起兵是解放全人类？他自己都不知道世界上有这诉求。陈涉起兵是为了恢复楚国？那根本不可能。陈涉起兵是为了替天下人出口气，找秦国讨个公道？陈涉自己都不信。陈涉虽然不信，但是蔡赐却深深相信了。

蔡赐建议陈涉不要攻打武臣，干脆封他为赵王。反正大家都是为了诛暴秦，谁称王不一样呢？只要封武臣为赵王，武臣一定会奋力攻打秦国。

出处

柱国（蔡赐）曰："秦未亡而诛赵王将相家属，此生一秦也。不如因而立之。"——《史记·陈涉世家》

陈涉觉得有道理，于是封武臣为秦王，包括张耳的家人在内，都得到了陈涉的大力封赏。陈涉这么做，无疑是鼓励了反叛者。在此之后，打着陈涉旗号的义军首领纷纷自立为王。据不完全统计，韩广自立为燕王、田儋自立为齐王、周市拥立魏咎为王。蔡赐的一个馊主意，搞得遍地都是王爷，陈涉泯然众人，跟其他大王比起来，血统上就说不过去。

不过陈涉的错误用人并没有结束，继周文和蔡赐之后，陈涉重用的第三个搞笑人物隆重登场，此人就是田臧。陈涉一看遍地都是王，开始对自己的部将极其不信任。他最不信任的一个，就是他帐下最著名的大将吴叔。

吴叔和陈涉一同起兵，吴叔攻下荥阳，官封假王。吴叔在荥阳骄奢淫逸，暴露了他一个小屯长的本质。现在大家纷纷称王，陈涉判断吴叔这个假王迟早会当真王。这时候，吴叔部将田臧看出了形势变化。

就吴叔这点境界，在荥阳享乐还可以，指望他抵挡住即将到来的章邯，那是根本不可能的。田臧认为要想活命，就得投降章邯。但是他田臧什么身份？投降也没分量。这时候，分得清眉眼高低的田臧玩了一手绝的。田臧以陈涉的名义诛杀了吴叔，然后把吴叔的脑袋送给了陈涉。陈涉看到自己昔日最亲密战友的首级，往事一幕幕浮现在眼前。想当年吴叔是自己最坚定的跟随者，和陈涉一同策划了大泽乡起义。陈涉感慨，像吴叔这么好的人，死晚了！

大喜过望的陈涉感到田臧太懂事了，于是加封田臧为上将军，把吴叔的兵权交给了田臧。田臧这哥们其实也是个志大才疏的人。当年他还是个跟班的时候，就嫉妒吴叔的地位。如今他掌了兵权，眼睛开始长到了头顶上。田臧迅速膨胀，甚至膨胀到连章邯都不放在眼里。本来说好的章邯来了他就投降，结果章邯真来的时候，田臧抄家伙就跟章邯拼了。结果，田臧死了，荥阳丢了，陈涉被孤立了。

出处

（田臧）矫王令以诛吴叔，献其首于陈王。陈王使使赐田臧楚令尹印，使为上将。田臧乃使诸将李归等守荥阳城，自以精兵西迎秦军于敖仓。与战，田臧死，军破。——《史记·陈涉世家》

但是陈涉并没有感到形势危急，还在腐败的生活中不能自拔。章邯兵至陈县（今河南淮阳），与陈涉展开决战。蒙恬死后，章邯就是无敌的存在。周文、田臧都不是章邯的对手，陈涉那两下子，被章邯一战击溃。

这次失败对于陈涉来说是致命的，哪个狐仙说"大楚兴，陈胜王"来着？哪个神仙在鱼肚子里放上"陈胜王"的天书来着？陈涉精心策划的一系列神话故事全部破灭。那些本想跟着大神陈涉谋求富贵的人忽然发现，陈涉就是个笑话。大家跟着陈涉分蛋糕还可以，亡命天涯就算了吧。陈涉的司机庄贾受不了这份颠簸，出手杀了陈涉投降章邯。

出处

腊月，陈王（陈涉）之汝阴，还至下城父，其御庄贾杀以降秦。——《史记·陈涉世家》

陈涉死了，但是江湖上到处都是陈涉的传说。这份草根的逆袭虽然没有成功，但是却激励着无数草根逆袭的步伐。若干年后，当贵族们都退出历史舞台，草根出身的刘邦君临天下。刘邦依然记得反秦首义陈涉的事迹，因此追封陈涉为隐王。

想当初陈涉曾经蹲在田间地头跟工友们说过：“苟富贵，勿相忘。”后来陈涉真正富贵了，他的工友们却不能去见他。有一天陈涉出巡，他当年的工友在路边喊他的小名：“小涉！”陈涉这才想起了这票穷朋友。后来陈涉发现，这帮人粗鄙不堪，跟他们交往有失自己的身份，因此陈涉尽数杀掉了这批穷朋友。

陈涉忘记了“苟富贵，勿相忘”，同时也不懂“燕雀安知鸿鹄之志哉”。事实证明，陈涉就是燕雀，他不知道什么是鸿鹄之志。他觉得吃点好的、穿点好的就是鸿鹄之志，所以他只能以悲剧结尾。

出处

其（陈涉）故人尝与佣耕者闻之，之陈，扣宫门曰：“吾欲见涉。”……或说陈王曰：“客愚无知，颛妄言，轻威。”陈王斩之。——《史记·陈涉世家》

在秦末战争当中，陈涉从起义到被杀，只有半年的时间。说起来陈涉起义，也算是抛砖引玉。因为陈涉被杀之后，秦朝迎来的并不是风雨后的彩虹，而是疾风骤雨的深夜。

第十一章　论“炒作”的必要性

历史上，王朝末期往往都会表现出因社会矛盾尖锐而导致的社会大动荡。要么是王朝内部战争不止，要么是人民群众起义不断。在大泽乡起义之前，秦王朝的社会表现出的却是一种超稳定的状态。假如我们不是站在上帝视角俯视这段历史，其实很难得出秦帝国大厦将倾的结论。

秦王朝为了加强社会治安，收走了天下人的兵器聚集在咸阳，融掉之后铸成了十二个金属人。当然这一手除了加大了日后陈涉起义的难度之外，对社会治安的贡献并不大。秦朝鼓励群众互相揭发，谁想搞事情就算瞒得过官府，也难以瞒得住邻居。也正是因为如此，秦朝社会并没有爆发此起彼伏的暴动，给人以超级稳定的假象。

在这种社会状态下，很多社会矛盾被深深掩盖。但是拦不住项梁在吴中暗自培植势力、刘邦在沛县自我炒作。说到炒作，比起陈涉的鱼腹藏书和狐音篝火，刘邦玩的绝对是全方位立体化的炒作。

陈涉那两下子，也就是忽悠不明真相的群众。刘邦玩的却是雅俗共赏，从文化人萧何到小商贩樊哙都愿意跟着刘邦玩耍，这就是实力。前文中我们说过刘邦腿上黑一片就自称七十二颗黑痣，这还不算什么。因为刘邦对自己出生的情景设定，更加令人瞠目。

据说那是一个伸手不见五指的黑夜，忽然间电闪雷鸣，亮如白昼。在那个没有夜生活的时代，刘邦的母亲出现在了郊外的湖边。你说一个女人家大半夜出现在郊外的湖边干什么？这不重要，重要的是刘邦的母亲在湖边遇到了神仙。这个神仙的原型是条龙，龙神十分豪爽地要求和刘邦的母亲在湖边度过一个激情燃烧的夜晚。没多久刘母怀孕，后来就生了刘邦。

为了让这事儿编得更加逼真，于是刘邦说这事有人看见，目击证人就是刘邦的父亲。得，这事就这么坐实了。总不能找刘太公问吧，这也问不出口啊。总之刘邦犀利的故事，为自己注入了龙神的血统。

你说这故事有人信吗？有啊，樊哙就相信，他对刘邦这个吃狗肉不给钱的人表现出了极大的崇拜。文化人也佩服刘邦，比如萧何，他就对刘邦表现出了崇高的敬意。一个连自己父母都能编排故事的主儿，绝对不好惹。

不过，这里边真正死心塌地拿刘邦当兄弟的，要数和刘邦同年同月同日生的卢绾。

那一年单父（今山东省单县）人吕公在家乡惹了惹不起的人，所以逃离家乡，跑到了沛县。沛县令和吕公就算是好朋友吧，沛县令看在吕公女儿长得漂亮的分上，收留了吕公。沛县令的好朋友举家迁到沛县，在当地是个大事件。倒不是因为吕公是个了不起的人，关键是大家又可以借机巴结沛县令了。沛县令为吕公举办了盛大的欢迎仪式，而他本人却不出席。衙门口的官吏和地面上的名流都带着贺礼来对吕公表示热烈欢迎。当然这个贺礼是要交给沛县令的，还不能说是沛县令腐败。敛财，沛县令是认真的。

沛县令借吕公敛财，就导致吕公压根不关心谁给多少钱。反正钱多钱少都不给他，多管这闲事没有用。但是，吕公要在沛县混，就得结交沛县的大人物。那么说谁是大人物？吕公初来乍到根本不可能知道。他唯一能判断的就是谁给的钱多，谁就是大人物。

当时萧何负责收钱记账，给钱过千的，屋里就座。给钱不足一千的，院子里就座。刘邦到了之后，见记账的都是衙门口的熟人。于是聊了几句之后，萧何声称刘邦贺万钱，让刘邦进屋坐。

吕公在屋里听到之后，当时惊了。一个小小的亭长就能贺万钱，说明这个亭长不简单，是当地的大人物。于是吕公亲自接见刘邦，请他进屋坐。当年不比今天，不是说谁有钱就一定地位高。进屋就座，大家是按职位高低排序的。萧何见吕公跟刘邦聊得火热，感到有些许的不安。为啥呢？你想吧，萧何说刘邦贺万钱，那是给刘邦一个面子。这话让吕公听，吕公是没资格查账的，所以皆大欢喜。到时候账本上只要不写刘邦出钱过万，沛县令数数钱数和账本对得上即可。而刘邦一分钱不给还能进屋坐，面子上已经有了，所以不会要求萧何一定要在账本上记上他给钱一万。

但是，如果刘邦和吕公聊得火热，吕公对刘邦印象很深的话，假如吕公和沛县令聊天的时候谈起此人，那这事就容易穿帮。因此萧何暗示吕公：“刘季固多大言，少成事。”那意思就是刘四这人说大话行，办事没谱。吕公当即明白了这话的意思，但是随后吕公惊讶地发现，刘邦进屋后和在座各位高人肆意地开玩笑，在座各位高人都给刘邦面子，让刘邦坐上座。吕公明白了，钱不钱的不是事，在沛县一亩三分地上，刘邦绝对是黑白两道通吃，是个人物。吕公为了巴结刘邦，把闺女吕雉嫁给刘邦。吕公坚信，刘邦绝对不简单。吕公的夫人觉得吕公不明智了，吕雉是出了名的大美女，沛县令之所以收留吕公，他也是为了吕雉。如今吕公居然把闺女给了刘邦，简直是疯了。吕公的回答很简单，简单地翻译一下就是：“你懂什么！”

出处

酒阑，吕公因目固留高祖。高祖竟酒，后。吕公曰：“臣少好相人，相人多矣，无如季相，愿季自爱。臣有息女，愿为季箕帚妾。”酒罢，吕媪怒吕公曰：“公始常欲奇此女，与贵人。沛令善公，求之不与，何自妄许与刘季？”吕公曰：“此非儿女子所知也。”卒与刘季。——《史记·高祖本纪》

吕雉跟着刘邦养育刘邦的私生子刘肥，又给刘邦生儿育女，过起了普通的农民生活。某一年的某一天，吕雉在地里干活，突然来了一个老头讨碗水喝。老头喝完水之后，声称自己会相面，非说吕雉以及她的一对儿女是贵人相。刘邦追过去问问，老头也说刘邦是贵人相。这种事其实很平常，谁闲得没事得罪人玩儿，喝人嘴短，说几句吉祥话而已。大街上唱数来宝的乞丐比这老头会说多了。就这么一个小事情之所以会被记录在史书里，说明刘邦后来没少拿这说事，搞得老头跟神仙下凡一样。总之在刘邦的世界里，生命不息，炒作不止。

刘邦在沛县这么一直一帆风顺吗？那也不是，就他那个性格，没少惹祸。每到紧要关头，不等官府来抓，刘邦肯定能得到信儿跑路。只要刘邦跑路，他的好兄弟卢绾一定会义无反顾地跟着刘邦。而萧何一定会上下打点，帮助刘邦免罪。要不说刘邦能混得开呢，到哪儿都有强大的关系网帮他疏通。但是随着大秦帝国越来越伟大，刘邦这样的人，也终于混不下去了。

刘邦是亭长，很重要的一个任务就是押送民夫去服徭役、兵役。这么多年来，这些民夫、士兵只见从家乡走，不见回家乡。终于在某一年的某一天，刘邦押送一帮民夫去骊山修陵，刚走到丰县西边，就有人趁机跑路。刘邦知道，早晚得有这么一天。谁也不傻，都知道去了就是九死一生。所以刘邦早有计划来应对此事。

你看陈涉因为这事，直接造反。刘邦遇见这事的时候，陈涉还在家务农呢。枪打出头鸟的事刘邦明白，所以他趁机召集大家开会，说让大家逃亡。

人就是这样，你不让他跑吧，他一定会跑路。你直接告诉他能跑路，他反倒不好意思了。有人就问啊，我们跑了，您怎么办啊？刘邦回答得也干脆，我也跑。

那大家一琢磨，单丝不成线，孤木不成林，不如一起跑吧。而刘邦一辈子最大的一次炒作，即将发生。刘邦和大家一起喝酒，然后就“醉”了。刘邦趁着酒劲带着大家分前中后三队人马跑路，刘邦在中队。这三队一共多少人呢？无论是《史记》还是《汉书》都记载为十几个人。十来口子人，为什么还要分三队呢？一队也就是三四个人，有必要分这么细吗？有，因为重点就在后队的三四个人里面。

前队开路者很快就在路上遇到了一条大白蛇挡路。这帮人害怕啊，于是去找刘邦，说咱回去吧，前边有一条蛇挡路。刘邦听完，走上前去拔剑斩蛇，然后继续前进。没走几里地，刘邦因为“酒醉”，就地睡觉。没多久后队的这三四个人赶到了刘邦睡觉的地方，绘声绘色地给前面两队讲了个故事：原来就在刚才，后队看见有个老太太守着一条断成两段的死蛇在哭。大家问问吧，为啥哭啊？老太太说，他儿子是白帝之子，变成大白蛇被赤帝之子给斩了。大家伙觉得老太太说得也太玄了吧，准备削她，没想到老太太却不见了。前队、中队的伙伴们一听，马上告诉后队的伙伴，那条大蛇就是刘亭长斩的。这样大家一琢磨，如果大蛇是白帝之子，难道刘亭长就是传说中的赤帝之子？合着咱们一直跟着神仙啊。这里边前队和中队都是不明真相的群众，后队一定是刘邦的亲信。

那么说这个白帝和赤帝是怎么回事呢？这就是中国古代所谓的五方上帝。赤帝就是炎帝，白帝是少昊。此外还有黄帝轩辕、黑帝颛顼和青帝伏羲。

大家把这事跟刘邦之前的故事一关联，不得了啊，难怪算命的老头说他是贵人，难怪他大腿上有按照地煞七十二星排列的黑痣，难怪江湖传说他身上常有龙浮现。

那为什么刘邦要演绎赤帝子斩白帝子呢？因为秦国在西方，白帝为西方神。刘邦家在南方，赤帝为南方神。赤帝子斩白帝子，不就是刘邦要取代秦吗？

刘邦在大家眼里越发神秘，由于刘邦太神秘了，加上私放民夫，所以亭长当不上了，只能去芒砀山落草。更神奇的事情发生了，吕雉带着孩子去找刘邦，在没有导航的前提下，吕雉居然找到了刘邦。问她怎么找到的，她愣说是被刘邦头上的云气吸引来的。

从此刘邦就像神一样存在于芒砀山，这就是炒作的力量。

刘邦其实一直在等待一个机会，终于，机会来了，陈涉在大泽乡起义，刘邦正式走进了反秦大革命当中。

第十二章　跟随陈涉的脚步

芒砀山，总和很多造反的故事有着不解之缘。除了刘邦在此装神之外，日后陈涉会被庄贾在此杀死，张飞也会在此聚啸，曹操会在此盗墓，混世魔王樊瑞会带着项充、李衮在此跟梁山叫板，李自成也会在此藏匿。总之造反不去芒砀山走一遭，那就好比吃北京烤鸭没有上好的甜面酱，那是不完整的造反生涯。

芒砀山是一片山的总称，这片山地跨今天的豫皖苏鲁四省，里面山头林立，地势错综复杂，绝对是上山落草、躲避官府围剿的圣地。刘邦在芒砀山装神仙是暂时的，虽然看上去仿佛刘邦在荒郊野外占山为王，但是事实上他从没远离过人类社会。刘邦实力没那么大，但是在芒砀山里的刘邦，一直掌握着沛县的动向，伺机出山。沛县很多不安分青年都纷纷前往芒砀山投奔传说中神仙转世的刘邦，就在刘邦拉起了一支上百人的队伍之后，陈涉在大泽乡起义了。

陈涉起兵，那是势如破竹，很快就打到陈县称王。在陈涉的鼓舞下，很多人都打着陈涉的旗号闹起义。那个善于敛财的沛县令，正在历史的十字路口上举棋不定。作为秦朝的干部，他也算得上深受国恩了。但是在帝国危难的时候，沛县令选择站在帝国的对立面。这倒不是因为沛县令出于正义而要推翻暴秦，而是因为他发现很多地方官随着这股风闹独立，有不少称王称霸的。沛县这块地方，秦朝的正规军来不了，陈涉的起义军视他们为自己人，怎么说都是一笔划算的买卖。沛县令找来自己的俩秘书商议大计，这俩秘书一个叫萧何，一个曹参。这哥俩儿一合计，沛县令说得对啊，是时候和秦王朝划清界限了。但是，就沛县这些人马来说，绝对不能由沛县令领导。道理很简单，但凡是天下大乱，遍地都是反政府武装的时候，谁能成事，全看煽动力。举个例子说，韩信本事够大吧，为啥他不能拉起一支队伍来呢？关键是他不会炒作，也不具备尊贵的血统，在人民群众之中毫无煽动力。陈涉的成功，靠的就是"张楚"这个口号和扶苏、项燕的煽动力。沛县令贪名远播，断然做不了起义者。而且就当时而言，让老百姓拿这个贪官泄愤，是非常必要的笼络人心的手段。

那么说谁能做沛县的革命领袖呢？很明显是刘邦。陈涉无非说自己是扶苏的人，而刘邦可说自己是赤帝之子。再加上萧何、曹参跟刘邦一直是哥们儿。刘邦出山的机会到了。萧何对沛县令讲，带着全郡人民造反不是个稳妥的办法，为啥呢？老百姓凭什么听你的呢？所以这事要想干成，得先有城外的豪杰跟着沛县令混。到时候就算城里人民不听话，让城外豪杰杀几个人，队伍就好带了。

沛县令觉得有道理，就让萧何、曹参负责找豪杰。萧何说有现成的，芒砀山就隐匿着英雄好汉，而且他们还打算跟大人您混。就这样，樊哙被委以重任，负责去芒砀山招揽豪杰。就当时而言，刘邦、卢绾、萧何、曹参、樊哙、夏侯婴等都是常在一起玩的哥们儿。等到刘邦带着队伍接近沛县的时候，沛县令才发现不对。

什么城外豪杰啊？那不是刘季吗？再看他身边的那几个人，看着都面熟，都是沛县地面上的难缠角色。当初他是亭长，我还能管他。如今他是赤帝之子，他能听我的？很明显这是刘邦、萧何、曹参一起下的一大盘棋，套路太深了。

沛县令识破了刘邦的计谋，就开始关闭城门不让刘邦进城。与此同时，萧何与曹参这俩人精第一时间嗅到了死亡气息。为了不被沛县令杀掉，这两人连夜翻墙出城，逃到了刘邦的身边。

出处

于是樊哙从刘季来。沛令后悔，恐其有变，乃闭城城守，欲诛萧、曹。萧、曹恐，逾城保刘季。——《史记·高祖本纪》

刘邦听了萧何、曹参介绍完城里的情况，就往城里发帖子，内容就是赤帝之子要来解放沛县人民，胆敢阻挡神之大军的，只有死路一条。城里边的大户人家和平民百姓都纷纷响应刘邦，杀掉沛县令而迎接刘邦进城。然后，问题来了。谁当老大呢？萧何、曹参建议刘邦当老大。刘邦自然不肯，要求人民群众选举出一个德高望重的人来当老大。选谁呢？城里边的老百姓议论纷纷。

“哎，老陈，听说没？刘季腿上有七十二颗黑痣，上应天上星宿。”

“我上次去泗水还听说他醉酒睡觉的时候身上有龙形浮现。”

“你们知道啥啊，听说没？刘季是赤帝之子，亲手杀过白帝之子！”

“那就别选了，整个沛县就这一个神仙，就他了！”

就这样，刘邦这么多年的炒作终于派上了用场，高票当选为沛县老大，称沛公，号为赤帝子。由于刘邦被称为赤帝之子，所以刘邦的队伍的旗帜就是红色，军服也是红色，刘邦带领这支红军，以沛县为据点，连克胡陵（今江苏沛县东北）、方与（今山东鱼台），聚集了两三千人马驻守丰县，挣了人生第一桶金。

其实刘邦的发家史跟陈涉有着异曲同工之妙。但是论及炒作的手法和内容，刘邦甩陈涉八条街。刘邦打着神仙的旗号，用了好多年的时间，演了无数的戏，做了无数的局，终于让不明真相的群众自发地相信刘邦就是神，让萧何这样的人杰佩服刘邦把瞎话说得这么清新脱俗。总之沛县社会各界都公认刘邦是个人物。再看陈涉就不可同日而语了，周文这样的是为了坑他的钱，张耳这样的压根不把陈涉放在眼里。虽然刘邦是跟随陈涉的脚步起义，但是刘邦好歹是马公的高足，上没上过学的差距马上就体现出来了。

刘邦有着多面性，有人说他温文尔雅，有人说他粗鄙不堪，有人说他英雄盖世，有人说他痞气十足。那么说刘邦为什么会有这么多的形象呢？关键是刘邦手底下的人太杂，而无论是什么样的人，都能和刘邦打成一片。比如说刘邦和樊哙这样的粗人交往，满嘴文言文是不行的，必须来几句粗口才显得亲切。跟发小卢绾交往，必须满嘴的兄弟情谊，句句不离忆往昔。跟文化人萧何交往，那得凭智慧折服老萧。跟贵族张良交往，必须得起范。总之刘邦最大的优点就是能和不同类型的人打成一片。虽然他在自以为志得意满的时候抛弃过这个优点，虽然他在心灰意冷的时候也曾忘记这种谈话方式，但是最终刘邦是靠着驾驭这些形形色色的人一统天下。陈涉比起来，那就差太远了。也就周文这样的大忽悠能假装为陈涉所用，但是靠着周文这样的人，无论如何都不能成就大业。陈涉打着扶苏、项燕的旗号起事，就算没有章邯他也不能长久。扶苏在哪呢？项燕在哪呢？骗人是要被戳穿的。再看刘邦就没这个后顾之忧，他不用把赤帝请出来跟大家见面。

那么说虚拟的赤帝和虚拟的扶苏谁更有号召力？如果跟项羽这面旗帜比起来，都没什么号召力。

第十三章　一个并不好的开局

历史总是惊人的相似，秦帝国这所华丽的破房子让陈涉踹了一脚，马上塌了一大半。沛县令琢磨和秦王朝划清界限的时候，会稽郡的郡守殷通也做着同样的打算。

郡守这个官在秦朝可不小了，相当于省长。省长都要革命，可见秦朝的统治基础已经腐烂。所谓一个篱笆三个桩，造反也总得有几个帮手吧。沛县令傻傻地找萧何跟曹参商量，结果死于非命。会稽郡郡守殷通更离谱，因为他找到的帮手是项梁。

萧何是造不造反都行的人，反正是混口饭吃。项梁那是早就憋着造反的主儿，别看他在殷通面前做小吏那么虔诚，其实早就谋划着大事。殷通找项梁商量造反，还承诺让他带兵，这样的机会让项梁活活美死。

刘邦占沛县，又是发帖子，又是编故事。再看项梁，开局就比刘邦省事。

殷通说希望项梁和桓楚带兵，但是桓楚这位大仙很早就因为犯罪跑路了，音讯全无。项梁当即表示，桓楚虽然逃匿，但是有人知道他去哪了？谁知道呢？项羽知道。项梁建议殷通叫项羽进来问话，殷通表示同意。项羽一步跨进原本关着门的房间。殷通席地而坐，目视着脸上毫无拘谨的项羽。毕竟是商议造反的大事，室内灯影摇曳，给人以压抑感。项羽没有避开殷通的目光，没有关门，没有行礼，没有脱鞋，而是直勾勾地看着殷通。两个人就这么深情对视，气氛略显尴尬。这时候，项梁用余光看了一眼项羽，说：“动手！”项羽紧走两步，一剑斩落了殷通的头颅。鲜血顿时从殷通的腔子里喷射而出，整个房间被鲜血染得一片狼藉。项羽并不在意身上沾满的鲜血，甩了甩剑上的血珠，转身走出房门。随后项梁从容地站起身来，捡起地上的人头，拿起桌上的会稽郡守印绶，也走出门外……几乎没有任何铺垫，项羽就拔剑杀了殷通。然后项梁一手拿着殷通的印绶，一手提着殷通的人头，宣布就任会稽郡守。府里边还有护卫呢，省长让人杀了，护卫们赶紧拘捕凶手！然后，一场动作大片华丽上演。

项梁俩手都占着呢，所以站在那里岿然不动。项羽拔剑上前，一口气杀掉了上百武装人员，而且什么“血战”“死战”这样的字眼跟项羽的这场战斗根本挂不上钩。因为项羽杀掉这一百多人很轻松，如果不是府里其他人员匍匐在地上求饶命，项羽一人一剑团灭整个会稽郡守府没有任何压力。杀人对于项羽来说，就像是游戏。

出处

梁（项梁）复入，与守（殷通）坐，曰：“请召籍（项羽），使受命召桓楚。”守曰：“诺。”梁召籍入。须臾，梁眴籍曰：“可行矣！”于是籍遂拔剑斩守头。项梁持守头，佩其印绶。门下大惊，扰乱，籍所击杀数十百人。一府中皆慑伏，莫敢起。——《史记·项羽本纪》

这是什么概念？武侠小说中，令狐冲也无非是一剑刺瞎二十人的眼睛。古典小说中，赵云在长坂坡前杀人也没能杀掉上百人。

项梁看局势稳定，就招来自己熟悉的同事、地方上的豪门一起开会。就在这个空气里飘着血腥味、满地死尸的院子里，项梁宣布他担任新一届的会稽郡守。项羽作为副将，巡视会稽郡的周边郊县。其他项梁的朋友、同事，都有官做。就这样，项氏叔侄控制了会稽郡，收揽了八千兵马，也就是传说中的吴中八千子弟兵。对比一下刘邦费那么大劲才收揽了两三千人马。论开局，项羽的开局惊天地泣鬼神，无论是写成小说还是拍成电影都比刘邦的开局精彩得多。聚贤庄里的萧峰不免英雄气短，长坂坡前的赵云也要张飞支援，项羽一人一剑成大事，绝对是英雄盖世，绝对是气壮山河，绝对是豪情万丈。两千多年来，崇拜项羽的人都在津津乐道他的勇武，鄙视项羽的人也不能否认项羽的武力。但是，我要说的是项羽的一生，都是毁在这个看似完美的开局上，这个开局带来的坏影响，会贯穿项羽的一生。

从这时候开始，项羽登上了推动历史发展的舞台，走到哪儿都有万千人崇拜。他不用拿任何人当幌子，他自己就是一面大旗。太多年轻人崇拜项羽，导致项羽自己都崇拜自己。如果有来生，我想项羽最大的理想可能就是变成一个女人，然后嫁给像项羽这样的男人，完美。项羽由自信变成了自负，从自负变成了自恋。看同样的世界，刘邦眼里都是复杂，他认为任何事和任何人都不那么简单，任何人都可以用完就杀。而项羽眼里都是阳光，这个世界很简单，没有什么事是打一架不能解决的。

这两种性格，成就了刘邦和项羽这两条路上的人。在大是大非面前，刘邦往往拖泥带水，游移不定。项羽总是干干脆脆，简单粗暴。虽然刘邦和项羽都登上了历史的舞台，但是目前还不是他们的表演时间。在没有蒙恬的日子里，陈涉曾无敌般存在。战无不胜攻无不克的陈涉，注定要败给自己的克星。那是章邯带兵之后，就不允许别人再以无敌自居，陈涉起义半年之后被杀。当时能称无敌的，只有章邯。

陈涉死后，其他义军依然打着陈涉的旗号，只不过革命军们开始各竖各的旗帜，各立各的山头。有想法的就自己拉大旗单干，没想法的就找大树依附。总之呢，武装力量无论怎么折腾，原则上都不愿意遇到章邯，毕竟章邯是无敌的。不用企图尝试和章邯过招，谁也不是章邯的对手。

不过在项梁心里，陈涉之后的革命盟主，非他莫属。

第十四章　项梁要面对的世界

首先，我们来盘点一下。在后陈涉时代，到底中华大地上还有多少造反团体。

在大泽乡起义之后，章邯拜将之前，除了陈涉之外，还有跟着陈涉蹭经验发展起来的五大势力。

头一个是奉陈涉之命西征而盘踞荥阳的假王吴叔。这哥们虽然是造反元老，但是由于跟陈涉因为分赃而闹矛盾，被部下田臧杀了给陈涉献礼。所以吴叔没能熬到跟项梁一较高下的时候。

陈涉部将邓宗奉命南征，驻扎九江一带，但是九江一带临近百越，形势复杂，邓宗很快在各方势力的冲突下人间蒸发，也没等到跟项梁比画比画。事实证明，九江这块地方不是一般人能混的。

由于邓宗命丧九江，陈涉部下大将葛婴奉命南征。历史上葛婴名头不算响，但是他的一个后人名头之大震烁古今，此人就是鼎鼎大名的诸葛亮。由于陈涉打着恢复楚国的旗号起事，但是人民群众既没看到楚王，也没看到项燕、扶苏，所以葛婴为了帮助陈涉夺取话语权，南征九江的葛婴拥立楚国王室后裔襄疆为楚王，也算是楚国正式复国。没想到葛婴刚扶植了楚王，那边陈涉自己称王了。葛婴大惊，揣测错了领导的意思。看来领导复兴楚国的计划只是说说而已，谁认真谁就输了。葛婴赶紧杀掉襄疆去跟陈涉认错。但是陈涉这人六亲不认，完全无视葛婴的解释，杀掉了葛婴。作为陈涉帐下首席大将，葛婴也没熬到陈涉死后跟项梁争夺天下。

陈涉帐下也不乏贵族，比如说魏咎就是魏国王室后裔。可惜魏咎除了血统啥也没有，所以平定河南的活，陈涉让周市跟魏咎一起去。等他们占据魏地之后，周市拥立魏咎为魏王，周市任魏相，魏国复国。

第五位就厉害了，陈涉派武臣、张耳、陈馀北伐，结果这三位刚平定河北就闹独立，张耳拥立了武臣做赵王，赵国宣布复国。

武臣部将韩广北上攻打燕地，燕赵自古感慨悲歌之士，燕人们苦秦久矣，见韩广一副无公害的样子，就选举韩广为燕王，燕国宣布复国。

这六位是章邯出山之前的地方豪杰，而且都是陈涉的部将。秦二世二年（前208年）八月，陈涉部将中的忽悠之王周文西征。当月，朝廷启用章邯为将破周文。

九月，刘邦、项梁、田儋响应起义。在陈涉被司机庄贾谋杀之前，又有新的势力崛起。刘邦实力太小忽略不计，而且刘邦刚一出山，就遇上了革命同志的欺凌。魏国周市是个拣软柿子捏的主儿，放着如狼似虎的秦军他不敢碰，首先出手打击的就是刚起义不到三个月的刘邦。在进攻刘邦大本营丰邑的时候，丰邑守将雍齿公然叛变，让刘邦刚竖起的大旗就倒下了。无奈之下刘邦只好投奔了项梁，所以在相当长的一段时间内，刘邦提起雍齿就气得牙疼。

而真正成气候的势力头一个就是齐国贵族远房亲戚田儋，田儋带着亲弟弟田荣、田横反秦起义，自立齐王，齐国复立。

由于武臣背叛陈涉不仅没有遭到陈涉打击，反而受到嘉奖。所以陈涉部将秦嘉、朱鸡石叛变，企图自立山头。

陈涉死后，革命山头如雨后春笋般遍地开花。陈涉部将吕臣诛杀叛徒庄贾，重立张楚政权。

由于赵王武臣称王的过程太简单粗暴，所以武臣的部将李良也有样学样，诛杀了武臣。张耳一看“山寨货”就是不行，又拥立了正版的赵国贵族赵歇为赵王，赵国宣布复国。

秦嘉叛变之后走上了跟当年的陈涉截然不同的道路，陈涉老喊着兴复大楚，但是谁也没见楚王在哪，所以秦嘉拥立了楚国贵族景驹为楚王，楚国正式复国，秦嘉占据了道义的制高点。刘邦和张良也随后选择了跟随楚王景驹，这就造就了日后在投奔楚国路上的世纪相遇。

囚徒英布起义，正赶上章邯诛杀吕臣，英布很开心地收揽了吕臣的残部。正是因为有这些本钱，吴国后裔吴芮在南方起兵之后，招揽了英布为女婿。

这就是项梁要面对的局势，秦末大革命开展得如火如荼，完全没有因为陈涉的死而沉寂下来。

第十五章　造反盟主

项梁要想一统阵营，面对的是燕王韩广、赵王赵歇、魏王魏咎、齐王田儋、楚王景驹、张楚政权继承人吕臣、地方大佬吴芮这七大诸侯，还有那个无人能挡的秦将章邯。

此时的各大革命团体还真非常热闹，这热闹更多地表现在内斗上。

比如说燕国和赵国之间的矛盾不可调和，齐国和魏国之间也是满满的仇恨，楚国和齐国之间，那是不共戴天。在这种局面下，项梁想要统领这一盘散沙，难度系数不亚于推翻秦朝。

不过我们来看这七大势力，赵、魏、齐、楚算是从法理能讲得通的旧贵族复国。不过除了田儋之外，那几位都是跟着陈涉起家的。尤其是吕臣，被章邯打败后就带队投奔了项梁。所以项梁作为根正苗红的项燕之子，趁着收揽张楚政权继承人吕臣的机会，赶紧以陈涉的拥护者自居，打起了“张楚”的旗号，理所当然地成了起义军的无冕之王。很多的有识之士去投奔项梁，形势一片大好。

比如说韩信，就是在这个时候加入项梁的队伍的。平心而论，韩信一开始待遇算不错的了。你想吧，韩信刚来就被编入到项羽的队伍中去，而且还被项羽带在身边当贴身侍卫。不敢说这是多大的恩宠，最起码项羽对韩信的信任是表现出来了。项羽为什么喜欢韩信呢？因为韩信武功好啊，而且好到了能打动项羽，好到项羽把自己的安保工作交给韩信，可见韩信这些年的功夫真没白练。那么韩信后来为什么要离开项羽呢？这是后话，等韩信走的时候再聊。

除了韩信之外，陈婴也是个不得不提的人物。陈婴是东阳县（今江苏盱眙南）人，身份和萧何差不多，是东阳县政府的小吏。论声望呢？陈婴在东阳的人缘完全盖过萧何在沛县的人缘，那真是好得不要不要的，特别像《水浒传》里的及时雨宋江当小吏时的人缘。不同的是陈婴真是个忠厚长者，没打算造反。

陈婴不造反，东阳县的老百姓都替他着急。于是在一个暖风和煦的日子里，东阳的激进青少年们联合行动，杀掉了东阳县令。由于凶手们没有威望，大家推举陈婴当县令。这让陈婴的上位，跟民国黎元洪的上位有些相似。

接下来的形势就不受陈婴控制了，因为慕名而来投奔陈婴的人数太多了，足足有两万多人。这就意味着，陈婴的队伍不亚于已经复国的燕、赵、齐、魏四国，大家一琢磨，要不您称王吧。陈婴一想，称王可以，“吧”还是得去掉。不过就当时而言，哪有自己封自己当大王的？战国时候，诸侯国相继称王，不管怎么说，后来都由周王室分封。陈涉称王，那是天下英雄首肯的出头鸟。自己虽然在东阳县是个腕儿，离开这一亩三分地，那就不行了。

陈婴回家找妈妈商量此事，当不当这个大王，还得听妈妈的话。陈妈妈不是一般的家庭妇女，她敏锐地察觉到当时的格局变化。陈妈妈对陈婴说，天下局势不明，与其称王当个出头鸟，不如背靠大树好乘凉。

出处

陈婴母谓婴曰：“自我为汝家妇，未尝闻汝先古之有贵者。今暴得大名，不祥。不如有所属，事成犹得封侯，事败易以亡，非世所指名也。”婴乃不敢为王。谓其军吏曰：“项氏世世将家，有名于楚。今欲举大事，将非其人，不可。我倚名族，亡秦必矣。”——《史记·项羽本纪》

陈婴顿悟，从此陈妈妈的话成了陈婴一生的信条，要在江湖混得好，先找大哥来依靠。这一次，陈婴选择的大哥是楚国贵族后裔项梁，后来陈婴选择的大哥是刘邦，不管怎么说，在这个历史时期，陈婴算是人生赢家。哪怕是跟着刻薄寡恩四处找碴的汉高祖，陈婴依然混得有模有样。无萧何之惊恐，无韩信之冤杀。他的曾孙女还当了皇后，就是那位“金屋藏娇”的女一号陈阿娇。

有了陈婴这两万多人的加盟，项梁的底气就更足了。没多久，神秘莫测作战勇猛的蒲将军、勇往直前势不可挡的英布、百越领袖吴芮、原陈涉部将朱鸡石也带着队伍投奔项梁。等到项梁兵渡淮河，驻军下邳（今江苏睢宁西北）的时候，项梁的军队足有六七万人，实力强盛。有了这么强大的实力，项梁陷入了深深的思考之中。

眼下项梁就是一面大旗，风头完全不输于当年的陈涉。也就是说，再打着陈涉倡导的“张楚”旗号已经没有用了。这多明显，人家秦嘉已经拥立景驹复兴楚国了，项梁这个张楚就有点尴尬了。因此要想一统战线，诛灭秦嘉那是势在必行。

从法理上讲，秦嘉当年也是陈涉的部将，而且秦嘉坚决贯彻陈涉的指导思想，真的把楚国复立了。理论上项梁应该摆在楚王景驹的麾下听其调遣。但是项梁完全不能接受这个事实。项梁虽然不接受，楚国人民可是早也盼晚也盼，终于盼来了楚国复兴。比如说刘邦，终于有一种找到组织的感觉，为了积极响应楚王景驹，刘邦带着队伍要去投奔楚王。然而就是这次行动，刘邦遇到了对自己一生都至关重要的人物，他就是也带着队伍去投奔楚王的张良。张良自从见了刘邦之后，马上改了主意，劝刘邦不要去投奔景驹，从此张良和刘邦就成了一个战壕的战友。

刘邦带着张良高高兴兴把家还，项梁、秦嘉、景驹三个人之间的关系就变得很复杂了。理论上项梁一直以楚国的柱石自居，但是现在这个人成了秦嘉。虽然项家自古以来就是楚王的保护神，但是项梁和景驹之间那是互相不认可。

从秦嘉和景驹的角度讲，项梁也是个不值得存在的人。因为大家都打着楚国的旗号，项梁是根正苗红的楚国贵族，秦嘉是地地道道的草根出身。而且景驹这个楚王从血统上讲并不是那么有说服力，项梁是不会承认他的合法性。

对于刚刚复国的楚国来讲，要不要推翻暴秦不重要，重要的是先弄死项梁。秦嘉点齐人马，准备去攻打项梁。注意，此时的秦嘉是准备攻打项梁。正所谓兵贵神速，秦嘉还没准备好，项梁带着新收的大将英布发兵攻打秦嘉。

项梁不仅是带着兵来的，还带了演讲稿。项梁说陈涉首义，兴复了大楚。如今秦嘉立了景驹为楚王，连个招呼都不给陈王打，这分明是背叛陈王的举动，实在是大逆不道！

哎，不对啊，陈涉这会儿不是已经死了吗？不信问朱鸡石啊。那不行，项梁说没死，那陈涉就是没死，要不怎么给秦嘉和景驹按上造反的罪名呢。相比于秦嘉来说，项梁兵精将勇，打他们跟玩儿一样。项梁势如破竹，把秦嘉和景驹从彭城（今江苏省徐州市）打到了胡陵，然后在胡陵杀死了秦嘉。景驹逃往魏国，秦嘉的部队全部投降项梁。

出处

当是时，秦嘉已立景驹为楚王，军彭城东，欲距项梁。项梁谓军吏曰："陈王先首事，战不利，未闻所在。今秦嘉倍陈王而立景驹，逆无道。"（项梁）乃进兵击秦嘉。秦嘉军败走，追之至胡陵。嘉还战一日，嘉死，军降。景驹走死梁地。——《史记·项羽本纪》

本来项梁打算一鼓作气，把景驹也干掉，这时候有人出来阻止项梁了。谁敢阻止项梁啊？别人是不敢，但这位是章邯啊。

当时项梁驻兵胡陵（今江苏省沛县东北），章邯已经接近了栗县（今河南省夏邑县）。双方相距约一百公里，项梁赶紧派出心腹爱将余樊君和原陈涉部将朱鸡石在栗县迎战章邯，他自己在胡陵等着这二位凯旋的好消息。

章邯是什么人，余樊君可能不大清楚。但是，章邯多恐怖，朱鸡石可是知道的。我们无法还原当时战争的场景如何，不过可以从史书的蛛丝马迹当中看到一些痕迹。余樊君死磕章邯，朱鸡石畏敌如虎。战争的结果就是余樊君战死沙场，朱鸡石逃回胡陵。项梁第一时间做出军事部署，撤。项军一路退到薛郡（今山东省曲阜市），惊魂甫定的项梁稳了稳心神，马上下令处死朱鸡石！

项梁迷茫了，秦嘉已死，景驹逃往，章邯陈兵胡陵，项羽带兵游荡在以前陈涉活动的陈郡一带，接下来的路到底该怎么走呢？项梁又开始伤脑筋了。就在这时，一个高人不远几百里来找项梁，为他解决了这个难题，此人就是范增。

老范今年七十了，终于有机会改变一下历史的进程。老范告诉项梁，老打着陈涉的旗号说事不可取。陈涉算什么？不过是屯长出身。项家什么身份？那是有封地、有爵位、有兵权的楚国贵族。项梁想要领导革命，必须先恢复楚国。要想恢复楚国，必先找到一个货真价实的正品楚王。不能学燕国搞山寨，也不能学齐国玩高仿，更不要学魏国和赵国弄贴牌。只有楚王是正品，楚国才是正品。楚国是正品，才能领导那些非正品。只要楚国做了领导，而项梁再做楚国的领导，后边的事不就好办了？

项梁那是顿开茅塞，有一种周文王见到姜子牙的感觉。项梁派出人手去寻觅，终于在羊群当中找到了楚怀王的孙子熊心。项梁拥立熊心为楚怀王，定都盱眙，楚国复国。

出处

项梁然其（范增）言，乃求楚怀王孙心民间，为人牧羊，立以为楚怀王，从民所望也。——《史记·项羽本纪》

在这个楚国里边，陈婴以无公害的形象当了上柱国，上柱国也就相当于丞相。项梁自号武信君，总领楚国兵权。楚国复立，又是根正苗红的真正楚王后裔为王，所以楚国天下归心，诸侯膜拜。这时候张良提出，原周朝的东方六国中，燕、齐、赵、魏、楚都复国了，只有韩国还没复兴。如果项梁不抓紧时间复立韩国，万一别人拥立了韩国王室后裔为王，岂不麻烦？项梁恍然大悟，赶紧让张良去平定韩地，拥立韩王后裔韩成为韩王，至此东方六国均已复兴。理论上项梁可以安安稳稳做个太上皇了。

不过事情并没有朝着项梁想象的方向发展，因为新任楚怀王熊心跟吃了熊心豹子胆一样，真把自己当大王了。这都不要紧，关键是项梁这个幌子做得太逼真，很多人真把楚怀王当大王，并且前来投奔。残酷的事实告诉项梁，忙活了那么久，原来都是为他人作嫁衣。

在那个时代，其实大家都是喊喊口号混口饭吃。什么伐无道、诛暴秦、效忠谁谁谁，那都是说说而已，谁也别当真。这些人如果是秦朝的既得利益者，绝不会痛恨秦朝。他们恨的就是凭什么财宝和美女都弄到咸阳去，只剩下贫穷和疾病给他们？道理很简单，只不过有人不明白，认真那就输了。但凡是喊出来的口号，没一句是真的。不信咱就接着看。

就说楚国光复之后，很多人争相拜在熊心麾下，让这个傀儡渐渐成了真正的大王。

第十六章　友谊的小船，翻了

这段故事要从齐国复国说起。齐王田儋本是齐国王族远枝亲戚，齐国被灭之后，田儋带着弟弟田荣、田横去了狄县（今山东省淄博市高青县）。由于他们是齐国远枝王族，所以不大受秦朝迫害。这三位田爷家底很厚，在狄县过着地方豪强的日子。

后来陈涉起义，陈涉部将周市拥立魏咎为魏王。周市这个专捏软柿子的魏相攻打狄县，田儋趁机纠集一帮社会闲散人员杀掉狄县令，以齐国王室的名义自立齐王，宣布齐国复立。田儋打败周市，坐稳了齐王的位置。但是，齐国王族并不是死绝了，最起码末代齐王田建的弟弟田假、田角、田间还在，人家是正宗的齐国王族。田儋称王，按理说大家都是亲戚，田假得巴结田儋。但是田儋以齐国的名义称王，田假就不乐意了。这就好像自己家的招牌，被别人拿走开公司了。田儋在狄县一带家大业大，有的是人望。田假虽然穷，但是在临淄一带都知道他是王族。两人矛盾暗中激化的时候，故事就可以跟连上了。章邯兵发栗县，项梁逃到薛郡，后来在范增的启发下，项梁撤到盱眙立熊心为楚怀王。按下项梁不表，单说章邯都打到河南了，捎带手干掉魏国就是顺理成章的事了。对于章邯来说，打谁都是打，打谁都能赢，按顺序来吧。这回行了，魏王咎和周市冷汗下来了。理论上讲，有困难找大哥。但是周市的大哥陈涉早死了，魏国无奈，只能求救楚国。但是楚国远水不解近渴，魏国本着远亲不如近邻的原则，选择性遗忘了田儋打败周市的往事，向齐国紧急求援。

这边田儋正和田假暗中较劲，接到魏国求援信之后，田儋大喜过望。临淄百姓支持谁不重要，重要的是国际上已经承认他这个齐王了，这不，魏王求救来了。田儋调集人马，怀揣着如明成祖朱棣派郑和下西洋同样的心态，雄赳赳气昂昂地奔赴魏国战场，他急需被国际社会承认。

但是明成祖派郑和出海是拼钱，用钱换取国际社会对他称帝合法性的肯定。田儋没那么多钱，只能拼命，用命来换取国际社会的认可。战国时代，齐国军事家孙膑曾教科书般地打过两次解围战。也就是大家熟知的围魏救赵和围魏救韩。这两次战例过于经典，所以围魏救赵成了一个成语，还被编入《三十六计》中。其实田儋救魏，大可仿照这个战例去进行军事部署。但是田儋不这么干，而是直眉瞪眼地直接找章邯拼命。章邯的部队，那是骊山囚徒出身，个个不怕拼命。项梁手下的狠角色英布就是骊山囚徒出身，他都能威震一方，何况章邯带了二十多万英布呢。但是，作为一个名将，章邯如果靠拼命，也活不到那时候。章邯的斥候兵探得田儋高调的行军路线。章邯避其锋芒，趁着夜黑风高，秦军上下人衔枚，马勒口，悄悄地接近齐魏联军，轻声行军，打枪的不要，然后突然发动袭击！

秦军如同天降，联军溃败，田儋、周市当场被杀，魏王咎退往临济（今山东省菏泽市东明县），再度被章邯的秦军包围。魏咎为了满城百姓，跟秦军约定只要秦军不屠城，他就自杀。秦军和魏咎达成协议，魏咎自焚，魏国覆灭。而齐国的田荣在田儋战死后，收拾残军退往东阿。

这一战，章邯打得漂亮。但是，田儋死得悲壮。不管怎么说，当时大家都知道田儋是为了救魏咎死的。这是什么精神？这是“国际人道主义”精神。

出处

秦将章邯围魏王咎于临济，急。魏王请救于齐，齐王田儋将兵救魏。章邯夜衔枚击，大破齐、魏军，杀田儋于临济下。——《史记·田儋列传》

学习田儋精神的表彰大会一时半会儿没工夫召开，因为章邯打上瘾了，马上兵围东阿，田荣危在旦夕。当是时，魏咎的族弟魏豹逃亡楚国，楚怀王给予魏豹数千兵马，让他在魏地打游击。而项梁在这时候调集精锐部队也杀往东阿，誓要让章邯付出代价。这一战，楚军和齐军里应外合，协同作战，将士用命，斗志昂扬，联合打破了章邯不可战胜的神话，章邯被迫往西战略退却，注意，是战略退却。

项梁认为秦朝之所以还存在，就是因为有章邯而已，不趁此机会干掉章邯，更待何时？而且这个时候项羽在三川郡作战顺利，数败秦军，军威大盛。项梁放心地西进追击章邯。

这时候，诸侯国之间友谊的小船说翻就翻了。原来田儋死后，临淄人民拥立田假为齐王，田角为丞相，田间为将军，宣布正版的齐国复国。田荣当即不干了，马上挥师东进打田假。

这里是命运的十字路口，项梁往西，田荣往东。项梁顿时感到了孤单，而田荣带兵很快就干掉了田假的齐国。荣立田儋的儿子田市为齐王，宣示了他们家族在山东地面上的主权。田假还没明白当齐王是怎么回事就被灭国，一路逃到了楚国。田角和田间作伴，逃到了赵国。本来说好的一起攻打章邯，田荣的大部队不来，项梁就觉得田荣没义气了，毕竟他的对手是章邯，田荣不来这仗还打不打？项梁决定打。项梁的副将宋义觉得不妥，说骄兵必败，让项梁慎重。项梁不以为然，坚持认为这个机会千载难逢，让宋义赶紧去齐国催促田荣出兵。

项梁没想到，田荣压根不顾项梁解东阿之围的情谊，分别给赵王歇和楚怀王熊心写信，说让他们杀掉田假、田角、田间，否则他就不出兵。赵王歇说了不算，赶紧跟张耳汇报。张耳对这些落魄王族有着天然的喜爱，立一个正版的赵王就让张耳大权在握，假如有一天他再立一个正版齐王呢？只要田假、田角、田间有一个活着，田荣、田横、田市就是盗版。别看田假在楚国，根据张耳分析，熊心会为了项梁而杀田假。所以，赵国回应田荣，就是不杀田角和田间，至于你救不救项梁，关我啥事？

与此同时，楚怀王熊心也下了决定，毕竟大家都是王族，凭什么杀田假？所以楚国正式回绝了田荣。田荣算是明白了，这是个以阶级斗争为纲的时代，你们王族们太欺负人了，我不陪你们玩了。

楚王熊心为什么要为了田假舍弃项梁呢？道理其实很简单，项梁不是熊心的人，而熊心是项梁的人。之所以熊心能堂而皇之地南面称孤，完全是因为项梁还没成事。假如哪天项梁一统天下，熊心要么下禅位诏书，要么死于"躲猫猫"。因此，让项梁跟章邯拼去吧，死了谁都对熊心有好处。万一俩都死了呢？熊心就有机会一统天下了。

且说宋义去齐国求援，路遇一个没在历史上留下全名的人。此人叫阿显，在齐国有爵位，被封为高陵君。这位高陵君作为齐国大使，接见了宋义。按说两人得聊聊齐国去不去支援项梁的问题。但是这两位没有聊这些，而是就项梁用兵水平的问题交换了意见。双方一致认为项梁必败，弄不好就得死在章邯手下。

果然不出宋义所料，项梁不是章邯的对手，一败再败。定陶一战之后，项梁兵败被杀。

出处

秦果悉起兵益章邯，击楚军，大破之定陶，项梁死。——《史记·项羽本纪》

项梁的死，在当时来说是件大事，影响实在是太坏。田儋救魏咎而战死，是英雄。项梁发兵救了田荣，却遭田荣抛弃战死沙场，死得冤枉。项梁被击毙，有种跌下神坛的感觉。与此同时，齐、楚两国交恶，革命友谊总是那么经不住考验。这时候最忙的，还真不是急忙回楚的项羽，而是楚怀王熊心。

楚怀王所依靠的上柱国陈婴，严格来说不是项梁的人，他只是看在项梁家世比较好，这才归顺了项梁。而楚怀王熊心比项梁还好，陈婴自然而然地倒向楚怀王。刘邦当年差点投奔景驹那个伪楚王，如今当然是紧密围绕在楚怀王熊心周围。等到楚怀王迁都彭城（今江苏徐州），项羽前来继承项梁兵权的时候，突然发现事情正在起变化。

项羽刚到彭城，就发现楚怀王收揽了刘邦和陈涉的部将吕臣，没多久，楚怀王下令收吕臣和项羽的兵权，吕臣马上表示喜迎楚怀王接手自己的队伍，项羽一脸蒙地就被夺了兵权。

第十七章　昨日重现

从大泽乡起义开始，陈涉就是反秦起义军的精神领袖。陈涉死后，项梁荣膺领袖的地位。定陶大战之后，项梁被章邯杀死，谁是下一任领袖？故事变得有意思了。

那是秦二世二年的旧历八月份，这注定是个热闹的八月。比如田荣打跑了田假，立田市为齐王；再如章邯杀死项梁，韩信跟了项羽。也就是在这个八月，大秦帝国的咸阳城也发生了一件大事，那就是丞相李斯被腰斩于市。也就是说在这个历史性的八月，秦国和楚国的掌舵人都换人了，秦国这边由李斯变成了赵高，楚国这边则是由项梁变成了楚怀王。

当时反秦革命阵营当中，成型的革命力量有燕国韩广、赵国赵歇、齐国田市、韩国韩成、楚国熊心。此外还有一个在楚国建立流亡政府的齐王田假。

燕国韩广跟赵国有仇，为了在江湖立足，韩广决定跟楚国站在同一战线，毕竟江湖上就楚国自己是正宗的故国复辟，实力最强。

赵国大事小情都是丞相张耳说了算，张耳过去是陈涉的部将，陈涉死后，所有家当基本上都被项梁继承了，从名义上讲，赵国也是楚国册封的。

自从田儋死后，田荣驱赶了田假兄弟，拥立田儋的儿子田市当齐王。由于楚国和赵国均不配合田荣诛杀田假兄弟，所以齐国不跟其他起义军联系，自成一派骄傲地进行不结盟运动。但是楚国也不搭理齐国，毕竟血统纯正的齐王田假在楚国，楚怀王熊心也不把田荣、田市放在眼里。

也就是说，在当时的反秦革命阵营中，楚国是领导诸国的地位。而楚国的实际领导项梁死后，楚王熊心就成了楚国的真正领导。同理可证，熊心实际上是整个反秦阵营的精神领袖。

熊心是不甘于仅仅当个精神领袖的。环顾四周，燕、赵、韩三国以他马首是瞻，后来齐国也派出使者跟楚国修好。原陈涉的部将都紧紧围绕在熊心周围，上柱国陈婴也捡着有地位的人效忠。熊心又收了吕臣、项羽的兵权，那感觉真是活活美死。

熊心很快就要发布他的第一条政令。立在魏地打游击成绩卓著的魏豹为魏王，魏国再次复国。至此，东方六国又全部复活，还都围绕在楚国的周围。

就当时的形势而言，章邯自从在定陶杀死项梁之后，大家都以为他会往盱眙方向推进来诛灭楚国。不过谁都没想到，章邯不按套路出牌，竟然掉头北上攻打赵国。

对于赵国来说，这是一场灭顶之灾。章邯忽然调兵北上，并不是脑子一热的行为。此时的章邯大权在握，能调动王离配合作战。秦军又有当年武臣的部下李良做向导，别说章邯了，就连张耳都感到了末日到来。

张耳没有跟秦军交战，保着赵歇就往东跑。赵军刚到巨鹿郡（今河北邢台）就被秦军团团包围，在这个战场上，秦军名将云集，除了章邯之外，还有王翦之孙王离、蒙恬的爱将苏角、涉间等。简单说这次兵围巨鹿的秦军，除了章邯从七十万囚徒中精挑细选的二十多万中央军，还有当年北却匈奴七百里的精锐边军十几万。张耳、赵歇陷入绝境。

张耳不想就这么死了，强大的求生欲让张耳低下高贵的头颅，派人杀出重围到楚国求救。考虑到楚国山高路远，张耳派人去找自己的生死之交陈馀求救。

从法律的角度讲，张耳是赵国丞相，赵歇是赵国国王，陈馀是赵国将军，张耳和赵歇下令陈馀救援巨鹿，陈馀必须得来。从人情的角度讲，张耳和陈馀不但是河南老乡，还是生死之交，陈馀必须得来救援张耳。虽然大家都知道，张耳这次死定了。

生死关头，张耳和陈馀两兄弟的情谊，得到了最大考验。张耳感性，陈馀理性，这两个人的根本区别也在于此。在张耳看来，陈馀能救出自己最好，救不出来大家死在一起，也全了这场兄弟情。陈馀恰恰不这么认为，他觉得张耳必死无疑，自己去不去都是个死，与其自己跟着陪葬，不如将来替他报仇。

两种观点，没有对错。只不过是两种人对同一件事物的不同看法。我们不能武断地说张耳临死拉上陈馀垫背，是个小人。我们也不能片面地说陈馀见死不救，是个没义气的人。

陈馀为了证明自己是对的，派了五千人马去援救巨鹿，结果这五千人都不够秦军塞牙缝的，第一战就被团灭。再加上项梁英灵不远，秦军散播出的恐怖气息，让起义军喘不过气来。

张耳决心跟秦军拼了，事到如今，张耳已经完全无所谓了。绝对是一不怕死，二不怕死得难看。就在张耳抱定一死的决心时，楚怀王熊心迅速做出战略部署，分别调集精兵增援巨鹿和攻打秦国本土。攻打秦国本土的大将是刘邦，至于救援巨鹿的主力军，熊心任命的上将是宋义。

高陵君说过宋义精通兵法，又能准确地预判项梁必败，这是个人才。有了宋义这个总指挥，还缺一个冲锋陷阵的猛将。没得挑，楚国武功最好、性格最愣的就是项羽。项羽被熊心封为鲁公，编为宋义的副将。老成稳重的范增被封为末将，专门做后勤。

熊心热烈地期盼着，如果项羽也能战死沙场该多好。为了激励将士们玩命，熊心下令，先攻破咸阳的封王。

按下刘邦不表，单说楚军开拔，宋义作为主将，那是志得意满，沿途各义军争相归附，宋义心花怒放。他是开心了，项羽那边心里还骂着街呢。论资历，项羽比宋义老。论战斗经验，项羽比宋义足。论人望，宋义就一个粉丝是齐国的高陵君阿显，项羽以前就是“网红”，比宋义强多了。论武功，项羽打宋义这样的能打十个。论颜值，项羽也比宋义强。

但是不如项羽的宋义，却是这支队伍的主将，是项羽的顶头上司。项羽对这位项梁以前的参谋极其不满，同样项羽对熊心也是极其不满。可是不满归不满，活还得干。楚军到达安阳（今河南省安阳市）之后，宋义下令就地驻扎，全军休息。

从项羽的角度讲，他是打心眼里瞧不起宋义。他和宋义认识也不是一天两天了，宋义一直是项梁身边的谋士，地位在范增之下。项羽连范增都瞧不上，更别提宋义。在项羽的理念里，谋士是没有用的，这帮家伙上不得马拉不开弓，舞不得剑持不得戟，连胆怯都能引经据典解释得清新脱俗。这也不是项羽针对谁，他是觉得在座的各位谋士都是垃圾。

如果从宋义的角度讲，姓项的也都是垃圾。项梁死到临头不自知，结果让人家章邯杀死。项羽头脑简单四肢发达，只适合冲锋陷阵，干点出力的活还行。项伯、项庄更别提，缺的心眼拿蜂窝煤都补不上。姓项的凭什么当领导？现在姓项的被自己压一头，绝对是苍天有眼，楚怀王圣明。

那你想这两人都是这心态，军队还能好得了？其实章邯此时有种围点打援的意思，张耳插翅难逃，就等着叛军们来救援巨鹿。自古以来，救援被围困的城池，也就项梁解东阿之围是用了强攻的方式。宋义看不上这样的战术，所以他走到南阳就按兵不动，风轻云淡地看着张耳垂死挣扎。

楚军大帐，上将军宋义和鲁公项羽激烈地讨论战术。项羽认为，兵贵神速，大军多拖一天就多消耗一天粮食。宋义说打仗要讲究方式方法，就应该坐山观虎斗，如果章邯胜，则楚军趁机攻打疲惫的秦军，如果张耳胜，则楚军赶紧袭击咸阳，则秦朝可灭。项羽觉得宋义简直是在搞笑，张耳危在旦夕，根本不存在让秦军疲惫或者打赢秦军的可能。

你说宋义和项羽两种战略方式，到底哪个对？张耳犹做困兽之斗，到底能给秦军带来多大伤害？我们不得而知。这就像三国时期，魏延向诸葛亮献计子午谷奇谋，到底魏延的计划能不能成功？不知道，因为这招没用过，所有结果都是猜测。但是，有一点是肯定的。项羽跟魏延一样，属于军队里的刺头。作为主将，无论是宋义也好，诸葛亮也好，必须压制这种人。因为刺头的计划一旦成功，队伍就没法带了。

宋义和诸葛亮不同的是，诸葛亮压得魏延没脾气，还得干活，还不落好，还翻不起浪花来。宋义差远了，他根本驾驭不了项羽。宋义的总结性发言，深深地刺痛了项羽傲娇的内心。宋义说项羽冲锋陷阵可以，谈及谋略比他宋义差远了。

当然这是客气的说法，要是不客气，这句话就可以精炼为：你懂什么！话说到这个份上，项羽无话可说，扭脸走出大帐。这还是当年项梁身边的那个碎催吗？如今敢这么跟自己说话，可见他对项氏的成见不是一天两天了。项羽还没走回自己的大帐，宋将军的军令传来：

“猛如虎，狠如羊，贪如狼，强不可使者，皆斩之。”（出自《史记·项羽本纪》）

猛如虎、贪如狼、强不可使都好理解，我简单说一下“狠如羊”。狠，这里的意思是执拗、固执、一根筋的意思。羊就是这样，平时温顺，脾气一上来谁也牵不走。回顾这个军令，那就是说给项羽一人的。简单说就是项羽猛、贪功、不听话，这都是死罪。哪怕他假装得像羊一样，哪天耍脾气也是死罪。总而言之，项羽是死路一条。对此，项羽没有任何异议。因此，宋义没有任何收敛。

事实上宋义这个人，像极了明末的左良玉。对他来说救赵也好，灭秦也好，都是说给人听的。宋义的目的是拥兵自重。当初项梁让他去齐国求援，他就跟齐国高陵君勾勾搭搭，把项梁忘到了九霄云外。高陵君向楚怀王熊心推荐了宋义，宋义把自己儿子宋襄送到齐国当丞相。此时，齐将田都也投入到了宋义队伍中。宋义实力越来越大，号称卿子冠军，俨然成了继熊心之后的第四位起义领袖。宋义在送儿子去齐国赴任的路上，天降暴雨，宋义大宴宾客，比陈涉腐败得还要早。

就在宋义推杯换盏的时候，项羽召集众将吐槽，说将士们连饭都吃不饱，他还大排筵宴，忒不是东西。而且这人拿出一堆理由不去救赵，分明是要搞事情。当然了，有两点项羽不能说，一是要赶在刘邦前边攻下咸阳，杀掉宋义自己才能称王；二是宋义要杀自己，这是个你死我活的斗争。

项羽博得大家同情之后，转过天来一大早，项羽去了宋义的大营。此时的宋义还没醒酒，两人四目相对，真没啥可说的了，项羽拔剑斩了宋义，跟当年杀会稽郡守一样干净利落不论证，项羽提起宋义的头走出大帐，向全军宣布宋义勾结齐国造反，楚怀王密令项羽诛杀叛逆！

出处

项羽晨朝上将军宋义，即其帐中斩宋义头，出令军中曰："宋义与齐谋反楚，楚王阴令羽诛之。"当是时，诸将皆慑服，莫敢枝梧。——《史记·项羽本纪》

将士们才不管宋义有没有谋反，早看这孙子不爽了，都觉得杀得好！就这样，项羽夺回兵权，开启了自己的人生巅峰。

第十八章　巨鹿之战

巨鹿之战是中国历史上著名的以少胜多的战役，其实仔细分析一下，这场战争不光是以少胜多，还是以弱胜强。到底无敌于天下的章邯为什么会败在项羽手里？还真不是一个简单的破釜沉舟可以解释的。看一下历史留下的这些蛛丝马迹，或许会有别的发现。

项羽一剑杀了宋义，宣布接管这支军队。将士们没有异议，因为宋义实在不得军心。楚怀王熊心没有异议，因为场面已经失控。熊心没有别的选择，承认了是他给项羽发的信，让他诛杀宋义。

当时项羽杀宋义是在年底，为了激励士气，项羽下令，杀到巨鹿，吃赵国的粮食。将士们为了过个好年，斗志瞬间昂扬了起来。

但是斗志再昂扬，项羽的兵力也十分有限。围困巨鹿的秦军有四十多万，都是久经沙场的精兵。项羽的部队加上吸纳周边的零散部队，算上前齐王田建的孙子田安、田荣的副将田都带来的部队，项羽的兵力满打满算也就是五万人。这样的部队，无论是单兵作战能力和团队协同作战经验，都难以和章邯的秦军相比。那么说这仗项羽是怎么打赢的呢？咱接着看。

其实我们把目光集中在项羽、宋义、章邯身上的同时，刘邦可没少为起义做贡献。在山东一带，刘邦破城阳、克定陶、成武，除了攻打昌邑受挫之外，刘邦一直兢兢业业地干着脏活累活。为后来项羽的赵国行动扫清了后顾之忧。

当楚怀王下令兵分两路灭秦，宋义带一支部队北上救赵，刘邦带一支队伍西征攻秦。说是刘邦西征，其实刘邦的实力只能在鲁西南一带活动，手下那点人马根本不具备西征的条件。项羽杀宋义之后，刘邦遇到了日后跟着刘邦屡建大功的柴武。此时的柴武有四千人马，跟刘邦交谈后心悦诚服，马上加入了刘邦的队伍。也就是这四千人马，让刘邦有了西征的本钱。刘邦敌后越折腾，项羽也就越没有后顾之忧，点起大军北上救赵，声势浩大。张耳曾派部将张黡、陈泽去找陈馀求救，陈馀派出五千兵马让张黡、陈泽带走解围，这些兵马连同张黡、陈泽一起全军覆没，证明了陈馀不正面救援是正确的。与此同时，燕王韩广派出前燕国老将臧荼带兵救赵。故齐王建的孙子田安来也带兵加入了北上救赵的队伍。张耳的长子张敖也从北方收揽了万余人的大军相救。看上去巨鹿城是一方有难八方支援，但是，这里边只有陈馀用语言表示不能带兵正面去救，其余人马包括张耳的长子张敖在内，都是在外围按兵不动，谁也不敢率先出击。毕竟张黡、陈泽战死的景象就在眼前，秦军实在是非常恐怖。

联军按兵不动，秦军也没有战争上的大动作。当时的秦军，章邯是主将，围巨鹿西边。王离带领的边兵归章邯节制，围巨鹿东边。因为章邯这支部队是新组建的中央军，从首都来，所以肩负着给王离的部队输送粮食的重任。从地图上看，巨鹿周边以山地丘陵为主，且西高东西。而且巨鹿城西靠太行山，不是一般的高。东面是华北平原，不是一般的低。所以当时围困巨鹿的兵力配比一定是东边兵力多，西边兵力少。章邯之所以不着急攻城，是因为他正在修建通往王离军中的甬道。从当时的兵力配比来看，王离部的军队人数要大于章邯部的人数，而章邯部的粮食要远远多于王离部的粮食。因此当时的秦军面临一个困境，王离部随时可能断粮，而章邯边修甬道边运粮的速度显然不能保证王离部的粮食供应。秦军的兵力、粮食配比不平衡，给项羽留足了机会。

在这个大背景下，巨鹿之战的第一阶段开始。项羽的先头部队英布和蒲将军带领两万人首先进攻章邯的甬道，英布和蒲将军都是善战之辈，这一战，楚军和秦军势均力敌，最终楚军稍占优势，击退了秦军。虽然场面上势均力敌，但是结果上楚军切断了章邯部和王离部之间的甬道，这样一搞，王离的部队开始闹了饥荒。

这时候，重点来了，根据项羽的战略，先饿死王离再说。实际上在王离饿死之前，肯定是对巨鹿城的攻击更猛烈，张耳更加吃不消。也就是这时候，那个被张耳认为没义气的陈馀给项羽写信，请项羽速速出兵。项羽一看天下诸侯都眼巴巴看着自己呢，于是愣脾气一上来，砸锅凿船，只带了三天的口粮就直扑秦军。项羽虽然愣，但是也知道谁能打谁不能打。项羽的大军没有去招惹人数更少的章邯，而是猛攻王离。

项羽抽风式的打法让各路援军倒吸一口凉气，诸侯都以为项羽疯了，这绝对是自杀式的行为。我相信连秦军都会觉得，项羽这是自杀来了。因此，诸侯援军作壁上观，嗑着瓜子等着看项羽怎么扑街。然而项羽的愣，很快在战场上转化为勇。王离部缺粮，兵无斗志，被项羽包围。

这一次，战场形势发生了转折。章邯部见王离被围，赶紧带兵解围。这回是章邯绕过半个城去战项羽，项羽以逸待劳，跟章邯大战九次，楚军个个玩命，秦军不能敌。章邯见解围无望，退回城西。这一战让诸侯们惊呆了，天下无敌的章邯居然退却了，那这个项羽真是太可怕了。也就是这一战，诸侯们才重新认识了这个项梁的侄子，知道了项羽的恐怖。

项羽没学项梁追击章邯，章邯那可不是随便追的。所以，项羽做了个极其正确的决定，干掉王离！楚军趁击退章邯的余威，在对战王离的时候展现出了拉枯摧朽之势。而这时候，观望的诸侯们都纷纷加入战团。燕将臧荼，赵将张敖、陈馀，齐将田都、田安，都跟随楚军的脚步，对王离部进行惨无人道的屠杀。王离部三大将没能组织起有效的抵抗，王离被俘，苏角被斩，涉间自焚，这支能让匈奴丧胆的边兵队伍全军覆没。项羽一战封神！巨鹿城解围。

由于项羽在战场上表现惊人，等到战后诸侯会晤时，诸侯们自觉地跪地膝行见项羽，不敢仰视。

出处

于是已破秦军，项羽召见诸侯将，入辕门，无不膝行而前，莫敢仰视。项羽由是始为诸侯上将军，诸侯皆属焉。——《史记·项羽本纪》

赵王歇和张耳出城一一感谢各位来帮忙的好心人，别看臧荼之流当初一直观望，但是张耳看到的是这帮人同心勠力大战秦军。等张耳一一感谢到陈馀这里的时候，很纳闷，你小子有什么脸来这里接受我感谢？见死不救，没义气的东西。

陈馀委屈啊，其一，陈馀派人来了，只不过张黡、陈泽和五千大军全军覆没。其二，陈馀一直没想过放弃张耳，关键时刻还是他求项羽出的兵。其三，进攻王离的时候陈馀也是出了力的。但是张耳不信这个，非说张黡、陈泽被陈馀杀了。这事死无对证，陈馀解释不清，一怒之下交出将军印信，说不干了。

陈馀这么做，张耳反倒不好意思了。怎么说也是这么多年的兄弟，如果他收了这枚大印，江湖上会不会说他为了军权不讲义气呢？就在张耳犹豫的时候，陈馀尿急去了厕所。等陈馀回来的时候，张耳在底下人的劝解下想明白了，收了陈馀的兵权。

陈馀就是客气客气，但是他主动把大印拿出来，现在人家张耳不客气客气就收了，陈馀没话说了，心说这孙子还真收了大印，是你对不起我，不是我对不起你。因此，陈馀选择隐居山水之间誓与浮名散。

出处

张耳乃佩其印，收其麾下。而陈馀还，亦望（怨恨）张耳不让，遂趋出。张耳遂收其兵。陈馀独与麾下所善数百人之河上泽中渔猎。——《史记·张耳陈馀列传》

巨鹿之战至此告一段落。回顾一下这场大战，项羽之所以取得了战场神话，有以下几个关键因素。第一，秦军兵力和物资配比不科学，王离部人多粮少。第二，张耳在巨鹿做困兽之斗，秦军一时吃不下他。第三，项羽截断了秦军运粮甬道，让王离部失去了战斗力。第四，陈馀密切关注战场形势，及时请项羽进兵。第五，项羽战斗力惊为天人，战略部署合理，围王离破章邯，让诸侯归心。第六，诸侯在项羽的号召下奋勇攻击王离部，破鼓众人捶。

以上六点是项羽成功的关键，至于砸不砸锅的根本不重要。然而战争到此还没有完，能打败王离不代表能打败章邯。

秦二世三年（前207年）的旧历二月份，项羽在巨鹿跟章邯进入了僵持阶段。别看楚军只带了三天的口粮，如今巨鹿城解围，楚军有的是粮食

吃。章邯比较着急，因为王离的败亡，之前观望的各路义军都加入了项羽的旗下。而项羽成了新的战神，名头不比章邯小。章邯赶紧派部下司马欣去朝廷报告前线的情况，一来要粮，二来要兵。以前跟章邯对接工作的是丞相李斯，所以章邯后勤无忧，所向披靡。半年前李斯被腰斩于市，这就意味着司马欣这次去咸阳不会太顺利。司马欣这一路可不近，所以在他回来之前，章邯绝不轻举妄动。而项羽也不敢随意招惹章邯，敌不动，我不动，大家一起耗着。

这两位大神耗着，而刘邦可没有闲着。二月，刘邦北击昌邑（今山东省巨野县）。刘邦在昌邑遇到了一个社团大哥，此人就是栖身水泊的彭越。巨野县过去是水乡，这里有个大湖叫大野泽。这个大湖在宋朝的时候叫梁山泊，《水浒传》中阮氏三雄曾在这个湖里干杀人越货的事。历史上彭越就是在这个湖里当大哥，干的也是杀人越货的事。当然历经两千多年的沧海桑田，这个历史上著名的大湖已经没有了。陈涉起事那年，很多人来投奔彭越，希望他也跟随这股浪潮起事。彭越看不懂秦朝的虎狼之师为何被陈涉横扫，于是约束部下继续做个低调的“黑社会”，不许造反。一年后陈涉死了，东方六国复辟，彭越决定走出水泊。彭越要求部下日出之时集合，只要有人迟到，必斩之。所以彭越悄悄地在大野泽中训练了一支纪律严明的队伍。同时，彭越注意招揽那些被章邯打散了的起义军。彭越之所以一直低调，就是因为昌邑的秦军十分强悍，彭越自知不是对手。终于有一天，刘邦带兵打来了，彭越赶紧出兵相助，结果这两人联手都拿不下昌邑。虽然行动失败，但是彭越和刘邦在此战中结下了深厚的友谊。刘邦告诉彭越，且在水泊蛰伏，等他王者归来。

这无疑是让刘邦幸福的一年，这一年的刘邦身边不仅有刚刚加盟的金牌参谋张良，还收揽了彭越这支奇兵，而且还遇到了另一个对他很重要的人，此人就是郦食其。郦食其肩不能挑手不能提，也不懂兵法，还六十多岁的年纪。本来刘邦看不上他，但是后来发现郦食其有一项技能是他手下都不具备的，那就是强大的游说能力。在郦食其四处奔走卖弄三寸不烂之舌的情况下，刘邦几乎没怎么费力就平定了韩地。郦食其还有一个作战勇猛的弟弟郦商，郦商还是带着队伍投奔的刘邦。三月，刘邦开始正式西征，头一站就是攻打大城市开封。怎奈开封守军犀利，所以刘邦久攻不下，于是他绕过开封继续西行。这时候，刘邦遇到了秦军中一个重要的将领杨熊。

有人考证说杨熊是秦朝名将杨端和的儿子，目前这个说法并没有十足的证据。但是不可否认的是杨熊是秦军体系里很重要的一员，很长一段时间内，他都是和李斯的儿子李由一起守卫秦国本土的大门三川郡。

杨熊跟刘邦作战不利，退到了曲遇（今河南省中牟县）。再战，杨熊大败，刘邦取得了西征的首胜。杨熊退守荥阳，稳定住了局势，然后派使者去朝廷告急。从时间上看，这时候的司马欣还没到咸阳，但是杨熊的使臣不仅到了咸阳，而且咸阳的特派员也来到了荥阳。这位特派员不仅没有安抚败军，也没有带来支援，反倒是以杨熊战败论罪，斩之。大将杨熊没能死于战场，反倒是死在自己人手里。消息传到巨鹿，章邯倒吸一口凉气。不过想想也没事，杨熊战败被处死，这是军法森严。自己屡战屡胜，断不会落得这个下场。

这一年赵高搞出了“指鹿为马”事件，在朝廷又掀起了一场大清洗。对于秦朝官员来说，那是人人自危。四月，刘邦带兵攻下颍川（今河南省禹州市）。颍川是故韩国的腹地，这样刘邦的部队就和韩国强势会师。战国七雄当中，韩国因为地理位置不好，所以老被秦国欺负，第一个亡国。现在韩国虽然复国，但是韩王成无大才，单靠张良一人，也只能是苦苦支撑。如今刘邦强势到来，韩国上下松了一口气。

上文提到项羽带领所有参战诸侯的部队猛攻王离部。王离被断了粮道，一时慌了神，被楚军围困。王离的不给力，让章邯不得不带兵救援王离，章邯这么一分兵，围困巨鹿的人手就不够了。这就给章邯摆下了一道选择题，是继续围困巨鹿而放弃王离，还是拼死救援不争气的王离而放弃巨鹿？这么大的决定，章邯不敢下，于是派出长史司马欣去咸阳请命。司马欣马不停蹄，去也匆匆来也匆匆，很快回来传达了朝廷的意见：第一，杨熊因战事不利被处死。第二，朝廷已经是赵高一人的朝廷。第三，赵高不见司马欣，还派人暗杀他。第四，巨鹿大战如果打赢了，那就是蒙恬的下场，如果打输了，那是杨熊的下场。

章邯蒙了，看来是死到临头了。就在这个时候，张耳的好兄弟陈馀给章邯写信，言明利害关系，劝他投降。也就是章邯这一愣神的工夫，项羽击溃王离军，杀苏角、焚涉间、擒王离。

也是在这个时候，章邯、司马欣、董翳跟秦军将士们展开紧急军事会议，劝大家一起投降项羽。没别的，与其等着被赵高杀死，不如先投降项羽，回头再找赵高算账。

就这样，章邯率领二十万中央军，向项羽投降。项羽并不想接受章邯的投降，但是考虑到自己太能作，只带了三天口粮，实在拖不起，于是接受了章邯的投降，巨鹿之战结束，赵国之围解除。

章邯投降之后，得到了项羽热情的接待。项羽原谅了章邯杀项梁的事，毕竟如果没有章邯杀死项梁，将来谁当老大还是个未知数。另外，天下无敌的章邯投降了项羽，这是多大的荣耀。从此没人敢质疑项羽是继宋义之后的第五个领袖，你想吧，各诸侯就算不怕项羽，还能不怕章邯吗，现在章邯都是项羽的人了。果然，章邯投降之后，张耳的爱将申阳就带着队伍和地盘跟了项羽。

项羽以鲁公的身份封章邯为雍王。虽然这有点科长任命某人为局长的滑稽感，但是没人敢质疑项羽有封王的权力。至于章邯的部队，项羽交给了司马欣。然后，问题就来了。投降项羽的秦军得有三十多万。这些人里面，有边军和中央军。边军有两部分组成，一部分是当年跟随蒙恬的蒙家军，一部分是类似当年陈涉那样的服兵役的戍边军。中央军也是分两部分，一部分是骊山囚徒，一部分是秦国获罪的奴隶，类似获罪的赵高家人。骊山囚徒又分两部分，一部分是秦人犯罪服刑者，一部分是从地方上征调来服徭役的人，刘邦当年就押送过这样的人去咸阳。简单分分类，蒙家军、罪人、奴隶都是秦人，而征来服兵役、徭役的都是六国人。这里边秦人有二十万左右，六国人有十几万。当年大家都是秦军的时候，秦人压六国人一头。毕竟人家秦人是主力军，六国人是炮灰。现在大家都叫楚军，那项羽的楚军和秦军中的六国人可玩了命地报仇吧，就收拾投降的秦人。这样一来，秦人琢磨不对啊，章邯这孙子忽悠大伙说投降有好处，结果投降果然有好处，他倒是封王了，我们怎么办？章邯这是坑爹啊。那咋办？秦人们商议，先忍一口气，等到大军破了关中，秦人们回到秦地，谁还知道章邯、项羽是谁？秦人的地盘，秦人做主。

这消息很快走漏，大军到了新安（今河南省新安县），项羽下令让英布和蒲将军连夜出手杀掉了二十多万手无寸铁的秦人，就这样，秦军就剩下了章邯、司马欣、董翳三个光杆。

回顾整场巨鹿之战，项羽之所以胜利，他作战勇猛是一方面，更重要的是刘邦击败杨熊，而杨熊被赵高处死对章邯影响太大，导致了章邯投降。要论起来，在巨鹿击败秦军的第一功臣，非赵高莫属，他起了决定性作用。而刘邦一路高歌猛进，击败杨熊起了催化剂的作用。

章邯投降一个月后，赵高弑君秦二世，立子婴为秦王，跟刘邦商量平分关中。五天后，子婴杀赵高。当月，刘邦攻破陕西蓝田。一个月后，在郦食其四处忽悠下，守关秦将决定投降，刘邦趁势发动袭击。秦军败，子婴投降，刘邦先一步进入了咸阳，大秦帝国宣布灭亡。再过一个月，项羽姗姗来迟。

现实就是这样，明明是跟着项羽陪标的刘邦，连他自己都没想到居然中标先入关中，灭了大秦。但是这不是故事的结局，而是故事的开始，因为马上刘邦就会迎来精彩纷呈的一个月。

第十九章　鸿门宴

这注定是波澜壮阔的一个月。刘邦进入了秦帝国的皇宫，看着奢华的一切，刘邦感慨，这才叫做人啊。

根据出征前楚怀王和诸将的约定，先入关中者王之。连刘邦都没想到，自己居然先到了关中。既然刘邦先入关中，那他就以关中王自居。所以刘邦疯狂地报复过去的生活，在皇宫里过起了秦二世的日子。在那一刻，刘邦甚至想这辈子就这么过了，从此不理江湖纷争。

人就是这样，学好不容易，学坏分分钟的事。刘邦沉浸在腐败的生活中不能自拔，谁劝都不听。但是就这样一个人，一个灭亡秦国的敌人，怎么就受当地百姓爱戴的呢？这里边还得说是赵高的功劳。

其实老百姓要的很简单，能安定祥和地活着就好。自赵高乱政以来，秦国出现了无秩序状态。在这种无秩序状态下，老百姓的基本生活是不能保证的。比如说学生上课听老师讲课，这是秩序。学生不爱听还上去打老师，学生受到相应的惩罚，这也叫秩序。但是学生打老师，不会受到惩罚，那这就是无秩序了。学生能打老师，那老师也能打学生，学校就不是学校，成战场了。到社会上也一样，杀了人的不会受到惩罚，偷东西的上街明抢，看谁家不顺眼进门就砸，那这个社会就处于浩劫当中。

刘邦这个极具流氓特质的人，之所以被极度排外的秦人爱戴，就是因为刘邦入关之后，让秦地恢复了秩序。杀人者偿命，伤人者入刑，偷盗者抵罪。这就是传说中的约法三章。

本来刘邦正在纸醉金迷中探寻人生的真谛，谁劝都不听。这时候张良过来劝，说项羽快来了。刘邦一个激灵，赶紧搬出皇宫，封了府库，远离美女，成了一个脱离了低级趣味的人。

与此同时，项羽到了函谷关。项羽发现关上都是楚军旗号，但是这帮人不让项羽入关。项羽发怒，派英布攻打函谷关。项羽一路从容地杀入关中，驻军鸿门（今陕西省临潼市）。

历史上大名鼎鼎的鸿门宴即将上演。这段故事被演绎得很多，分析得很少。一般都认为刘邦狡猾，张良聪明，曹无伤小人，樊哙雄烈，项伯吃里爬外，项羽缺心眼，范增聪明且无奈。但是真的是这样吗？我们来分析一下事情的始末。

早在楚王派宋义、刘邦两支人马出征的时候，就为鸿门宴埋下了伏笔。

楚怀王熊心对宋义寄予厚望，希望他一战成功，关中王这个爵位，其实是给宋义准备的。而派去西征的队伍，很明显是陪太子读书。虽然秦军主力在河北，但是西征大军一路经过所要打的都是攻坚战。所以这路大军的统帅没人想当，大家都不当，没有资格拒绝楚怀王命令的刘邦被推到了前台，刘邦这才当了西征军上将军。

楚军的主力在宋义手里，刘邦这支部队的战斗力并不强。比如说刘邦两次攻打昌邑，即使加上彭越帮忙，也都以失败告终。所以刘邦也没太把自己当回事，打起了游击战。可历史就是这么有戏剧性，宋义这个不争气的被项羽给杀了。而刘邦结识了郦食其，韩王成又自觉地接受刘邦领导。从此以后刘邦靠着郦食其的游说平定韩地，进驻三秦，这是谁也没想到的。刘邦其实理想没多大，能当关中王已经心满意足了。但是他怕这个关中王当不安稳，所以下令封闭函谷关，任何人都不得入关。但是闭关能解决问题的话，秦朝也不会灭亡。项羽直接带兵打了进来。这时候，刘邦和项羽之间才开始重新认识。

刘邦所了解的项羽是怒杀宋义，击溃章邯，杀掉二十多万秦军的魔王，而且这哥们以鲁公的身份封章邯为雍王。可见项羽实力强到恐怖，而且张扬跋扈，不会把他这个西征军的上将军放在眼里。项羽了解的刘邦是投机取巧进入关中，几乎没打一场硬仗。所以项羽打心眼里瞧不上刘邦，就像他瞧不上宋义、范增一样，投机取巧算什么真本事。任谁都看得出来，项羽和刘邦必有一战。刘邦忍不了项羽的破关而入，项羽很明显就是来找碴。而刘邦那票人马，压根不够项羽打的。

所以在这种情况下，不愿意陪刘邦陪葬的西征军左司马曹无伤连夜派人去见了项羽，说刘邦想当关中王，还任命子婴为丞相，把秦宫珍宝都拿走了。项羽听完就火了，别的不说，秦宫珍宝怎么能落入刘邦手里呢？项羽决定，灭了刘邦。

项羽跟曹无伤的人密会，范增可不知道。还没等项羽大军出动，范增来找项羽，说刘邦原本贪财好色，但是他来到关中不拿群众一针一线，洁身自好不跟妇女打成一片，说明他想搞事情。而且范增还说刘邦头上有五色祥云，这是天子气象，必须弄死他。

然后，项羽沉默了。曹无伤的人说刘邦把好东西都贪污了，范增说刘邦什么都没拿。那刘邦到底是个什么人呢？项羽想不通，但是他知道，曹无伤是个小人，卖主求荣。范增也不是什么好鸟，还说什么刘邦头上有天子气，我怎么没看到？而且项梁让项羽称范增亚父，并不是项羽想称范增为亚父。另外，从项羽的角度看，范增有什么本事？人家英布、龙且、蒲将军在反秦战争中能打硬仗，范增行吗？

再看看范增的出道，他建议项梁立熊心为楚怀王，然后就没有然后了。

尤其是北伐巨鹿的时候，宋义、项羽、范增三人为将，范增都不帮着项羽，所以范增是忠于项氏还是忠于楚怀王，项羽心里并没有底。

但是，项羽要灭了刘邦，这事没什么可掩盖的了，毕竟项羽是从函谷关一路打到鸿门，很明显不是来和刘邦热情会晤的。这时候项羽的四叔项伯想起来了，他的救命恩人张良还在刘邦那里，千万别玉石俱焚。于是项伯连夜去找张良，让他赶紧跑。

张良赶紧报告刘邦，说大难临头。张良赶紧问刘邦，谁出的这个关闭函谷关的主意？潜台词就是赶紧把这孙子交给项羽咔嚓掉，危机就能解除了。

但是刘邦没法说啊，因为这个馊主意是他自己出的。他只能说是身边的小人瞎出主意，找不出具体负责人。张良一琢磨，那没办法了，只能向项羽低头认错，问题是，这么没尊严的事情，刘邦能干吗？

能，当然能。刘邦约见了项伯，双方结为儿女亲家。然后刘邦坦言，自己到咸阳一毛钱的东西都没拿，全部放那儿给项羽留着呢。关闭函谷关那也是为了防止盗贼出入，完全是从社会治安的角度去办的。

在项伯的引荐下，第二天刘邦终于到了鸿门和刘邦见面，鸿门大宴，正式开始。其实在这场宴会上，项羽并不打算杀刘邦。因为他完全没有这个必要，毕竟刘邦不堪一击，想杀他随时可以，用不着在酒席宴上动手而落人口实。至于怎么收拾刘邦，项羽已经有了方案。刘邦是硬着头皮来赴宴，因为不来就是个死，来了尚有一线生机。范增是抱着必杀刘邦的决心来的，倒也不是范增看得出刘邦有什么大志。关键是刘邦身份敏感，先入关中从法理上就是王，就应该像杀宋义那样杀掉刘邦。刘邦毕恭毕敬地见了年轻的项羽，说自己不过是侥幸先进了关中，要不是小人挑拨离间，自己不可能和项羽这么见面。

刘邦说的小人，指的是杜撰的劝他封闭函谷关的人。而项羽觉得刘邦说的就是曹无伤。如今的项羽霸绝天下，楚怀王指挥不了他，范增指挥不了他，又何况小小的曹无伤呢？所以项羽立刻出卖了曹无伤，说就是曹无伤这个小人挑拨离间，要不然这事不至于闹成这样。

既然解释清楚了，那就上菜吧。这时候我们得看一下入席的座次，这里面很有学问。当年宴会跟现在不一样，大家是分餐制。一个人一个小桌，也没多少菜。秦汉之交，中国人的餐桌上还没那么丰富。以调味品来说，当初只有盐、梅子、褐芥末、肉酱、花椒。当时的菜也是以原味为主，生肉做成的脍非常流行。在当时，主人家要做在东面，以示尊贵。今天我们说请客的那个“做东”，就是这么来的。项羽和项伯当仁不让，直接坐到东面。再往下数，尊贵的席位就是北面，这个位置由范增坐。刘邦只能坐到南面，张良只能坐到不仅不尊贵还有些卑微的西面，大家都是坐在叠席上，别人能叫坐，西面的张良只能叫侍。当时就是这么讲究。

都坐下了，上菜上酒开始吃呗。不消停的人开始出手了，范增数次给项羽传递眼神，意思是动手干掉刘邦。按理说这一屋子人加一块儿都不是项羽的对手，项羽要拔剑，刘邦那是必死无疑。但是项羽不动手，因为他当年无论是杀殷通还是杀宋义，前提都是对方的实力比他强，项羽杀人为夺权。但是刘邦为人恭顺，军队实力又不强，就没必要这么干。项羽杀殷通和宋义属于下克上，以弱击强，英雄气概。但是项羽如果杀不如他的刘邦，那就是恃强凌弱，丢不起那人。再一个，项羽自从出道就是独立作战，项梁都不指挥项羽，所以项羽不可能听范增指挥做事，还是丢不起那人。另外，范增让项羽杀刘邦，是忠心为项氏，还是为楚怀王熊心借刀杀人？这都说不准。

范增一看项羽无动于衷，顿时感到面子上挂不住了。宴席上范增都举起随身玉玦示意项羽了，就差明说杀刘邦的事了。这样一来，刘邦和张良都十分紧张，只能眼巴巴地看着项伯求救。范增一怒之下出门找了项羽的弟弟项庄，让他上殿舞剑，趁机杀刘邦。

项庄一琢磨，大将军范增发话了，那就动手吧。所以项庄上殿求展示才艺，得到项羽许可后，项庄拔剑而舞，杀气弥漫在整个大殿中。理论上刘邦必死无疑，项庄的任务也非常容易完成。接着，让项庄看不懂的一幕出现了，他叔叔项伯也拔剑而舞，挡在项庄和刘邦之间。项伯想得很简单，保护亲家义不容辞。但是项庄可蒙了，这算什么意思？大将军让杀刘邦，亲叔叔不让杀刘邦。大哥项羽就当什么事都没发生，照样喝酒吃肉。那我该怎么办？

那只能听叔叔的，不杀了呗。刘邦吓得脸都绿了，张良赶紧出大殿找樊哙。张良知道项羽不喜欢文人，但是对这样的大块头有天然的好感。樊哙是个大智若愚的人，听完张良介绍情况，提剑拿盾冲进了大殿，门口项羽的亲兵侍卫都拦不住。

如果项羽想杀刘邦，就樊哙瞪着眼带着武器闯进大殿的行为，足够项羽合理合法地杀掉刘邦，这行为可比林冲带刀进入白虎堂严重多了。但是项羽不想杀刘邦，也无意难为樊哙，于是跟看笑话一样赐给他酒和生猪腿。樊哙吃完之后，慷慨激昂地大讲自己精心准备好的演说词，诸如什么刘邦是为了项羽打关中，有小人挑拨离间之类的词被樊哙换了个语调又说了一遍。项羽还是像没听见一样，招呼樊哙入席。樊哙看了看局面，想了想自己的身份，就跑西边坐张良旁边。

刘邦可是吓坏了，因为在场所有人都看不透项羽在想什么。刘邦借口上厕所，飞奔回军营，一刻也不想留在鸿门了。张良留下断后，估摸着刘邦快到军营了，告诉项羽刘邦喝多了先回去，并献上白璧一双给项羽，玉斗一双给范增。项羽还是就当什么也没发生，把白璧放在座位上。再看范增，把玉斗扔在地上，很没风度地拔剑砍了。砍就砍呗，还说竖子不足与谋。那竖子说的是谁？项羽呗。

鸿门宴结束。整场宴会，我们能看到的最活跃的一个人就是范增，他指挥项羽杀人，项羽不动他还私自调动项庄要在席上杀人。范增这么上蹿下跳，很明显一点就是不给项羽面子。自从项羽斩杀宋义以来，虽然他的身份是鲁公，但是所有人都叫他项王。很明显江山易主，范增本该以臣子自居的时候，却以楚怀王所封将军的身份指导项羽做事，那必然犯了项羽的忌讳。

其实项羽这场宴会并不是针对刘邦，要不然就算是刘邦不辞而别回到军营，也挡不住项羽大军的追击。这次宴会，项羽主要针对的是范增。这小子说的话，做的事，项羽都记住了。别管怎么样，就是不给范增留面子，必须让范增知道谁是主人。项羽不杀他，也是看在项梁的面子上。

刘邦让出了咸阳，项羽来到了这座让他充满仇恨的城市。秦始皇的财宝和女人他都要了。接着，项羽对咸阳这座巍峨的名城实行了三光政策。秦王子婴被项羽处死，整个咸阳变成了一片火海。秦人一看项羽这是个什么玩意儿？跟约法三章的刘邦怎么比？

出处

居数日，项羽引兵西屠咸阳，杀秦降王子婴，烧秦宫室，火三月不灭。收其货宝、妇女而东。——《史记·项羽本纪》

在一片哀号和火海中，秦人记住了项羽这个魔鬼般的名字。祸害完关中之后，项羽就要向所有质疑他的人证明：项羽是伟大的！

中篇 Part two

群雄投机中的楚汉相争

第二十章　一个被忽略的王朝

在中国历史上，有两个朝代一直被忽略。其中一个是两汉之交王莽建立的新朝，还一个就是秦汉之交项羽建立的楚国。

因为有很多政治因素的制约，汉代史官是不能承认项羽建立的楚国是个实际存在的全国性政权。因此后世王朝的史书也就延续了这种习惯。但是司马迁在写《史记》的时候，很明显承认了这个王朝的存在，而项羽的事迹就被记录在本纪这种专写帝王历史的体例中，《项羽本纪》这四个字是楚国存在的最直接的证明。

现在我们就抽丝剥茧，来认识之下这个生命周期并不长的楚国。

在项羽的屠杀和拆迁下，咸阳人民度过了一个血与火交织的冬天。刚开了春，项羽就迫不及待地收拾好秦王朝攒下的财宝和美女东迁。这时候，项羽的幕僚韩生劝项羽，说关中地区有三山之固，崤函之险，适合建都。项羽一听，有道理。但是，你怎么不早说？皇宫都烧没了，还怎么建都？不如回家乡炫个富。开路！

本来这事就算完了，定都彭城（今江苏省徐州市）也成了既定方针。可就是这位韩生，他交友不慎。在一次私人会晤中，韩生和朋友们聊起了项羽。韩生那意思差不多是快别提了，这节骨眼还惦记着回家乡炫富，真是沐猴而冠。

这帮人里面就有那种心肠歹毒的人，把韩生的话给记录下来上交给了有关机构。公然诋毁项羽，那还得了？所以，最后韩生的下场就是被项羽给炖了。

出处

韩生在《史记》中没记载姓名，结局为烹。在《汉书》中记载了此人为韩生，结局为斩。

在去彭城的路上，项羽一方面给天下秦末造反领袖们发帖子，让他们到彭城一叙，分蛋糕；一方面急不可耐地派人去问楚怀王熊心，到底让谁当关中王？

熊心那是气不打一处来，项羽矫诏杀宋义的事按在他头上，这事好歹能圆过去。但是堂堂楚怀王当着天下群雄的面说先入关中者为王，总不能自己抽自己一嘴巴改说封项羽为王吧。

熊心很郁闷，身边没有一个有实力的人。熊心用“如约”两个字打出了自己最后一张牌。这两个字有三层意思，第一是说我堂堂楚怀王殿下，说话算话，谁先入关中谁当关中王。第二是说国有法度，不是你项羽想怎样就怎样的。第三，刘邦啊，寡人在这个节骨眼还力挺你，你得懂得站队。

这时候的刘邦仿佛脖子上被项羽的大手掐着，根本喘不过气来，现在避嫌还来不及呢，更别提领熊心这份情。这样一来项羽很生气，说这放羊娃既然没有感恩的心，那就让他感谢命运吧。于是项羽遥遵楚王熊心为义帝，把他迁到未开发的湖南地区：郴（今湖南省郴州市）。

当然了，这是官方说法。当时的实际情况是项羽封熊心为义帝，熊心不得不去郴州赴任。按说项羽的爵位是楚怀王熊心册封的鲁公。项羽这个鲁公既然能册封章邯为雍王，自然能册封熊心为义帝，也就是说之前楚国那套体制已经不存在了，现在完全由项羽说了算。所以大家都称项羽为项王，这个王可是天下群雄默认的。项羽在册封熊心之后，俨然就是天下共主，所有人都眼巴巴等着接受项羽册封。

项羽仇视秦帝国的一切，所以他不沿用秦帝国的一切，包括皇帝制度和郡县制度。到了二月，项羽驾临彭城，自立西楚霸王，大封群雄，楚国正式成立。项羽在分封诸王的过程中，忘我地玩死了自己。

项羽定都彭城，彭城过去又称西楚。项羽仿照春秋五霸，自称西楚霸王。他觉得这个名号比皇帝霸气多了。

接着我们来看看项羽是怎么给自己埋雷的。项羽分封了十八个王，简单给大家介绍一下这十八位。刘邦，分封原因就是当年那个先入关中为王的约定。项羽把原秦国本土一分为四，汉中以南到四川这么大一片地方封给刘邦。刘邦爵封汉王，都南郑（今陕西省汉中市）。章邯，投降项羽有功，封雍王，封地为原秦国本土咸阳以西，都废丘（今陕西省兴平县）。司马欣，早年间为栎阳狱警，因贪赃枉法释放杀人犯项梁，后又劝章邯投降，封塞王，封地为咸阳以东至黄河，都栎阳（今陕西省临潼市）。董翳，因劝章邯投降有功，后随项羽杀入关中，封翟王，封地为上郡，都高奴（今陕西省延安市）。魏豹，前魏王咎之弟，当初章邯平魏地，杀死魏相周市，魏咎自尽。魏豹逃到楚地借兵复国，项羽看在他是魏国宗室的分上，改封西魏王，封地河东，都平阳（今陕西省岐山市）。赵歇，赵国复国后的名义大王，因血统尊贵，从不闹事，故迁往代地，封代王，都信都（今河北省邢台市西南）。张耳，赵国复国后的实力统治者，因死守巨鹿有功，封常山王，封地为赵国原统治区，都襄国（今河北省邢台市襄都区南）。韩广，原为燕王，巨鹿之战时因派大将臧荼帮助项羽救赵有功，迁往辽东，封辽东王，都无终（今天津市蓟县）。臧荼，原韩广部将，随项羽救赵有功，封燕王，都蓟（今北京市广安门南）。田市，田儋之子，田儋死后被田荣立为齐王。项羽迁之到胶东，封胶东王，都即墨（今山东省平度市）。田都，原田荣部将，巨鹿之战时背叛田荣协助项羽救赵有功，封齐王，都临淄（今山东省淄博市）。田安，战国时末代齐王田建之孙，巨鹿之战前背叛田荣协助项羽救赵有功，封济北王，都博阳（今山东省泰安市）。韩成，战国时代韩国贵族后裔，因血统纯正但实力不足挂齿，封韩王，封地在韩地，都阳翟（今河南省禹州市）。司马印，原张耳部将，巨鹿之战后跟随项羽，攻打函谷关有功，封殷王，封地河内，都朝歌（今河南省鹤壁市）。申阳，张耳宠臣，助项羽攻下河南有功，封河南王，封地河南，都洛阳。共敖，战国时楚国贵族后裔，平南郡有功，封临江王，封地南郡，都江陵（今湖北省荆州市）。吴芮，越人领袖，曾率越人支援项羽有功，封衡山王，封地两湖地区，都邾县（今湖北省武汉市）。英布，骊山囚徒出身，武功高强，作战勇猛，曾与多场战斗中立功，尤其是击溃王离和杀进函谷关两战居功至伟，封九江王，封地淮南，都六（今安徽省六安市）。

看完这个名单，我们简单对这十八路诸侯分分类。首先要说的是魏豹、韩成、韩广、田市、赵歇这五位。这五位大爷那是所谓的复国的东方五国，根正苗红。在没有项羽的时候，这五位是王。有了项羽的时候，这五位的爵位都被重新册封。魏王成了西魏王，燕王变成了辽东王，齐王变成了胶东王，赵王变成了代王，只有韩王仍叫韩王。也就是说，这五位号称恢复祖宗基业的大王，成了西楚霸王册封的臣子。田市、赵歇、韩成这三位实力不济，也能忍了。魏豹敢怒不敢言，也勉强忍了。韩广可不忍了，这样太冤枉了，明明是派出部将臧荼帮助项羽有功，结果被项羽一竿子给支到辽东。从另一个角度讲，韩广这也是报应。这点很有意思，陈涉派武臣平定赵地，武臣独立为赵王。武臣派韩广去平定燕地，韩广成了燕王。韩广派臧荼攻打巨鹿，臧荼成了燕王。陈涉恨透了武臣，武臣恨透了韩广，韩广恨透了臧荼和臧荼背后的项羽。韩广成了楚国头号不稳定因素。

咱接着分类，田都、田安这是一类，这二位是懂得站队，关键时刻背叛田荣投奔项羽，但是老田家到底谁的大腿最粗，很快就能证明。

章邯、司马欣、董翳是一类，就他们仨是秦朝降将。叛徒的地位都是很尴尬的，尤其是章邯，跟另外十五路诸侯都有仇，可愁死他了。这三位的地位相当于清朝初年的三藩，乱世还能生存，真赶上太平盛世，到项羽玩削藩的时候极有可能先拿这三位开刀。

共敖、吴芮、英布算一类，属于早起跟着楚国混的老人，这三位都是项羽的旧部，讽刺的是这三位后来都背叛了项羽，个中缘由，后面再聊。

臧荼、张耳、司马卬、申阳是一类。臧荼是前燕王韩广部将，项羽为了削弱韩广实力，立臧荼为王。臧荼和韩广之间的矛盾，不可调和。张耳名义上是赵歇的大臣，司马卬和申阳又是张耳的人。这个情况又不一样了。前赵国本来就是张耳说了算，所以他封王，赵歇不敢有意见。司马卬和申阳封王没有影响张耳的利益，所以这三位的关系还是那么好。未来何去何从，还是张耳说了算。理论上张耳应该感谢项羽的救命之恩，但是，项羽一个小细节没处理好，让张耳、司马卬、申阳也成了定时炸弹。

最后刘邦自己是一类，因为如果没有项羽，他是关中王。有了项羽，他成了汉王。当年的四川可不比今天，还不是天府之国。那片没怎么开发的地域，让刘邦这么能屈能伸的人骂着街就要造反。好在刘邦被大家劝住，这笔账刘邦是记下了。

等会儿，好像有点问题。楚国之前，田荣是齐国丞相。楚国成立之后，齐国一分为三，田市为王那是顺理成章。田安为王，看在他爷爷的分上也说得过去。田都这个不入流的角色都封王了，田荣却被遗忘在尘埃里，田荣咽不下这口气。你看人家田假也没封王，他怎么就能忍呢？田荣可不一样，他手下有兵。项羽铭记当初田荣不救项梁之仇，就不封他。不封田荣，那山东就消停不了，很快，田荣就要搞事情了。

还一个人闲着呢，原赵国大将陈馀，和张耳闹翻后就寄情山水。陈馀在巨鹿之战有功，但是项羽封王的时候忘却了陈馀的存在。这头封完王昭告天下，项羽麾下的谋臣才想起来陈馀没封。项羽一看坏了，那就这样吧，封陈馀为侯。那你想陈馀能乐意吗？这也成了一个不稳定因素。

诸王听封完毕，各回封地就职。吴芮、共敖、英布和义帝同路，项羽密令三王诛杀义帝。吴芮和共敖多精啊，他俩不动手。英布不管那个，出手杀了义帝。自此之后，项羽无论是名义上还是实际上，都是当时中国的最高统治者。

但是分封导致的不稳定因素很快就得到了发酵，很快，项羽的麻烦就来了。

第二十一章　谁说项羽没脑子?

项羽分封十八路诸侯之后，成了楚国唯一的统治者。项羽君临天下，这份荣耀，一点也不输于当年的秦始皇。

秦始皇用暴力压制天下，导致仇人众多。项羽也靠暴力成事，仇人自然也是不少。但是，仇人和仇人还真不一样。恨秦始皇的不是老百姓就是前朝亲贵，比如被繁重的徭役、兵役压迫的英布、陈涉，还有失去往日荣光的张良、项梁等。但是真正手握重兵的秦始皇臣子如蒙恬、任嚣、王离、李由、杨熊等人并不恨他，所以秦始皇活着的时候，没人敢发动武装反叛。项羽就不一样了，不仅民间的老百姓恨他，前朝亲贵也恨他，最可怕的是手握重兵的项羽臣子也恨他。正是因为如此，秦始皇维持了十年的稳定，而项羽的楚国只有三个月的稳定期。

那么说本来对项羽敬仰有加的天下群雄，为什么会怨恨项羽呢？项羽看似脑残的分封方式到底有什么玄机呢？咱接着看。

十八路诸侯在彭城听封完毕，刘邦的火瞬间顶上了脑门。当初刘邦在鸿门宴上装了半天孙子，为的就是在项羽帐下混口饭吃。当年刘邦第一次到咸阳押送囚徒的时候，就感慨秦始皇过的日子才是自己向往的。刘邦还没有一统天下的坚定决心，他就想当个秦王在咸阳度过自己的下半生。项羽把咸阳给毁了，毁了就毁了吧，刘邦还可以重建。没想到项羽把秦国一分为四，最次的地盘给了他。刘邦现在秦王变汉王了，那这事根本忍不了。刘邦当场就想发飙跟项羽拼了。关键时刻，三个小商贩出身的英雄人物拉住了刘邦。这三位在历史上大大有名，分别是卖渔网出身的灌婴、卖养蚕器具出身的周勃、卖狗肉出身的樊哙。这三位的职业本来和刘亭长是天敌，如今能关系这么铁，说明这三位非常懂得审时度势。三位好汉劝住刘邦别冲动之后，找来萧何商议该怎么办。萧何很务实，说在彭城跟项羽犯浑，那绝对死无葬身之地。汉中环境再险恶，去那当王也比死在彭城强。咱将来找机会打回三秦即可，千万别在项羽的地盘玩横的。刘邦一琢磨有道理，当场收了暴脾气。

这次的分封制，惹怒的可不是刘邦一个人。其实项羽的分封制，跟日后刘邦的分封制是一回事，都是暂时的。项羽废掉了陈涉、熊心时期的所有王，之所以迁徙的迁徙，分裂的分裂，就是为了将来削藩做准备。

关中王或者说叫秦王一分为四，项羽尽可能地惹怒刘邦，刘邦早晚会跟章邯、司马欣、董翳闹事。齐王一分为三，田市、田都、田安都是废物，就一个有实力的田荣不封，田荣一定不会善罢甘休。尤其是田都、田安和田荣还有仇。燕国一分为二，项羽巧妙地让韩广和臧荼成了仇敌。赵国一分为二，赵歇和张耳各管一摊，本来刚经历章邯祸害的赵国再这么一分，实力大减。而赵国最会打仗的陈馀没被封王，加上陈馀和张耳不和，两人一定会打起来。魏国挺惨，原来的魏王被西迁，魏地一分为二，司马卬、申阳初来乍到，能不能在魏地站稳很难讲。原楚国一分为四，最好的地方项羽自己得着，剩下的共敖、吴芮、英布是自己人，那兵权还不是说收就收。

简单地说，项羽从分封开始就为削藩做好了准备。但是，项老板急脾气，做事太急了，分封还没完事就开始削藩。若干年后，汉武帝就是把项羽这手绝活的执行放缓，才有了阴损毒辣的推恩令，这才让堂堂中山靖王之后的刘备变成了小商贩，这是后话。

刚才说了半天战国七雄是怎么被项羽分裂成十八个小国，仿佛漏了一个韩国。项羽分封完毕之后，过了有一个月左右的时间，下令诸侯各回各的封国就任。然后，项羽马上就开始执行削藩。比如说项羽通知共敖、吴芮、英布暗杀义帝，再比如项羽通知韩王成，你不用去封国了。造反时期你韩成贡献为负，最可恨的是还举国跟了刘邦，帮助刘邦迅速杀到关中，所以降为列侯，留在彭城。项羽知道汉王刘邦不服，所以在刘邦回汉中的路上，项羽派了三万人“保护”刘邦。刘邦没办法了，到了三秦之后，采用了张良的计策，烧毁了回来的栈道，向项羽表了个忠心。

四月，刘邦烧掉栈道。五月，各位王爷除了韩成都回到了封地。不出所有人的意料，首先出事的就是三齐大地。田荣发现自己亲侄子田市居然被项羽迁到了胶东，而田都这个不入流的玩意儿居然大模大样地在临淄当了齐王，也就是说田荣在临淄的基业都得给那个叛徒田都。还有那个田安，本来是自己的部下，如今居然当了济北工。作为田氏家族最有实力的田荣，发誓要弄死他们。田荣愤然起兵，首先攻打田都。田都是个法制意识很强的人，赶紧跑到项羽那里去起诉田荣，要走司法程序解决这个问题。当然了，主要还是因为田都实力不济，根本不是田荣的对手。

田荣首战得胜，命令田市不许去胶东，就在临淄待着。田市是个很务实的人，当齐王也好，当胶东王也罢，无所谓的事。在哪儿不是当大王啊？吃不成周村烧饼和酥锅，到胶东吃海鲜也是好的嘛。田荣现在起兵，他的身份是田市的丞相，这就很尴尬了。万一霸王追究，肯定会觉得这事是他田市不满拆迁而引发的。田市为了向项羽表示自己跟田荣没关系，主动带人去了胶东赴任。田荣不干了，马上带人追上田市。六月，田荣杀了自己的侄子，然后自立为齐王。接着，田荣以齐王的名义，招安了山东的大哥彭越，赐予将军印信，让他带兵阻挡楚军。一个月后，田荣击败济北军，杀济北王田安，一统三齐，宣布山东独立。

项羽当然不干了，坚决反对田荣搞分裂的行为。项羽之所以不封田荣，面上看是因为田荣当初不帮项梁。但是实际上，项羽这是玩了一手阴招。以项羽的为人，不会太在意田荣跟项梁的关系。章邯还杀过项梁呢，那还封了王。这都不重要，重要的是项羽放着田氏家族最有权势的人不封而封了三个碎催，就是为了引起田氏内斗。田氏内斗差不多的时候，楚军平叛，那三齐王就成了历史名词，一次削三藩，效率多高。

按照项羽的预想，陈馀也快和张耳翻脸了吧。陈馀武将出身打张耳、平赵歇还不是分分钟的事？到时候楚军平陈馀，赵国两王也就消失了。理论上韩广和臧荼翻脸是早晚的事吧，到时候别管谁赢，楚军到燕国问罪，燕国两王也就不存在了……削藩，就是这么简单。

项羽看田市和田安都死了，是时候出兵了。这个时候，田都也就没有价值了。所以田都的下场和义帝一样，被暗杀了。一切都像项羽想的那样顺利，大将萧公角出兵三齐，该干掉田荣了。

然而，项羽的麻烦来了。他千算万算，没算到田荣还有一支奇兵，彭越出现在了阻挡楚军的战场上。彭越虽然只有万把来人，这可是一支精锐部队。彭越治军严格，队伍多为收罗来的战场老兵。刘邦早就看出来彭越是个人物，而项羽不知道这哥们的存在。在未来的日子里，彭越一直是项羽在东方的大麻烦。彭越跟秦军作战是不怎么样，打萧公角的楚军还是有一套的。随着萧公角的大败，项羽的计划完全被打乱，场面开始不受控制了。

彭越这一战，为天下诸侯树立了信心。楚军不过如此，名不见经传的彭越都能击败楚军，那大家有什么想法就可以实施了。

河北那边陈馀本来想等等再说，看了彭越大胜，陈馀的信心也就树立起来了。就当时而言，陈馀跟彭越比，绝对是名将了。陈馀找田荣借兵，收降了赵歇，奋力攻打张耳。后张耳不敌，投奔刘邦，这是后话。

山东、河北这边打得这么热闹，刘邦一直作壁上观。

第二十二章　韩信跳槽

项羽是个让当时和后世都不太容易看懂的人，除了战斗力暴强是共识之外，其他很多方面都很值得商榷。比如他杀宋义不杀刘邦，比如他放着韩信、陈平、范增不用，重用龙且、英布、蒲将军。比如他表现得比秦始皇更残暴，比如他放弃关中定都彭城。

但是项羽不在乎别人怎么评价他，不在乎得罪任何人，就算项羽不用暴力，也没有人能赢他。不信啊，试试吧。项羽就是不爱学文化，但是人家歌词写得棒着呢。项羽就是不爱学剑法，哪个成名的剑客敢挑战项羽？项羽就是不爱学兵法，那些以“知兵”著称的名将哪个是项羽的对手？都说杀宋义不对，但是项羽杀了宋义取得了巨鹿大捷。都说不杀刘邦不对，现在刘邦是不是夹起尾巴烧掉栈道老老实实去了汉中？都说杀义帝不对，但是杀了义帝又怎么着了？范增、韩信、陈平整天叨叨没完没了，但是项羽一条都没采纳，是不是当了天下霸主？所以别说那些没用的，项羽用自己的方式获得了成功，成了当时中国第一人。项羽都天下第一了，你还说他不对，这不是扯吗。

秦末汉初这部大戏分上下两部，第一部反秦战争已经完美落幕，项羽用自己的方式获得了成功，刘邦折腾半天好歹也从亭长折腾成了汉王。韩信可郁闷坏了，第一部都演完了，自己都没捞着露脸，这不行，得抢戏。

之前的篇章我曾经聊过，其实项羽对韩信不错，韩信自从加入了楚军，无论是跟着项梁还是跟着项羽，都是项家近臣的角色。能给项羽当侍卫队长，一来说明韩信武功真不错，得到了项羽的肯定。二来说明项羽真信任韩信，这种信任就像唐太宗信任阿史那杜尔，没他值班睡不着觉。但是这个事让韩信很尴尬，他是武功不错，但是他的理想可不是当个郎官。这就好像诸葛亮好不容易跟了刘备，却因为文章写得好被放到太学搞学问。

韩信也曾试着给项羽献计献策，但是项羽觉得韩信秀逗了，一个保镖干什么参谋的活啊，好好站岗。韩信再也不想站岗了，他决定离开项羽，跳槽到新的公司去上班。但是放眼望去，十八路诸侯死了田市、田都、田安，汉元年（公元前206年）七月，项羽又杀了韩王成，还剩下十四个。这十四个里边，跟项羽有仇，又有能力跟项羽掰腕子，还敢收留他的，根本没得选，只有刘邦一人，所以韩信毫不犹豫地离开了项羽，去汉中投奔了刘邦。更尴尬的事情出现了，刘邦听说韩信是从项羽那来的，一定得重用。正好军中缺个财务，就韩信来干吧。就这样，韩信莫名其妙地当了连敖。

韩信这个命太苦了，当连敖还不如当执戟郎。韩信不会干财务啊，尤其是带着情绪上班，没多久就出了差错，被判了死刑。韩信排在死囚的第十四个。前十三个用什么招求饶咱不知道，总之看着前面的一个个人头落地，轮到韩信的时候，韩信喊了一句："上不欲就天下乎？何为斩壮士？"（出自《资治通鉴》）

恰巧这句话被看热闹的夏侯婴听见了。可能今天我们看这句话很平常，但是在当时可不平常。因为几乎所有人都认为刘邦认命地待在汉中了，要不然项羽也不会掉以轻心。就因为刘邦火烧栈道这出戏演得太逼真，完全是电影学院教授级别的，所以刘邦的将士们每天都有大量逃亡的。韩信能喊出这么一句话，说明韩信不简单，是个有眼界的人物。夏侯婴救了韩信，跟韩信聊了几句之后，夏侯婴大喜过望。为啥呢？因为刘邦的中坚力量们，大部分都是丰县、沛县那边过来的，大家谁也不想在这环境险恶的地方度过余生。之所以刘邦在汉中装孙子，完全是因为刘邦手下没有能跟项羽较量的人物。很明显，韩信就是这样的人。回家乡有望了。

其实刘邦手下这帮英雄人物当中，业务水平能达到韩信这样的真没有。这帮人里边，除了张良是贵族出身受过良好教育，剩下的也就是小吏出身的萧何、曹参这俩文化人。其余那些英雄好汉在军事界都属于非职业选手，你看周勃、灌婴、樊哙是小商贩出身，夏侯婴是“司机”出身，卢绾“城管”出身，任敖是“狱警”出身。就算是张良，也只能干参谋，萧何跟曹参只能干后勤。

这就是为什么晋朝阮籍说“时无英雄，使竖子成名”。章邯为什么天下无敌？因为对手都太业余。项羽不爱学兵法为什么能当霸主？学一点也比那些不学的强啊。

夏侯婴兴奋地去找刘邦，说韩信水平老高了，得重用。刘邦没什么信心，因为他觉得韩信要是真有本事，早跟着项羽打出名堂来了。你看人家英布，那才叫水平高。再者说了，韩信水平高能高到哪儿去？能高得过章邯吗？不行就收起那份任性，老实待着。但是刘邦得照顾“老司机”夏侯婴的情绪啊，说既然你出面说这事，面子一定要给，让韩信升官，当财务总监！

就这样，韩信莫名其妙地当上了治粟都尉，升官之快，都让周围的人嫉妒。这哪说理去？这小子刚来就当连敖，犯了事不仅不杀还升为治粟都尉，还有天理吗？还有法律吗？

但是韩信并不觉得这是好事，只是觉得老天爷太能玩他了。不过当治粟都尉也有好处，因为萧何主抓后勤，作为治粟都尉，韩信是萧何的下属，能经常接触到这位萧丞相。

萧何也觉得韩信是个奇才，因为当时刘邦刚到南郑，百废待兴，又有大量士卒逃亡，萧何每天的工作很忙，天天加班，就把韩信这茬儿给忘了。韩信觉得这么多天了，萧何一定多次向刘邦推荐自己了，既然没有消息，不用问，刘邦是不会用自己了。因此韩信心灰意冷，黯然离开南郑，他要去远方寻找未来。

韩信前脚走，萧何放下手中所有工作后，脚就追了出去。萧何连夜追回了韩信，并保证自己比夏侯婴有面子，能让韩信直接到达人生巅峰。这就是萧何月下追韩信的故事，也正是因为萧何亲自追回韩信，才让刘邦对韩信重视起来。在萧何的建议下，刘邦用古代最高级别的礼仪登台拜将，封韩信为大将。韩信终于干了自己本专业的工作，还成了汉国的二把手，这份荣耀，让韩信记了一辈子。

出处

（萧何）曰："诸将易得耳。至如信者，国士无双。王必欲长王汉中，无所事信；必欲争天下，非信无所与计事者。顾王策安所决耳。"——《史记·淮阴侯列传》

韩信离开项羽集团也好，还是加入刘邦团队也好，都不是待遇问题，这是理想和尊严的问题。正是韩信心中有梦，所以他成了世上最坎坷的逐梦人。韩信倒霉了这么多年，终于轮到他走运了。从来到汉国到成为汉国大将军，韩信只用了不到一个月的时间。

韩信为刘邦分析了起兵的可行性，当然了，如果韩信能分析出起兵的没可能性，等于砸了自己的饭碗。在韩信的鼓励下，刘邦决定起兵，目标就是楚国的都城彭城。

第二十三章　暗度陈仓

项羽不可思议地分封十八路诸侯，搞得天怒人怨。按照计划，田荣果然起兵作乱，项羽借田荣之手废掉了齐王、胶东王、济北王。就在项羽准备派出萧公角灭掉田荣一统三齐的时候，意外出现了，彭越横空出世，闹出的动静可不小。彭越击败了萧公角，鼓舞了陈馀，乐坏了田荣之后，项羽决定亲自解决山东的问题。

可就在这个时候，另一个意料之外的事又出现在了情理之中。根据项羽的设计，陈馀一定会找张耳算账。但是这个过程，是项羽万万没想到的。

陈馀打张耳，项羽并不意外。他意外的是陈馀居然拉来从来都没主意的赵歇一起打张耳。本来张耳和赵歇一直是队友，按说他俩联手也不是陈馀的对手，现在陈馀拉赵歇打张耳，那张耳一点胜算都没有。更让项羽意外的是，出那么大事，张耳的爱将殷王司马印、河南王申阳居然作壁上观。

不过这并不重要，项羽先亲征田荣，回头再找陈馀算账，陈馀一统赵国才好呢，省得一个个收拾。项羽打田荣节节胜利，陈馀打张耳节节胜利。当时楚国大地上有这两场较大的战役进行着，就是趁着这个机会，刘邦顾不上被项羽扣押做人质的亲爹、老婆、孩子，他要出手了。

韩信在汉国拜了大将，派出曹参和樊哙高调地修理之前烧毁的栈道。章邯第一时间得到了消息，觉得刘邦这是疯了。因为从业务的角度讲，修栈道旷日持久，即使修成通行条件又差，刘邦这么干是作死的行为。只不过章邯没想到，名不见经传的韩信出手就是邪的。章邯本着兵法上说的以逸待劳的原则，在栈道口等着汉军到来。章邯想得不错，打仗就得以逸待劳。但是谁是逸谁是劳可不好说，因为章邯坐等痛击汉军的时候，消息传来，汉军主力出现在了陈仓，压根没从褒斜栈道走。

这说明了什么？说明章邯麻痹大意？说明韩信用兵如神？那都是表象，其实韩信这出明修栈道暗度陈仓说明的是另一个问题，那就是章邯、司马欣、董翳并没有协同作战。再深究一点，这三位的关系并不像当年那么好了。且不说司马欣、董翳这俩章邯的部将现在跟章邯平起平坐让章邯不舒服。单说司马欣和项羽是老相识，董翳又玩了命地巴结项羽。章邯接到的命令是看住刘邦，那司马欣和董翳接到的命令会不会是看住章邯呢？章邯心里嘀咕。其实不光章邯，司马欣和董翳也嘀咕这事。司马欣那是经历过生死的人，对他来说立场什么的都不重要，活着最重要。董翳也是见过大场面的人，章邯都能投降项羽，张耳和陈馀都能刀枪相见，这个世界太疯狂。所以本该协助章邯看住汉王的司马欣和董翳，都不约而同地选择了观望。

其实刘邦出蜀不容易，不是有了韩信就万事大吉了。要是那么容易，诸葛亮也不用在祁山呕心沥血，姜伯约也不用被死死摁在剑阁动弹不得。能出蜀的道路就那几条，无非是子午谷、陈仓道、褒斜栈道、傥骆道而已。三秦王兵力足够，章邯、章平、司马欣、董翳一人守一道，韩信无论如何也难以出蜀。可能项羽也是这么想的，只不过他没想到司马欣和董翳哥俩节操尽碎，更没想到日后这哥俩投降了刘邦。以逸待劳的章邯不得不快速驰援陈仓，所以这回换韩信以逸待劳，陈仓一战，章邯大败。其实从巨鹿之战之后，章邯就不具备再带兵打内战的能力了。最起码在三秦地面上是这样的。

二十多万秦人跟着章邯，结果他们的命换来了章邯、司马欣、董翳头上的冕旒冠。秦人恨三秦王如同李斯恨诗书。章邯的士兵毫无斗志，都盼着当带路党。纵使章邯有通天彻地之能，也不能指挥这样的部队跟汉军作战。章邯屡战屡败，再也不是当年那个战神。章邯很无奈，战不能战，降不能降。一败再败的章邯退守废丘，感慨着兴亡成败。

司马欣和董翳没那么多心理负担，汉军来了就投降，谁当皇上他俩都是王。刘邦平定三秦，接着就要进入河南作战。趁此乱际，刘邦昔日的大哥王陵在南阳拉起一支队伍占据了南阳。当年刘邦当亭长的时候，跟着这个富豪王陵混。现在刘邦成事了，王陵死活不愿意陪着昔日的小弟混。但是王陵也不愿意跟着项羽混，想在乱世中当个南阳城主。显然这样是不科学的。

项羽放着山东还没平定，不愿节外生枝，因此抓获了王陵的母亲，希望用老太太来招降王陵。这招阴损至极，老太太脾气一上来，比汉末徐庶的母亲还刚烈，她告诉王陵派来的使者，让王陵一定要跟随宅心仁厚的刘邦，弄死项羽这个屠夫。老太太说完拔剑自刎了。使者惊呆了，刘邦还宅心仁厚？老太太怎么自杀了？然后更惊人的一幕出现了，项羽居然把老太太的尸体给煮了，这个行为，太畜生了。

出处

陵母既私送使者，泣曰："为老妾语陵，谨事汉王。汉王，长者也，无以老妾故，持二心。妾以死送使者。"遂伏剑而死。项王怒，烹陵母。——《史记·陈丞相世家》

王陵被激怒了，毫不犹豫地投降了刘邦。王陵虽然没能救了自己的母亲，却救出了刘邦的家小。等到刘邦平定了三秦，派人和王陵取得联系。这样刘邦的一只脚就踏出了三秦，迈进了楚国的腹地。

项羽意识到了事情的严重性。但是田荣这个小强怎么也拍不死，项羽无比头疼。

第二十四章　两封信的时机

刘邦自从平定三秦、收编了王陵之后，那就是猛虎下山，势不可挡。但是在这个时候，项羽的重点打击目标依然是东方的齐国，至于刘邦，项羽并不觉得他能掀起多大浪来。不过项羽也不想放任刘邦继续往中原渗透，他的战略是稳住西线，吃掉东线。

从地图上看，出了三秦，就到了今天的山西南部、河南西北部一带的韩国故地。眼下刘邦和身在韩国故地南阳的王陵连成一片，下一步就能进入中原。过去韩国的王是韩成，但是由于韩成是刘邦的人，所以两个月前项羽杀掉了韩成。为了稳住韩国局势，项羽任命郑昌为韩王，希望他可以阻挡刘邦前进的脚步。

郑昌当年是秦朝吴县县令，跟项家是老相识。项羽对郑昌寄予厚望，也信任郑昌的能力足以胜任这个工作。此时刘邦的重点目标在河南，而不是韩国。如今郑昌来当韩王，凭王陵够呛能是郑昌的对手。刘邦不想派主力攻韩，也不能调围攻章邯的韩信来救火。幸好刘邦手下有俩韩信，这次可以用另一个了。

在刘邦账下，除了那个拜大将的韩信之外，还有另一个叫韩信的手下。此韩信是故韩襄王之孙，身高约一米九，在那个时代就算是巨人了。就凭这大高个，这位韩信的武功也差不了。由于此韩信日后被刘邦封为韩王，所以史书上称其为韩王信。就在郑昌来到韩国为王的时候，刘邦任命韩王信为韩国太尉，去韩国搅和郑昌。韩王信的血统是个招牌，所以他在韩国的号召力大大超过了郑昌。韩王信到了韩国，战斗效率大大高于郑昌。

眼看韩国就要落到刘邦手里，张良却觉得事情太顺利不是什么好现象。就当时来看，张良清楚地知道，天下诸侯当中，真有心气灭了项羽的，只有汉王刘邦一人而已。其余的别管是田荣也好，陈馀也罢，他俩之所以闹腾，那是为了裂土封王，并不是为了取代项羽成为天下共主。假如项羽反应过来这点，只要一道圣旨封田荣、陈馀为王，他俩立马就安静了。到时候汉王刘邦就要面对项羽的主力，那将是灭顶之灾。所以这时候张良为了转移视线，给项羽写了两封信。

第一封信，张良告诉项羽，说刘邦这个没出息的之所以起兵，那是因为按照义帝的约定，应该让刘邦当关中王。现在刘邦出兵一统三秦，已经当了关中王，所以他的人生目标已经达到了，断然不会攻打关东。

第二封信，张良告诉项羽，说刚收到消息，陈馀和田荣密谋灭掉楚国，然后一人一半，不可不防。项羽一琢磨张良说得有道理，那个在鸿门宴上都不敢看自己一眼的刘邦，能有什么大志？而这个田荣确实是心腹大患，继续攻齐。

出处

汉使张良徇韩，乃遗项王书曰："汉王失职，欲得关中，如约即止，不敢东。"又以齐、梁反书遗项王曰："齐欲与赵并灭楚。"——《史记·项羽本纪》

就这样，刘邦赢得了充足的部署时间。同时，项羽的做法也宣告了章邯不会得到任何支援。章邯的败亡不可逆转，时间开始了倒计时。

与此同时，东北也出事了。那时候所谓的东北，也就是今天的京津唐经济区往东北到辽东一带，也就是周朝时期的燕国。秦末大起义时期，燕王是韩广，都城在蓟，也就是今天北京的广安门南边一带。巨鹿之战的时候，韩广是坚决支持项羽的。当时韩广派出了自己的头号战将臧荼带领大军协助项羽攻打章邯，功劳在那儿摆着呢。谁知道项羽这么阴，分蛋糕的时候非说臧荼功高，改封臧荼为燕王，迁韩广为辽东王。这事搁谁都忍不了，臧荼是韩广派去的，结果项羽却无视韩广。封臧荼为王也行，那也别封他为燕王啊。很明显这是项羽要让臧荼和韩广打架。还有更狠的，项羽封韩广为辽东王，都城却给他按在无终，也就是今天的天津蓟县。等于这两国的都城挨着，那真是没法不打架了。

臧荼催促韩广赶紧挪窝，把蓟城让出来。韩广在北京待得好好的，宁死不去天津。那臧荼就怒了，这俩王毫无意外地打了起来，臧荼技高一筹，杀死了韩广。项羽这手借刀杀人玩得漂亮。要不是田荣和陈馀叛乱，项羽就得借口臧荼擅杀大王而办了臧荼。反过来如果韩广杀了臧荼也一样，项羽也得问韩广擅杀大王的罪过。

在当时，全国范围内有三场大战进入了白热化。一场是项羽跟田荣、彭越的战争，一场是陈馀、赵歇和张耳的战争，另一场就是刘邦和章邯的战争。

对于项羽来说，田荣是老仇人了，必须弄死他。至于张耳和陈馀，谁死对他都有好处。而刘邦和章邯的战争是项羽计划外的意外，本不该发生。项羽认为之所以刘邦会出兵，那是因为义帝熊心答应让刘邦为关中王导致的。

这个放羊的真不是抬举，没他出不了这么多事。所以项羽下令，让义帝赶紧去郴州上任。同时，项羽派英布、吴芮、共敖护送义帝出行，然后秘密地下手杀了义帝。义帝这张牌既然项羽不想用，他也不许别人用，杀了干净。

在当时，陈馀和田荣的联盟出现了一个非常有意思的局面。田荣在抵御项羽的战争中，就要扛不住了。而陈馀攻打张耳的战争，几乎就要成功了。这时候，陈馀找田荣借兵。本来田荣都快不行了，之所以还借兵给陈馀，那是希望陈馀早点干掉张耳之后赶紧来对付项羽。但是田荣的时间差没打好，把自己玩死了，那是后话。

田荣把兵借出去之后，陈馀和齐兵夹击张耳，张耳大败，往西一直逃到废丘前线，投奔了老朋友刘邦。

陈馀没有马上救援田荣，而是立赵歇为赵王。赵王赶紧册封陈馀为代王，希望陈馀去代国上任。陈馀才不会离开赵歇，于是派心腹夏说为代相，去代国上任。

这时候，刘邦开始招抚关外的百姓。河南王申阳见老上司张耳都不是陈馀的对手，害怕陈馀攻打河南。因此申阳投降了刘邦，让刘邦的势力正式进入了河南。

当月，韩王信不负众望，打得郑昌开城投降，韩国故地归了刘邦，刘邦立韩王信为韩王。韩王信忠心耿耿，马上带兵回到关中协助刘邦攻打废丘之外的章邯势力。

刘邦势力正盛，于是把废丘扔给韩信来打，他自己迁都到栎阳，着手部署进军中原的事情。而整个关中地区，此时只剩下了废丘和北地郡还被章邯死守着。

刘邦用了不到六个月的时间就完成了控制三秦和进入中原两件大事，即便是这样，项羽依然腾不出手来对付刘邦。原因就是田荣如同打不死的小强，还在城阳死扛着。

第二十五章　老田家的往事

首先，我们得捋一捋老田家的前世今生。这事得从当年武王伐纣说起，那时候大周一统天下，周武王分封天下诸侯，吕尚功劳最大，被封为齐侯，建都临淄。吕尚，也就是民间说的姜子牙，他成了齐国第一代国君。

到了齐桓公时期，齐国的邻国陈国发生内乱，陈国储君陈完斗争失败，只身投奔齐国，被齐桓公封为上卿。陈完是舜帝之后，投奔齐国之后改姓田。

历史发展到陈完的曾孙田文子的时候，齐国庆氏专权。田文子联合齐国境内贵族鲍氏、栾氏、高氏联手干掉庆氏，齐国进入四家专权时代。

四家专权多乱啊，所以到了田文子之子田乞时代，田氏和鲍氏联手，做掉了栾氏和高氏，这就和谐多了。

两家专权时间长了也得打架啊，所以到了田乞之子田恒时代，情况又发生的改变。后世为了避讳汉文帝刘恒的名字，所以田恒在史书中被记载为田常。田常利用鲍氏和齐悼公的矛盾，唆使鲍氏杀掉齐悼公。鲍氏弑君之后，突然发现自己难以在齐国立足，所以跑到了吴国。然后田常拥立齐简公，和阚止一同辅政。由于齐简公和阚止关系很铁，田常担心他俩合伙灭掉田氏，因此田常发动政变，杀齐简公和阚止，立齐平公。

田常怕自己这么干在国际社会站不住脚，所以他割地给鲁国和卫国，尽齐国之物力，结晋、吴、越之欢心。尤其是晋国的贵族韩、赵、魏三家跟田常的关系非常铁。田常用实际行动证明，卖国且轮不到老百姓呢。

出处

田常既杀简公，惧诸侯共诛己，乃尽归鲁、卫侵地，西约晋、韩、魏、赵氏，南通吴、越之使。——《史记·田敬仲完世家》

从田常政变开始，齐国进入田氏一家掌权的时代。田常死后，其子田盘继续把持齐国的政权。在田盘时期，晋国韩、赵、魏、智四家内乱，韩、赵、魏三家灭了智氏，晋国分为韩、赵、魏三国。到了田常曾孙田和时期，田氏正式取代吕氏为齐国君主，史称田齐。

从田和开始，第八代齐国君主就是田建。齐国被灭之后，田建被秦始皇俘虏，之后被活活饿死。田建的亲弟弟是田假，亲戚为田角和田间，远房亲戚是田儋、田荣、田横。田升的孙子是田安，田安后人改姓王。田安之后第六代，就是历史上大名鼎鼎的新朝皇帝王莽。

以上就是齐国田氏的前世今生。但是齐国王族嫡系子孙在秦汉之交那是比着窝囊，整个田氏家族，最能折腾的反倒是旁支的田儋兄弟三人。

书接上文，田荣反了山东，萧公角征讨田荣被彭越打败，于是乎项羽册封田假为齐王，然后亲自上阵攻打田荣。

项羽打田荣那是节节胜利，但是田荣在山东经营的时间久了，所以特别能逃。就在项羽满世界追杀田荣的时候，陈馀大战张耳，刘邦平定三秦收降王陵，韩王信打败郑昌。项羽无暇顾及西方，专心致志地追杀田荣。项羽着急啊，他特别想赶紧平定三齐好挥兵西进。也正是因为这样，项羽追到一个地方，就要大肆屠杀一个地方的百姓。田荣逃到了今天的德州市平原县，平原人民怕项羽追过来屠城，于是杀掉了田荣献给项羽，没想到就算这样，项羽还是屠城了。项羽留下一个血流成河的山东给齐王田假，他自己准备抽身找刘邦聊聊。

项羽没想到的是，惹了姓田的就是惹了马蜂窝。田儋死了，有更厉害的田荣，田荣死了，又有更厉害的田横。田横跟他哥哥田荣不一样，这位田三爷混江湖讲的是义气，所以在田氏三兄弟当中，田横的口碑是最好的。田荣死后，田横很快就收集了田荣的旧部，后来复立田荣的儿子田广为齐王，起兵攻打田假。田假的战绩一直很稳定，稳定到连输都输不出花样来。跟当年一样，田假一打就败，一败就跑，一跑就去楚国求救。

田假见了项羽，讲述了自己的现眼故事。项羽大怒，这个废物连山东都维持不住，自己怎么去找刘邦算账？项羽不再给田假机会，杀掉田假就又带兵去了山东。

项羽身陷山东战场不能自拔，此时的刘邦也没闲着。刘邦深知后方稳定的重要性，所以他修整关隘，跟匈奴划清界限。派韩信继续围困废丘的章邯，绝对不能让三秦出什么乱子。关键时刻，汉将曹参攻下北地郡，活捉章邯的弟弟章平，章邯彻底陷入了绝望。当年三月，刘邦东渡黄河进入山西，西魏王魏豹十分自觉地投降了。魏豹带兵协助刘邦南下攻打殷国，俘虏殷王司马卬，这样整个河南就完全被刘邦控制。由于司马卬被俘投降，导致对刘邦乃至整个大汉王朝都很重要的一个人投奔刘邦了，此人就是陈平。

陈平是阳武县（今河南原阳）人，自幼博学多才，跟随哥哥嫂子一起生活。那个年头老百姓头上有三座大山，分别是赋税、徭役、兵役。根据当年商鞅的理论，老百姓只有天天挣扎在温饱线上，才能不去想其他的，这样的国民就容易被控制。

出处

民贫，则国弱；富，则淫（不听话）。淫则有虱（危害君主的事），有虱则弱。故贫者益之以刑，则富；富者损之以赏，则贫。治国之举，贵令贫者富，富者贫。贫者富，国强；富者贫，三官无虱（推动人民贫富转换，穷的让他们富一点，富的让他们穷）。——《商君书·说民》

正是在这种高压的环境下，刘邦、韩信、陈平都曾因为学习而不干活被认为是不务正业。陈平跟着哥哥嫂子生活，这一家三口全靠他哥哥一个人的劳动来生活。陈平没什么爱好，就是好黄老之学。只要陈平有钱，他就到处寻名师访高友，提高自身的学问修为。陈平的哥哥看得开，自己这辈子也就是庄稼人的命，要想逆袭，必须得靠这个弟弟。陈平这些年来四处游学，谈吐举止气场和常人完全不一样。陈平是十里八乡出了名的美男子，明明可以靠脸吃饭，他非得靠节操，老陈家的荣辱，就在陈平一个人身上。

但是陈平游学的行为，在别人眼中就是不务正业。比如说陈平的嫂夫人，说有这样一个小叔子还不如没有。陈平哥哥知道这事之后非常生气，回家就把媳妇给休了。对于陈哥哥来说，休妻就缺一个借口，因为他很快就又娶了一个。据说，陈哥哥的这位小媳妇，跟陈平有着超友谊的关系。

出处

其嫂嫉平之不视家生产，曰："亦食糠核耳。有叔如此，不如无有。"伯闻之，逐其妇而弃之。——《史记·陈丞相世家》

这回行了，陈平穷，还没工作，还不务正业，还跟嫂子不清不楚，还长得让人嫉妒。综合一下，乡亲们都说陈平是个人渣。陈平毫不在意，因为在他眼里，这帮世俗之人跟他完全不在一个维度。一个读过书旅过游的人，怎么会在意一帮连村都没出过的农民怎么看他？而且陈平非常看不起乡亲们，他觉得自己要娶就娶富家千金。

哎，机会来了。某一天乡里有人家办丧事，陈平见多识广，人又穷，所以他去料理这个事，混点零花钱。不光是陈平，项梁也干过这个工作。陈平在这个葬礼上，注意到了一个土豪在偷看他。陈平故意装得特别有深度，下班了也不走，一直等到土豪走了他才走。这个土豪叫张负，他看陈平长得不错，办事靠谱，适合当他的孙女婿。有一次土豪偷偷跟着陈平，想看看他家啥样。结果陈平提前做了手脚，弄得自己家门口各种车辙。张负过来一看，嚯，这陈平家里虽然不怎么样，但是看得出来，平时不少豪车来这里，说明很多达官显贵没少来找陈平啊。不挑了，就陈平了。

张负回家就跟儿子商量，说要把孙女嫁给陈平。张负的儿子张仲表示不解，因为他听说过，说陈平这人不怎么样，不是个正经人。张负当时就怒了，说陈平这人体格结实，颜值爆表，就不可能是穷命。为啥呢？因为我给他钱，他不就有钱了？再说了，你那闺女你心里没数啊？都嫁五次人了，克死了五个丈夫。名声坏了。张仲琢磨是这个事，就倒贴钱把闺女嫁给了陈平。这种婚姻对张家来说，有点丧权辱国割地赔款的意思了。同时也从一个侧面反映了，这位死了五次丈夫的女人当时的境况怎么样。张负生怕陈平退货，所以不仅倒贴钱，还叮嘱孙女一定要伺候好陈家一大家子人。对于陈平来说，看上的就是张家的钱。万一姑娘长得漂亮，陈平就忍了。万一姑娘长得鬼斧神工，那陈平也忍了。看在钱的分上，一切都不是事。

出处

张负归，谓其子仲曰："吾欲以女孙予陈平。"张仲曰："平贫不事事，一县中尽笑其所为，独奈何予女乎？"负曰："人固有好美如陈平而长贫贱者乎？"卒与女。——《史记·陈丞相世家》

陈平有了钱，那交友圈子就更上一层楼。陈平混得越来越高级，终于从帮人料理丧事到了分县里祭祀用的肉。这就说明他从乡里混到了县里，从大户人家混到了官府圈子。这时候的陈平还会把村里乡亲们传的闲话当回事?

后来天下大乱，陈平毅然决然地去投奔刚刚复国的魏王君主魏咎。到那陈平就看出来了，魏咎是个傀儡，丞相周市是个莽夫。没关系，陈平是个敬业的人。别看他是新来的，但是陈平依然积极地献计献策。这样搞，让以前那些当大官的老粗们怎么受得了?因此，不少人避开陈平业务能力不谈，从道德角度批判陈平是个很三俗的人。陈平一看这帮反三俗的专家学者太无敌，干脆跳槽，投奔了项羽。项羽很喜欢陈平，拜爵赐金。后来在鸿门宴上，陈平很佩服刘邦借口上厕所而跑路的行为，也就是这时候，陈平结识了张良。陈平和张良一见如故，因为他俩是那个时代最聪明的人。不同的是张良善阳谋，陈平善阴谋。

项羽分封十八路诸侯的时候，还记着鸿门宴大仇的范增建议项羽软禁刘邦，不让刘邦回国。这时候是陈平站出来，力主放刘邦回国。项羽本身就不太愿意采纳范增的计策，所以就放了刘邦归国。等到刘邦平定三秦的时候，殷王司马卬蠢蠢欲动。赶上田荣反齐，项羽在山东作战无暇西顾，所以项羽派陈平去平定殷王。司马卬见陈平来了，马上投降了陈平。陈平一走，赶上王陵投降刘邦，韩王信打败郑昌，河南王申阳降汉，殷王司马卬又投降了刘邦。

项羽怒不可遏，田假在山东是个废物，让田横复反。这么看来，陈平也是个废物，让司马卬复反。项羽前脚杀了田假，陈平后脚就跑路投奔了刘邦。刘邦有了陈平，那是如虎添翼。对于刘邦来说，下一个要解决的问题就是河北的陈馀。只要解决了河北，刘邦就能跟项羽决战。

第二十六章 对决前的那点事

楚王朝建立之后，项羽更多的是在拉低节操的下限。项羽背信弃义，挑动战争，屠杀百姓，无恶不作。站在项羽的对立面，刘邦也是个不断丢弃节操的人。但同样是抛弃节操，由于扔法不一样，所以结果也就不一样。

比起项羽那么赤裸裸，刘邦玩得相对比较含蓄。比如说陈平加入刘邦阵营，刘邦看了陈平的履历之后，马上让他当都尉。这其实是刘邦玩的一出政治手腕，只要是项羽的人，来了起点都很高。就像韩信、陈婴、英布一样，来了就是高位，绝不从基层干起。刘邦为的就是借此欢迎项羽的人都来投奔自己。

后来刘邦和陈平聊了两句，顿感相见恨晚。所以出入都和陈平坐同一辆车，这种殊荣让刘邦其他手下非常羡慕嫉妒恨。

出处

于是汉王与语而说之，问曰："子之居楚何官？"曰："为都尉。"是日乃拜平为都尉，使为参乘，典护军。诸将尽劝，曰："大王一日得楚之亡卒，未知其高下，而即与同载，反使监护军长者！"——《史记·陈丞相世家》

陈平初来乍到不仅官位高，还是刘邦的近臣。所以刘邦手下的老人对陈平的态度两极分化。地位低的就巴结陈平，希望他在汉王面前替自己美言几句。地位高的就很不爽，凭什么这人来了就跟我们平起平坐？比如说周勃和灌婴，这二位论亲疏、战功都在刘邦手下是前几位的，他俩就看陈平很不爽。所以这二位就去告状，说陈平是个小白脸，年轻那会儿跟自己的嫂子有超友谊关系，人品恶劣。而且陈平加入汉军之后，公然收受贿赂，涉嫌腐败，必须严惩。再一个陈平跟过魏咎、项羽，再到汉国来，简直是三姓家奴。

出处

绛侯、灌婴等咸谗陈平曰："平虽美丈夫，如冠玉耳，其中未必有也。臣闻平居家时，盗其嫂；事魏不容，亡归楚；归楚不中，又亡归汉。今日大王尊官之，令护军。臣闻平受诸将金，金多者得善处，金少者得恶处。平，反覆乱臣也，愿王察之。"——《史记·陈丞相世家》

刘邦本来对陈平，跟对张良感兴趣的程度差不多。听完周勃和灌婴的告状后，马上对陈平有了新的认识，这是个英雄！为啥呢？因为刘邦也是这样的人。当领导的其实很喜欢贪财好色的属下，这样的人好控制，永远都有把柄在领导手里。领导怕的就是岳飞这样的人，不贪污不好色，战功赫赫，为人耿直。你拉拢他他洁身自好，你排挤他他撂挑子回庐山种地。别人打仗是为了宋高宗的半壁江山，他打仗为的是迎回二圣。宋高宗再讨厌这个理念，也得说岳飞说得对，谁也不敢说不迎回二圣。

正是因为这样，陈平这样节操有亏的人，让刘邦格外喜欢。但是周勃、灌婴这样的重臣都告状了，刘邦怎么着也得叫来陈平聊聊。小陈啊，说说吧，你是怎么把嫂子弄到手的？公然受贿是怎么回事？尤其是跟嫂子那点事，说得越细致越好。

陈平很清楚，都说他盗嫂昧金，其实领导并不关心这些。但是必要的解释还得有，盗嫂这事就不解释了。至于受贿，那得解释一下。不是我小陈想受贿，关键是入职这么久，不仅不发工资，连办公经费都没有。不受贿别说没法生存，连日常工作也不能做啊。再说了，我不受贿，你知道谁行贿？那些洁身自好不受贿的，都是好人吗？有可能是搞事情啊。还有，行贿这帮人连我都送钱了，能不给萧何、曹参、周勃、灌婴送钱？都是一个办公室的程序员，谁给谁讲java啊。

刘邦对陈平越发满意，不仅没有处罚陈平，还对其委以重任，甚至给他拨下巨额的办公经费让他自由发挥。刘邦就有个当领导的样儿，我管你贪污不贪污，我的预算就是这些钱，你把事办好了就行。如果你办事只花了一块钱，那是你的本事，我也不能把多余的钱要回来。所以你看陈平既懂刘邦的心思，又有极强的业务能力，所以无论是楚汉之争，汉朝初年的削藩事件，还是刘邦大战匈奴冒顿单于，陈平都是政坛不倒翁，一直发挥着不可或缺的作用。陈平善于用钱，对他来说，没有用钱解决不了的问题，哪怕是日后那次关乎整个汉族命运的白登之围，打仗解决不了的问题，陈平愣是用钱解决了，包括那个看陈平不顺眼的周勃，若干年后陈平想用他平诸吕的时候，也是拿钱解决的，这就是本事。

出处

汉王乃谢，厚赐，拜为护军中尉，尽护诸将。诸将乃不敢复言。——《史记·陈丞相世家》

刘邦有了陈平，正经是如虎添翼。如今从四川到陕西，从陕西到河南都是刘邦的势力范围。刘邦从容地进入了洛阳，然后接受当地人的建议，隆重地为义帝发丧，然后传檄天下诸侯，号称要灭了那个杀害义帝的逆贼。自此，刘邦占据了道义上的制高点，正式和项羽分庭抗礼。

下一步，刘邦要解决的是河北问题。在河北，陈馀终于如愿以偿地当了代王。不过刘邦收留了他的敌人张耳，就意味着刘邦站在了陈馀的对立面。

从数学的角度讲，张耳孤身一人，陈馀兵强马壮一统赵国，怎么说为了张耳得罪陈馀都是不划算的买卖。这事如果让项羽选择，他定会斩杀张耳拉拢陈馀，回头再做掉陈馀。刘邦不一样，同样是没节操，你看刘邦玩的都是项羽不能想象的。刘邦给陈馀写信，让他归顺汉国征讨项羽。理由那是大义凛然，就凭项羽杀了义帝，光这条就是死罪。

陈馀不关心那些没用的，他就一个要求，杀张耳他就归顺。

当年项梁也面对过这个选择题，田荣说过，杀田假他就归顺项梁打章邯。项梁来不及做选择，因为田假当时在楚王熊心手里，他说了也不算。熊心不杀田假，田荣就作壁上观，项梁势单力孤，被章邯斩杀。

再看刘邦，人家有的是办法解决这个问题。不就是杀张耳嘛，简单。刘邦派人找了个跟张耳长得相似的人，砍下头颅化化妆，派人送给陈馀说是张耳的头。人头啊，想想看是多么恐怖。陈馀一不是职业法医，二不是职业尸体美容师，三不是心理变态，你让他仔细观察一个血迹斑斑且面目狰狞的人头？弄不好运输过程中还有不同程度的腐烂，一般人还真看不了这个。

陈馀说让刘邦把人头送来很简单，真送来让他看他还真看不了。人就是这样，话说出来很简单，真论到事上就是两码事了。所以刘邦送给陈馀的那颗血肉模糊的人头，就这样蒙混过关，陈馀当即决定联汉伐楚，谁让项羽当初不封自己为王。

刘邦盘点了一下自己的实力，论地盘，他掌握了巴蜀、三秦、河南、代赵，以及大半个楚国，这还不算在山东跟项羽捣乱的田横。而项羽只有荆襄九郡的地盘。论兵力，汉王刘邦带领着塞王司马欣、翟王董翳、河南王申阳、殷王司马卬、赵王赵歇、代王陈馀、西魏王魏豹、韩王信八路诸侯下辖的五十六万大军，而项羽只有二十几万人马还陷入山东战场不能自拔。无论从哪个角度看，只要韩信能看住了昔日的战神章邯，刘邦有把握一举歼灭项羽。

刘邦信心十足，下一站，彭城。

第二十七章　英雄·美人·金钱

刘邦亲率塞王司马欣、翟王董翳、西魏王魏豹、韩王信、河南王申阳、殷王司马卬、赵王赵歇、代王陈馀共五十六万人马东击彭城，大军刚开拔，彭越前来归顺，联军瞬间又多了三万人马。彭越平定了魏国故地，刘邦就让西魏王魏豹回到自己的老家，当回了魏王，让彭越任魏国丞相。考虑到狄县田氏三雄一个比一个厉害，田儋、田荣的升级版田横拖住了项羽的主力人马，刘邦志得意满，抱定了必胜信念。

这事不仅刘邦这么想，项羽的亲信九江王英布、衡山王吴芮、临江王共敖、燕王臧荼也这么想。所以在项羽分身乏术的时候，这几位大神不约而同地采取观望态度，谁敢去碰五十九万联军？除非他疯了。

刘邦兵分三路，自己带南路军破夏阳（今陕西省韩城市），转而北上。曹参带领北路军渡黄河，进军鲁西南，连破王武程、龙且、项它，转而南下。中路军在周勃的带领下，连同彭越一起东进，和南北两路军会师之后直捣彭城。彭城守军瞬间作鸟兽散，刘邦取得彭城大捷，从容地进入了彭城。

对于刘邦来说，这个感觉很熟悉。一年前，刘邦在咸阳就有这个感觉。人活一辈子图什么？这是个值得思考的问题。对于大多数人来说，除了金钱、美女，还能图什么？一将功成万骨枯，王侯将相宁有种乎也好，均田免粮也好，天朝田亩制度也好，说白了归根结底就是为了钱和女人。这也不用论证，陈涉当张楚王为了什么？那是为了钱和女人，吴叔什么的，杀就杀了，要不会耽误自己享受钱和女人。李自成攻下北京城干了什么？还不是满城搜罗钱和女人。什么刘宗敏、牛金星，谁也顾不上谁，各人抢各人的。洪秀全进了南京干了什么？还不是玩了命地搜刮钱和女人？一场自己人争权夺利的内斗，几万人为之失去了生命。

历史上的陶渊明很少，嵇叔夜也不多，更何况这些有生杀大权的底层革命者没受过多少良好的教育，指望他们境界有多高是不现实的。

刘邦带着各大诸侯进彭城，马上就瓜分了项羽从咸阳抢来的钱和女人。上次在咸阳，因为有项羽的大军在关外，刘邦享受到半截不得不忍痛封了府库，别了美女，毕恭毕敬地在项羽面前装孙子。现在不一样了，放着五十九万大军保护他享受钱和女人给他带来的低级趣味，还有田横这个硬茬儿帮他牢牢地拖住了项羽的人马，那还控制什么？

项羽早就知道刘邦出蜀，由于山东战事不定，所以他一直抽不出身来会会刘邦。这次不一样了，项羽从咸阳抢来的钱和女人都被刘邦分了，这里面有可能包括那位虞姬美人。项羽在山东一刻也待不住了，抽不出身来也得抽。虽说英雄难过美人关，但是能为了美人不要江山的，历史上还真不多见。哪怕是以情种著称的唐明皇李隆基，在马嵬坡前还是为了江山割舍了美人。反倒是皇太极和顺治爷儿俩一个为了宸妃毫无原则地从前线奔回沈阳，不久身亡，一个为了董鄂妃精神崩溃，很快也驾崩了。

项羽放下大部队继续对抗田横，他自己精选三万铁骑迅速杀往彭城。不为别的，那里有他的钱和女人。项羽快速行军，刘邦压根不知道这一切。或者说他根本不想知道，在刘邦看来，但使山东田横在，不教项羽过泰山。哪儿想得到项羽这么机动灵活，在联军没有任何准备的前提下迅速南下。联军麻痹大意，又互不统属，根本组织不起有效地抵抗。项羽先破樊哙，后战彭城。只需一个上午，联军就知道了什么叫恐怖。付出了十万人生命的代价后，联军退出彭城。项羽恃勇追击，联军一败再败，每次失败都要丢下几万具尸体。刘邦狼狈亡命，连儿子和女儿都扔了。夏侯婴一次次含泪救起这对落难兄妹，刘邦一次次为了座驾的轻量化设计抛弃儿女。刘邦一路溃逃，身边还剩十几个人。好在刘邦的大舅哥吕泽收拾兵马在下邑（今安徽省砀山）稳住了阵脚，让刘邦有个落脚之处。审食其负责护送刘邦的老爹和老婆，结果被楚军打包活捉，不过幸好夏侯婴救起了刘邦的儿女，这非常重要。

出处

汉皆已入彭城，收其货宝美人，日置酒高会。项王乃西从萧，晨击汉军而东，至彭城，日中，大破汉军……杀汉卒十余万人……多杀，汉卒十余万人皆入睢水，睢水为之不流……汉王道逢得孝惠（刘邦嫡长子）、鲁元（刘邦长女），乃载行……推堕孝惠、鲁元车下，滕公（夏侯婴）常下收载之。如是者三……是时吕后兄周吕侯（吕泽）为汉将兵居下邑，汉王间往从之，稍稍收其士卒。——《史记·项羽本纪》

汉王以故得劫五诸侯兵，遂入彭城。项羽闻之，乃引兵去齐，从鲁出胡陵，至萧，与汉大战彭城灵壁东睢水上，大破汉军，多杀士卒，睢水为之不流。乃取汉王父母妻子于沛，置之军中以为质。——《史记·高祖本纪》

被人打到十几个人还能翻身的，一般来说有两个条件。其一，这些被打散的人马必须躲进深山老林这样不适合人类生存的地方去。其二，有更强大的势力参与进来分散敌对势力的注意力。

这样的例子在历史上并不多见，原谅我只能想到被洪承畴、孙传庭打得还剩十七人而藏入商洛山的李自成，恰逢后金在东北搞事情，这才让李自成有了喘息的机会，夺了大明的江山。刘邦不是李自成，也失去了逃进芒砀山的机会。在荥阳的刘邦怎么翻身？有两个人还了刘邦一个奇迹。

刘邦这些年攒下的家底全部败光，包括他的老婆和父亲也落入了项羽手里。但是在彭城之战以前，刘邦手下有两个人不在彭城战场。一个是在刘邦大本营栎阳的萧何，一个是在废丘跟章邯较劲的韩信。萧何保证了刘邦有钱，韩信明着是在围困章邯，实际上一直做着训练精兵的工作，他保证了刘邦有兵，而且是训练有素的职业军人，跟诸侯们五十六万起哄观众压根不是一个概念。

这个差距很大，比如说彭城战场上，混饭吃的五十六万大军在撤退的时候毫无章法，不用项羽去杀，自己人因为无秩序发生的踩踏事件就能死几万人，这叫溃退。再看彭越的三万职业军人，怎么退，什么时候退，谁先走，谁后走，谁断后都安排得妥妥的。所以诸侯们几十万人都打没了，彭越的三万人一直是让项羽头疼的精锐。

再往后，吊诡的一幕出现了。韩信虽然练兵，但是时日尚短，还得对抗章邯，所以不可能调往下邑太多兵力，所以刘邦不得不把三秦的老弱病残都补充到前线。刘邦的盟友当中，彭越坚决贯彻游击战的策略，暂时不能增兵下邑。殷王司马卬和河南王申阳战死，塞王司马欣、翟王董翳再次回到项羽的阵营，陈馀发现张耳并没有死，于是带着赵王歇也跟了项羽，除了首鼠两端的魏王豹，刘邦失去了所有盟友。

但是即便是这样，项羽居然没有一举歼灭刘邦。个中缘由，我认为是以下几个方面。

首先说五十六万联军攻下彭城的时候，诸侯部队多数是来凑数的，而刘邦的部将则带着本部人马驻扎在彭城周围，并不是项羽的主要打击对象。所以刘邦在荥阳收集残军的时候，士兵虽然伤亡极大，但是将军没有减员，这是刘邦后来可以稳坐荥阳的先决条件。

再说项羽，之所以着匆匆忙忙地带着三万人就跟联军拼了，他为的是彭城的钱和女人。现在钱和女人追回来了，所以项羽的战斗意志和当初不可同日而语。

还有一点很重要，山东田横是项羽的心腹大患，彭越的精锐又神出鬼没，最最要命的是这时候英布归顺了刘邦。这三位成了项羽后方强大的不稳定因素，让项羽不能全身心地投入战场。

刘邦现在孤家寡人一个，这时候英布为什么加入刘邦阵营呢？原因很简单。当初五十六万联军攻打彭城的时候，所有人都觉得项羽必败，所以英布选择了观望，并没有帮助项羽。谁承想项羽用了三万骑兵翻盘，搞得英布措手不及。如今又是项羽的天下，英布想不被清洗，只有跟着刘邦这一条路。

总结一下彭城之战，其实就是金钱和美女的争夺战。秦始皇、秦二世搜罗的金钱美女被项羽抢走，转而又被刘邦带着五十六万人占据，随后项羽又带三万人抢回来的故事。

刘邦在下邑稳了稳心神，收集了一下附近的残部，问张良在这种众叛亲离的情况下，怎么用函谷关以东的土地拉拢诸侯助他灭楚呢？张良说这些货都是墙头草，没有用。不过用这些土地拉拢以下三个人，必能灭楚。这三个人是：韩信、彭越、英布。

刘邦带领大军离开下邑，转移到虞县（今河南省虞城县）。然后开始琢磨张良口中可以灭楚的三个人。韩信是自己人，这个好办。彭越也是自己人，也没问题。关键是这个英布，都知道他和项羽有隔阂，怎么才能拉拢他呢？而且眼下刘邦和自己的大后方被项羽隔开，随时可能完蛋，而田横不足以拖住项羽，非常需要英布这样的高人出来拖住项羽。关键时刻辩士随何主动请缨，去策反英布。

当时英布虽然没有明着跟项羽翻脸，但是这层窗户纸捅不捅破都没多大意义了。项羽击溃刘邦的联军发生在汉二年四月，到了五月，刘邦迂回到自己的地盘荥阳，而韩信带着萧何的关中精兵也到了前线。至此，刘邦终于可以松口气了。

这时候，项羽也派骑兵杀到了荥阳，但是一路没遇到像样抵抗的楚军骑兵在荥阳城外遇到了刘邦的郎中骑兵。郎中骑兵是汉军精锐，是韩信带来当紧急救火队的。此时韩信是刘邦帐下最有实力的将军，而论亲疏资历却是最低。论人缘也够呛，陈平都受排挤，何况当大将军的韩信？所以韩信不会亲自带领这支部队杀敌，就连队伍中公认最能打的李必、骆甲也借口自己的秦人身份不敢带头。谁都知道此战意义重大，谁也不敢轻易出头。最后刘邦让年轻又能打的灌婴领头，让李必、骆甲协助，汉军跟楚军在荥阳以东迎来了殊死搏斗。这支郎中骑兵继承了秦人善用骑兵的光荣和传统，白起、王翦、蒙恬在这一战灵魂附体，这一刻，灌婴不是一个人在战斗，他不是一个人。

出处

楚骑来众，汉王乃择军中可为骑将者，皆推故秦骑士重泉人李必、骆甲习骑兵，今为校尉，可为骑将。汉王欲拜之，必、甲曰："臣故秦民，恐军不信臣，臣愿得大王左右善骑者傅之。"灌婴虽少，然数力战，乃拜灌婴为中大夫，令李必、骆甲为左右校尉，将郎中骑兵击楚骑于荥阳东，大破之。——《史记·樊郦滕灌列传》

最终，这场骑兵对抗战以汉军的胜利而告终。这就是历史上著名的京索之战，暂时保住了荥阳的安全。这时候，魏王豹借口回家探望父母的病情，回到山西马上就归顺了项羽，这让刘邦恨得牙根痒痒。不过从此以后，楚汉之间陷入了相持的局面。

从项羽的战略部署看，项羽并不急于在荥阳决战，楚军的战略意图是控制荥阳以西的成皋，所以在长达两年半的时间里，楚汉之争最激烈的战场就在成皋。

六月，刘邦立嫡长子刘盈为太子，同时在关中建立完整的国家机器，让萧何辅佐太子固守大后方。这一手让群臣吃了个定心丸，比起项羽，跟着汉国更有前途。就算刘邦死了，不耽误大家辅佐刘盈当开国功臣。而项羽则不同，他要是意外"躲猫猫"死了，楚国也就完蛋了。

此战以后，刘邦算是活明白了。盟友是不可靠的，金钱美女是会让人堕落的，项羽是随时可能发疯的，战争不是那么简单的。

第二十八章　英雄谢幕

陕西，在今天那是中国的腹地。在秦末那会儿，陕西那是正儿八经的大西北。今天的甘肃境内，在当年都是游牧民族的地盘，秦朝那会儿在甘肃活动的还是月氏人。截止到彭城之战结束，成皋之战进入僵持阶段。在遥远的大西北还有 块被遗忘的城池废丘，还有一群被遗忘的人。为首的，就是昔日的战神章邯。

章邯的人生充满了大起大落，跟历史上那些威震天下的大英雄谢幕时的演出相比，章邯显得并不悲壮。

比如说商纣王东征南讨威震天下，后来牧野一战不幸败给了周武王，输掉了全部身家。商纣王本着宁死不辱的原则，举火自焚。

再比如冉闵横扫中原，胡人无不闻风而丧胆。后来冉闵遭遇燕国名将慕容恪，因寡不敌众战败被擒，临死还大骂燕主慕容儁狼心狗肺。即便是冉闵死了之后，还吓得燕国皇帝慕容儁遇到大雪以为是冉闵显灵。

再看章邯，当初威风时平趟起义者联盟，到了谢幕时居然再度品味着无可奈何的感觉，而且比第一次更加绝望。头一回那是在巨鹿之战的时候，大将王离不幸遭遇到了打了鸡血不按套路出牌的项羽，不幸全军覆没。这样一来章邯陷入了被动。但是这并不代表章邯打不过项羽，因为那时候无论是章邯投降项羽，还是项羽接受章邯投降，那都是形势所迫，绝对不是因为这两人在战场对手多年而惺惺相惜成了好友。那样的故事只适合李云龙和楚云飞、关云长和黄汉升，根本不适用于项羽和章邯。项羽不能全歼章邯部而选择受降，那是因为他抽风砸了船只，只带了三天口粮，张耳的粮食不够楚军吃的。而形势留给章邯的选择也不多了。干掉张耳和项羽？够呛了，因为朝廷早已不发粮草，章邯军也饿着呢。来个诛赵高清君侧？也够呛，他前脚走项羽后脚就能追上去掩杀，所以不能撤。自杀以报朝廷？凭什么呀？所以章邯根本没有过多选择，绝望中的章邯虽然不想，但是他只能投降。

章邯第二次绝望就是在废丘了。韩信出三秦的时候，就算韩信出兵神出鬼没，但也不代表章邯就打不过韩信。导致章邯被韩信围在废丘有两个原因，一则是章邯没想到项羽的节操比他想象的要低。虽然项羽封章邯为雍王，接着项羽就杀了章邯手下二十多万秦军。本来凭章邯这实力，无论加入谁的阵营，都没人能控制他。可惜的是失去了这些部队，别说章邯当雍王了，当玉皇大帝都不好使。

第二点是章邯没想到自己的队友司马欣和董翳居然背叛组织造反起义，章邯堵得住褒斜栈道，却没有多余的兵力堵住陈仓道，兵力不足的章邯只好退守废丘。更让章邯窝囊的是，即使在彭城之战以后，司马欣和董翳这俩人又背叛了起义军而重回组织怀抱，但是他俩依然没有去救援一下废丘的老上司章邯。你要说以前是韩信围困废丘，那俩人不去救还能说得过去。这时候围困废丘的汉军已经和当初不一样了，韩信带着主力军驰援彭城，留下的也不是什么精锐，无论是数量还是质量都跟当初不可同日而语。可惜在那个被遗忘的时光里，远在大西北的废丘和章邯，也被项羽遗忘。正因为如此，这次留给章邯的选择比巨鹿那次还少。要说学灌婴死战吧，章邯手下这帮兄弟早就不是当年那些精锐的秦军了，死战的结果就是战死。学司马欣当个墙头草吧，又不符合自己的性格。如果投降效忠刘邦呢，又对不起自己战死的弟弟章平。要说继续效忠项羽吧，又对不起被项羽忽悠的自己。假如自立为王，可惜身边没有嫡系。要是揭竿而起，章邯在三秦又没有人望。所以一代名将章邯，最后只剩下了绝望，比在巨鹿的时候还绝望。

那是在刘邦稳定了荥阳战线之后，刘邦和项羽都心有灵犀地选择了休战。或许项羽也明白了一件事情，天下英雄，唯汉王与籍尔。两位在荥阳掰了半天腕了的英雄，不约而同地选择了转身，各自去打扫各自的后院。刘邦往北，项羽往南。

刘邦要收拾革命者联盟的叛徒们，项羽要修理“二五仔”英布。在此之前，刘邦告诉韩信，是时候干掉章邯了。韩信领命，使出了自己压箱底的大招，水淹废丘城。章邯没兴趣继续挣扎了，做困兽之斗容易，但是他不可能两次坑死自己的部下，是时候做个了断了。章邯拔出了宝剑，对于一名军人来说，战场上把最后一颗子弹留给自己是光荣的。章邯挥剑自刎，成全了自己，也成全了自己的兄弟，同样成全了废丘百姓，成全了围困废丘的汉军士兵。章邯和蒙恬一样，离开了这个不属于他的舞台。

出处

汉二年六月，汉军引水灌废丘，废丘降汉，章邯自杀。——《史记·高祖本纪》

章邯传奇的人生是那个时代的另类，他跟那些主流英雄的出身就不一样。在群雄逐鹿的秦末风云中，别管各路诸侯祖上多荣耀，只有章邯自己是上流社会出身。章邯年纪轻轻就当了少府，位列九卿。少府就相当于后世的户部尚书。在丞相王绾死之前，少府章邯和廷尉李斯是平级官员，享受银印青绶、一年两千石小米的待遇。后来周文寇关，少府章邯临危受命，从管国家钱变成了管国家兵，章邯完成了华丽转身。跟章邯打仗，死了太多英雄人物，周文、陈涉、魏咎、田儋、周市、项梁等一方霸主都是在章邯面前知道了什么是社会。章邯虽然不是军旅出身，但是在他人生巅峰的时候，大秦帝国硕果仅存的军三代王离都归他指挥，章邯俨然是那个时代的蒙恬。

当然了，赵高容不下有实力的人物。能跟赵高权势相当的丞相李斯、大将军蒙恬、上卿蒙毅、老将军冯劫、丞相冯去疾都被搞死了。章邯成了蒙恬翻版，当然荣幸地被选入赵高制定的死亡名单。

就这样，章邯遇到了命中的克星项羽，从此章邯的人生无法逆转，一步步走到了自杀的道路。

刘邦解决了后院的章邯，可以集中精力一路向东。而项羽在没有解决掉后院田横的情况下，开始招惹原本可以争取过来的英布。刘邦和项羽都各自演绎了太多的精彩片段，接下来的舞台，请交给韩信。

第二十九章　风起云涌的灭国之战

在战争年代，一场战役下来就能证明谁是名将。但是在和平年代，谁能当上大将，这个标准就不大统一了。而且将才和帅才是两回事，比如说刘邦帐下能冲锋陷阵的将才有的是，真正能总揽全局的帅才只有韩信一人而已。正如韩信自己说的那样，论带兵，刘邦最多能指挥十万人，而他自己则是多多益善。其实刘邦也认同韩信比自己强太多，后来他也说过："连百万之众，战必胜、攻必取，吾不如韩信。"或许这从另一个侧面也解释了为什么刘邦带数万之众可以高歌猛进进入咸阳，而带六十八万大军却干不过项羽。

秦末、楚国、汉初这几年，真能称得上帅才的人不多，蒙恬指挥过三十万大军北逐匈奴，这是帅才。任嚣带了五十万大军平南，做成了太尉屠睢没做成的事业，这是帅才。章邯，带过七十万新兵打得陈涉一败涂地，后来精简部队横扫中原，指挥所有秦国正规军和边军围困张耳，差点完成一代伟业，这是帅才。再往后就是韩信了，项羽不算，项羽始终最得心应手的就是带领三万骑兵冲锋陷阵，指挥全局的能力还是差了很多。

荥阳之战之后，刘邦拜韩信为左丞相。从此汉军的军事行动，都围绕全局出发。而项羽之后的军事行动，第一参考要素就是自己的好恶。大家心照不宣地去打扫后院，刘邦让韩信抽空干掉了章邯。而项羽在不该招惹田家的时候惹恼了田家，真该彻底弄死田横的时候，居然放着田横不打去跟英布玩命。

英布这个人没法跟他谈政治节操，因为作为一个囚徒出身，他的人生目标就是活着。无论是反秦起义还是投身项羽麾下，英布就是想活着。刘邦指挥五十六万诸侯联军东征彭城的时候，英布只是表示不抵抗，他还是为了活命。等到项羽再杀回来，打得联军人仰马翻的时候，英布也没帮刘邦的忙。对于这样的人，其实项羽大可不必跟他较真，都是混口饭吃，谁对谁忠心啊。就算项羽看英布首鼠两端非常可恨，干脆派兵踏平英布的老窝，也算是解决掉一个早晚要解决的麻烦。可是项羽偏不，他解决英布的方式是派人去英布那里骂街，生生地把还在观望的英布骂进了刘邦的阵营。项羽该解决的麻烦一个也没解决，没杀了英布，没拿下田横，没收拾彭越，没联盟陈馀。

再看汉军这边，刘邦为了进一步巩固荥阳前线，要对西魏王进行打击。本来刘邦还派出名嘴郦食其去争取魏王豹，但是这哥们不听劝。郦食其不能白来一趟，虽然没能说服魏王豹投降，但是他窃取了魏国大量的情报。刘邦一看暴力是魏豹唯一听得懂的语言，那就给他点儿厉害瞧瞧。这次出兵的前线总指挥就是左丞相、大将军韩信，副将是灌婴和曹参，这支部队点名要杀魏王豹。

魏豹这个人其实很有意思，当初他借兵复国，自立为魏王。后来楚国建立，项羽封他为西魏王，导致魏豹对项羽不满。后来刘邦出三秦，魏豹本着墙倒众人推的原则跟随刘邦东征彭城。后来联军被项羽击溃，诸侯们各自逃命，活着的都再次降了项羽。魏豹的地盘在平阳，就是今天的山西省临汾市。他离项羽很远，离跟汉国腹地三秦直接接壤。按理说只要他脑子没问题，不应该背汉降楚。项羽隔着千山万水没法打他，也就意味着刘邦收拾他的时候项羽也没法救他。那这哥们为什么跟刘邦对着干呢？原因居然是因为一场算命。

原来在秦汉时期，有个叫许负的女相师非常有名。看相的什么时候都不缺，许负闻名，那是汉文帝以后的事。就魏豹当西魏王的时候，许负的知名度仅仅是在街头巷尾。彭城大败之后，别人都有万机待理，魏豹却在这时候娶了一房漂亮媳妇，此女就是薄姬。老魏怎么说也是西魏王，家里边的媳妇应该少不了。那么说薄姬该怎么脱颖而出独霸后宫呢？哎，薄姬的妈妈非常聪明，请来了老神婆许负给薄姬相面，完事非说薄姬将来生的儿子能成为天子。这就是典型的拍马屁，很明显是薄姬母女玩的手段。但是魏豹信了，既然他儿子能当皇帝，也就是说他魏豹也能当皇帝。既然魏豹能当皇帝，那就不能给别人打工。那就没什么好说的了，刘邦，本王独立了。

出处

媪之许负所相，相薄姬，云当生天子。是时项羽方与汉王相距荥阳，天下未有所定。豹初与汉击楚，及闻许负言，心独喜，因背汉而畔，中立，更与楚连和。——《史记·外戚世家》

但是魏王豹有独立的资本吗？咱听听刘邦怎么说。就在韩信出征之前，刘邦问郦食其魏国的总指挥、起兵大将和步兵大将是谁？答曰：栢直、冯敬、项它。刘邦微微一笑，说栢直太年轻，不是韩信的对手。冯敬虽是名门之后，但也不足以匹敌灌婴。项它比曹参差远了，曹参每战必胜。韩信很纳闷，根据他的情报，魏国第一名将是周叔，不应该是周叔当大将吗？郦食其确定一定以及肯定确实是栢直当大将。韩信立马宣布，走，去灭了魏国。

魏豹的地盘正好在荥阳西北，成了悬在荥阳头上的一把刀。韩信带着灌婴和曹参从三秦出兵，早早就放出风去要灭了魏豹。魏豹为了阻止韩信，进行了周密部署。从战略的角度讲，韩信调集废丘的汉军东征西魏，应该出咸阳往东北方向走临晋（今陕西省大荔县）渡黄河，然后北上攻打重镇安邑（今山西省夏县）。所以魏豹集中优势兵力去黄河东岸的蒲坂（今山西省永济县）布防，想来个以逸待劳。

韩信带兵出三秦的时候，就玩了出明修栈道暗度陈仓。这回打魏豹，韩信依然是故技重施。韩信的行军路线是出咸阳一路向东，跟魏豹的预判吻合，但是无论韩信走不走临晋，前期都得往东北方走。魏豹的行军路线是沿着黄河一路向南，今天山西和陕西交界处的黄河走向是南北向，也就是说韩信想从哪儿过河，其实一开始看不出来。但是魏豹不在哪儿布防，韩信是看得出来的。那时候的战争，双方互相派遣斥候、间谍都是很平常的事。韩信大军到了黄河边上的临晋，魏豹也在河对岸的蒲坂布防。那就行了，韩信留下道具组和群众演员在临晋高调组织船只，然后韩信带领主力悄悄沿黄河北上到夏阳（今陕西省夏阳县），然后用竹筏子渡河，汉军直捣魏国重镇安邑。攻下安邑以后，韩信把魏豹和魏国都城平阳（今山西省临汾市）给隔开了。魏豹坐不住了，老婆孩子还在平阳呢。所以魏豹从以逸待劳变成了仓促北上，正好落入韩信部署好的埋伏。魏军战败，魏豹被俘，韩信成功灭掉魏国，解除了荥阳危机。

你看刘邦表现得就比项羽强。同样是面对二五仔，项羽容不下英布，而刘邦就容下了魏豹。刘邦不仅没有杀魏豹，还让他和周珂一起镇守荥阳。至于魏豹的老婆们，刘邦最起码把绝色美女薄姬带走了。若干年后，薄姬给刘邦生了刘恒。当吕后和戚夫人打得不可开交的时候，薄姬明哲保身，远离长安。诸吕之乱以后，代王刘恒被拥立为皇帝，是为汉文帝，薄姬就当了皇太后。汉文帝为了证明自己继位的合法性，又把许负这个神婆子拿出来说事，把许负说薄姬一定能生个皇帝的言语大加包装，以至于江湖上盛传许负的传说。甚至皇帝废掉周亚夫，也拿许负的测算说事，许负从此成了国家级的御用神棍，甚至传言她是黄石公的弟子，张良都不知道自己有这样一个师姐。只能说刘恒这手深得刘邦真传，只不过刘邦造神太多，实在没工夫再包装一个当年给吕后相面的老头出来。当然了，刘邦是不知道诸吕之乱的事。要不然老头说刘盈贵不可言的测算就穿帮了，刘盈这皇帝当得多窝囊，只有他自己知道，正儿八经的爹不疼娘不爱。

然而韩信灭掉魏国之后并没有停下征战的脚步，下一站，代国。

韩信破魏之后，有种在雾霾城市待久了，忽然到环境幽雅的高山上大口呼吸新鲜空气的感觉。就一个字，爽。

想想看其实韩信出道很早了，项梁刚宣布起义的时候，韩信就投奔了项家。只不过项羽不看韩信的个人简历，直接就根据韩信的体格把他安排在贴身侍卫的岗位上。侍卫是个很好的职位，尤其是韩信做的这个持戟郎，属于侍卫中的最高级别，用我们熟悉的清宫剧的台词说，韩信这是赐穿黄马褂的御前带刀侍卫总管。你看他用的武器也跟别人不一样，戟不仅是单纯的武器，还是礼器，只有君王身边的贴身侍卫才用戟。《水浒传》里土匪头子宋江在身边安排俩用方天画戟的郭盛、吕方，就有点报复过去生活的意思了。

在动荡年代，当持戟郎的好处就是工作轻松，不操心，待遇好，风险低。你想吧，保护项羽的一定是数万大军，侍卫们更多的是当装饰使用，不需要他们冲锋陷阵。真要到了需要侍卫们保护大王的时候，那就赶紧跑吧，说明数万大军都没了。你看每到刘邦跑路的危急时刻，保护在刘邦身边的还真不是侍卫们，关键时刻挺身而出的总是樊哙、曹参、纪信、靳强、周勃、夏侯婴等。

韩信在这个安逸的岗位上一待就是四年。这四年里发生了太多大事，大秦没了，西楚来了。韩信突然间惊奇地发现：什么？大秦亡了？那我怎么办呢？

四年里，是人不是人的都在反秦斗争中涂鸦一把，尤其是项羽总在关键时刻能留下浓墨重彩的一笔。而韩信，一直悠闲地领着工资消耗青春。明明那些在反秦涂鸦板上乱写乱画的人们手艺不行，却没人给书画家韩信递上一支笔。

韩信不是没想过调调岗位，从保卫科往企划部挪挪窝也是极好的。四年来韩信没少跟项羽提出具有建设性意见的提案，但是项羽从不采纳。这都不是问题，因为韩信坚信项羽有犯愁的时候，只要项羽犯愁，就得有用参谋的时候。但是残酷的事实让韩信绝望了，项羽这个人真不能用常理推测。每当项羽犹豫不决的时候，闷头出去打一架事情就奇迹般地解决了。这事一而再、再而三地上演。从杀宋义到收章邯，再到废熊心建立西楚王朝，项羽就是这么简单粗暴地成功了。那韩信还有什么存在的价值？他都有点怀疑人生了。

其实项羽并不是不用谋士，只不过他用谋士的方式跟别人不一样。举个例子说，你看刘备遇到事情，就让诸葛亮策划方案，包括具体实施，都由以诸葛亮为首的谋士集团处理。项羽的谋士团相当于明朝内阁和清朝的军机处，那是由老板制定好政策，让谋士们按领导的意图办事。这个方式不光韩信不能接受，范增也不能接受。陈平比较圆滑开始还行，后来他发现项羽没有半点改变。既然是领导制定大政方针，谋士按照这个框框去办事。如果这个大政方针有问题怎么办？领导那是不负责任的，谋士全责。总之领导永远没有错，所以陈平一看这活没法干，跳槽。

韩信也是因为这样，跳槽跟了刘邦。韩信终于当了大将军，出三秦击败了没牙老虎章邯，然后就没打过像样的仗。终于，彭城惨败后的刘邦终于意识到战争不是闹着玩的，这才封韩信为左丞相，正式让韩信制定整个灭楚战略方案。韩信思路很清晰，《汉书》上记载韩信是这么说的：“北举燕、赵，东击齐，南绝楚之粮道，西与大王会于荥阳。”刘邦深以为然，让韩信单独开辟北方战场。这才有了韩丞相东进灭魏，活捉魏王豹的大功。

韩信是个战略家，所以他不可能冲锋陷阵。灭魏之战的精髓是韩信指挥的汉军行军路线。真轮到刀光剑影的战场上，猛将曹参冲锋陷阵是攻克安邑的大功臣。还有，曹参是刘邦的铁杆，有他在不怕韩信造反。灭魏之战结束，刘邦实在是顶不住楚军猛攻荥阳的压力，调走了韩信的精锐，而韩信和曹参的下一站就是代国，韩信只能以新招募的士兵作战。

简单回顾一下，这个代国在今天山西境内，既不在楚国，也不在汉国，属于楚汉之外的第三方势力。前边咱说过，田荣定三齐宣布山东独立之后，陈馀找田荣借兵，裹挟代王赵歇打跑了常山王张耳。陈馀和赵歇还挺五讲四美，互相非常客气。陈馀立赵歇为赵王，赵歇封陈馀为代王。陈馀心说小样你别来这套，我就在赵国当丞相，至于代国，就让夏说以代相的身份去管理。就这样，赵王歇和齐王广成了盟国，同为楚汉之外的第三方大势力。当然了，这两方的实际掌权人是陈馀和田横。

因为张耳的原因，陈馀和刘邦不可能在一个战壕共事。陈馀是儒将，恨透了刘邦用假人头忽悠他的伎俩。刘邦被拆穿了西洋镜，也不好再面对陈馀。所以韩信这次战争不用考虑太多，杀了陈馀就行。

要破赵国，必先剪除代国。没有什么特别的原因，按顺序来吧。镇守代国的是夏说，这是陈馀的死党。当年就是夏说定计，让陈馀找田荣借兵破张耳。对于韩信来说，这个对手并不难打败。

韩信的部队是有实际苦难，但是夏说也有难言之隐。简单说陈馀对赵歇都没有放心过。韩信兵犯代国，陈馀有三条路可走。其一，带领精锐部队增援代国。然后问题就来了，只要陈馀前脚走，后脚赵歇就得闹独立。就算赵歇没这念头，保不齐别人或者别的诸侯有这念头。也就是说，陈馀是绝对不会和赵歇分开，除非山无棱天地合，才敢与君绝。

那么说陈馀带着赵歇一起去前线怎么样？山西境内千沟万壑，去了守哪？没得守，又不放心河北的大好河山放在刘邦、田广、臧荼、项羽四家的眼皮子底下成真空地带，所以陈馀只能选第三条路。

与其驰援代国，倒不如留着有用之兵，防守太行山一线，阻止韩信进入河北。到时候赵军本土作战，韩信客场作战，大家就拼粮食呗。

所以我们如果看整个代、赵战场的形势，陈馀的举动是有意识地放弃代国。既然陈馀不出手，韩信作战就非常顺利了。韩信指挥若定，曹参勇猛无比。两人黄金搭档，在山西大破代军，曹参一直追到今天的太原活捉夏说，给大元帅韩信献礼。

代国既灭，这场游戏开始变得有意思了。根据韩信的战略架构，下一战是非常关键的汉赵之战。根据项羽的作战计划，一定要进一步加紧攻克荥阳的步伐。韩信打仗走哪条路，对手都难以琢磨。项羽打仗走哪条路，地球人都知道。韩信指挥的是整个汉国，项羽指挥的是自己的骑兵。所以韩信破代之后，整个战场都是他站在上帝视角指挥的。

项羽志在荥阳，陈馀目光盯着太原的韩信。然后问题来了，韩信带领的这票新军，根本不是汉军主力，还得分给曹参一部分扫清代国境内的敌对势力。即便是张耳这时候带了三万精兵跟韩信汇合，这支部队也不是汉军主力。难道说韩信、曹参、张耳跟陈馀决战就能击败赵国吗？不能够，张耳的到来，一方面是补充韩信的军队，一方面是吸引陈馀的注意力。韩信如果从太原出兵打赵国，一定是攻打赵国北部。但是区区三四万人的作战任务就是吸引火力，汉军的大招是刘邦抽掉了荥阳周边的队伍，要从河北南部北上攻打赵国腹地。

项羽压根信不过陈馀，自然不会与陈馀并肩作战。项羽在这个时候找到了攻克荥阳的机会。大战之前，战场形势就是韩信、张耳带领汉军跟陈馀在河北、陕西北方的交界处对峙，曹参为韩信扫清背后的代国残存势力，刘邦亲率大军坐镇河南北部兼顾荥阳和赵国，项羽带领大军继续加紧攻打荥阳。

也就是说，风起云涌的汉灭赵之战绝非“背水一战”四个字可以概括的，在整个楚汉大战场上面，这场战争绝非那么简单。

第三十章　一战封神的背后

韩信灭赵之战是楚汉之争中非常重要的一场战役。我们提起这场战争，往往会轻描淡写地一句话带过。总结起来那就是韩信擒魏、破代、灭赵、降燕、伐齐，仅仅用了一年半的时间，何等的霸气。但是细细分析起来，每场战争都不是那么简单。

很多名将在打仗的时候，都有自己固定的风格。比如说拿破仑，他打仗就是著名的三部曲，首先用炮兵攻击对方阵地，然后派骑兵冲锋，最后步兵上去结束战斗。虽然拿破仑具体作战时变化多端，但是这三部曲是必不可少的。

具体到韩信，他用兵讲究兵马未动，情报先行，不走寻常路，处处是疑兵。作为韩信的对手，你永远都不知道韩信的主力会从什么地方冒出来。

韩信破代国擒夏说，部队修整和张耳增援的地点是今天的山西省太原市。从今天的太原东进河北，必然要越过太行山。依照当时韩信的方位，陈馀准确地判断韩信、张耳一定会攻打井陉关口。

陈馀的判断没有错，韩信粮少，不可能舍近求远攻打别的关卡。陈馀为将多年，说他是个草包那就不科学了。陈馀带兵离开邯郸北上，防守井陉口，当然不能忘了带上赵歇。这时候，从陈馀的角度讲，要么出井陉跟汉军决战，要么等着汉军来找他决战，要么大家就原地对峙。从专业的角度讲，谁先出手，谁就吃亏。为什么呢？井陉口是个狭窄的通道，走这个通道不能集中优势兵力，很危险。

另外，陈馀主场作战，粮草充足。韩信客场作战，粮草转运不便。这种情况下，谁粮食少谁着急。韩信肯定追求速战，陈馀可以放心地把韩信拖死了算。粮草充足的王翦就是这样拖死项燕的，主场作战的司马懿就是这样拖死诸葛亮的。

所以陈馀打算拖死韩信，在战略上并没有问题。这里边有个小插曲，陈馀的参谋李左车是名将李牧的孙子。李左车顶着名将之后的光环提出绕道攻击韩信的辎重部队，这样困死韩信只需要十几天的时间。理论上李左车的主题思想和陈馀最初的部署是一样的，别管用哪种方式，都是用拖字诀。然而，这时候陈馀居然拒绝李左车的提议，决定带兵跟韩信决战。因此千百年来人们都说李左车聪明，陈馀是个傻子。事实上真是这样吗？还真未必，坐的位置不一样，考虑事情的角度就不一样。陈馀为什么一改常态急于决战呢？这里边是有原因的。

陈馀跟韩信在井陉口比赛消耗的时候，刘邦同学可算是逮着软柿子捏了。由于陈馀把赵国十几万军队都调到了北方，刘邦从河南北上，带真正的汉军主力横扫赵国南部。这支队伍里面有猛将靳歙、周勃、召欧、周绁，他们都是能打的汉子，这几位在荥阳、成皋一线被项羽压得喘不过气来，如今到了几乎没有什么防御的河北，个个都斗志昂扬。汉军一战克邯郸，再战拔襄国（今河北省邢台市）。当然了，他们不能继续北上。因为这支部队的主要任务是防守荥阳，如今调出来溜达溜达就是为了搞乱陈馀的部署，他们随时得准备驰援荥阳，毕竟项羽一直固执地认为拿下荥阳就等于要了刘邦的命。

陈馀得到消息，老窝都被端了，那他还能坐得住？此时陈馀的心情跟当初听说韩信拿下安邑的魏豹心情是一样一样的。魏豹不得不北上救援安邑，结果被韩信以逸待劳生擒。陈馀如果敢南下救援邯郸，那就不是刘邦的四大猛将等着埋伏的问题了，他身后的韩信一定会全力追击。

所以，陈馀没时间耗死韩信，反正自己兵多，除了找韩信决战干掉这几万兵马之外，陈馀一点选择的余地都没有。大战略上，陈馀已经陷入了被动。但是他十几万大军如果能够全歼韩信，这仗还有翻盘的机会。刘邦现在很忐忑，毕竟项羽盯着荥阳，而荥阳目前空虚，守将周轲是烈性汉子，副将魏豹刚被刘邦夺了媳妇，而且弄不好这哥们还做着当皇帝的美梦，压根指望不上。

下面，就轮到韩信表演指挥艺术了。首先，我们再来认识一位猛将兄。韩信的得力助手曹参在代国帮韩信打扫后院，顶替曹参的这位也不是吃素的，他叫张苍，爵封北平侯。

张苍师出名门，是大儒荀子的弟子，是李斯和韩非的师弟。张苍在荀子那里学的是理工科，尤其擅长数学和历法，此君将来还是汉朝度量衡制度的教父。这些学问在井陉口还用不上，此时张苍要表现的是武功，是他冲锋陷阵的时候了。

出处

左丘明授曾申（《左传》）；申授吴起；起授其子期；期授楚人铎椒，铎椒作《抄撮》八卷；授虞卿，虞卿作《抄撮》九卷；授荀卿；荀卿授张苍。——刘向《别录》

韩信按照自己的套路作战，首先探听陈馀方面的情报。据悉，陈馀没有在狭窄的井陉口设防。为什么呢？前面咱说了，陈馀急于决战。他绝不能在井陉口设防，因为这样做很有可能吓得韩信不敢过来。陈馀给韩信留足了空间，让他安安稳稳地通过井陉口，然后十万打三万，还是野战，没有理由不胜啊。但是，陈馀面对的是韩信，事情并没有他想得那么简单。

那是个月黑风高的夜晚，韩信派了一万大军通过井陉口，渡过绵蔓河，背水列阵。

转过天来，陈馀笑话韩信不会用兵，作为一个职业军人，背水列阵这是兵家大忌，韩信犯这样的错误，很快遭到了陈馀大军的打击，然后陈馀战败，张苍活捉陈馀。大家都夸韩信无敌的时候，韩信风轻云淡地说，这叫置之死地而后生。

这个令后世津津乐道的布阵之法咱一会儿再说，先聊聊三国时期的一个经典战例。那是诸葛亮一出祁山的时候，马谡依山设营，把军队置之死地，然后就没生，副将王平回去就找诸葛亮告状，马谡担了全责。再举个近点的例子，半年前那场彭城之战，汉军背靠睢水作战也没能置之死地而后生，反而被项羽的铁骑赶到河里。

那到底置之死地能后生吗？答案是不能。韩信轻描淡写的一句置之死地而后生，蒙了多少人。其实韩信取胜的关键根本不是背水列阵进入死地，重点是当夜那一万大军出动的同时，韩信另外派了两千急行军潜伏到陈馀大营的两侧。战争一开始，陈馀带领大军扑向韩信的一万诱饵，韩信的一万诱饵急速后退，此时水面上出现了汉军的船只，这一万大军迅速上船，变身水军。陈馀可没准备水军，所以赵军不具备下水追击汉军的能力。那双方就不可能展开野战，只能隔着水对射。韩信准备充分，而赵军在岸边连个掩体都没有，所以赵军作战失利，准备回家。与此同时，另外两千急行军迅速夺了陈馀的大营，换上汉军的旗号。赵军顿时大乱，韩信的一万精兵在张苍的带领下发起冲锋，失去大本营的赵军军心浮动，这才战败。所以说背水列阵不是关键，关键是汉军奇袭了赵军的大本营。

出处

于是信、张耳详弃鼓旗，走水上军。水上军开入之，复疾战。赵果空壁争汉鼓旗，逐韩信、张耳。韩信、张耳已入水上军，军皆殊死战，不可败。信所出奇兵二千骑，共候赵空壁逐利，则驰入赵壁，皆拔赵旗，立汉赤帜二千。赵军已不胜，不能得信等，欲还归壁，壁皆汉赤帜，而大惊，以为汉皆已得赵王将矣，兵遂乱，遁走，赵将虽斩之，不能禁也。——《史记·淮阴侯列传》

突袭大营这招用好了能制造不少奇迹，清乾隆年间，清军在平准噶尔的时候，叛军主将达瓦齐作战不力，带一万人退守格登山一带。清军副将阿睦尔撒纳带五千人悄悄逼近格登山，派阿五锡、巴图济尔噶勒、察哈什等二十二名骑兵侦察。骑兵们发现达瓦齐带两千来人驻守大营，主力七千多人驻扎外围。阿五锡等二十二人当机立断，马上趁着夜色对达瓦齐大营发起冲锋。达瓦齐惊弓之鸟，天黑又看不清清军有多少人，撒丫子就跑了，阿五锡等二十二人占据了达瓦齐大营，竖起了大清的龙旗。凌晨，阿睦尔撒纳带清军五千骑兵赶到，达瓦齐主力七千人趁着日出的光亮发现大营的旗号变了，当即选择了投降。这二十二名斥候兵创造了一场战争史上的奇迹，取胜的关键就是夺了对方的大营，乱了叛军的军心。

井陉之战以后，韩信也是出于技术保护的原因，愣说自己用的是置之死地而后生，坑了多少单纯的少年。在此战以前，韩信属于战场上的小学生，陈馀并不把韩信放在眼里。此战之后，韩信成了当时的战神。这事一传十，十传百，越传越邪乎。你想吧，一个人违背兵法规律背水列阵都能赢，这样的人还能用常理推断吗？千百年来，少有人注意韩信派两千奇兵攻占陈馀大营的事，大家津津乐道的一直是背水一战。

这一战，不是陈馀太㞞，关键是韩信太狡猾。韩信听说李左车曾劝陈馀偷袭自己的辎重部队，感慨不是李左车计划不行，也不是陈馀作战没谱，关键是怎么去用李左车这样的人，韩信自认为比陈馀有心得。

对于韩信来说，李左车非常重要。因为从出三秦到平赵国，韩信练了不少兵，却没培养自己的将领。这一路向东，韩信的副将都是刘邦的铁杆。李左车的到来，韩信有了第一个属于自己的嫡系。

所谓千金易得，一将难求。李左车战败逃走，就是韩信悬赏千金让人把李左车活捉送来。韩信傲了一辈子，唯独对李左车在自己最专业的领域表现出了极大的谦逊。韩信以师礼待李左车，请教李左车对天下大势的判断。李左车久在赵国，对燕国、齐国都很熟悉。李左车告诉韩信，燕王臧荼节操低下；齐王田广，吃够了没靠山的苦，很希望找个组织依靠。现在汉军高歌猛进，韩信一战封神。在北方大地上，到处传颂着战神韩信的威名。韩信采用李左车的计划，给臧荼写了一封信，晓之以利害。臧荼正担心韩信带兵北上，见了韩信的书信，马上表示投降。然后，重点到了，刘邦和韩信的矛盾突然显现出来了。这个矛盾影响了后面所有历史事件的走向，甚至为将来韩信身死未央宫都埋下了伏笔。

第三十一章　反间计

韩信是个很含蓄的人，除了在战场上，韩信说话办事其实都很被动，不是特别善于控场。这样的性格特点，很容易造成城府很深的假象，让刘邦不是很喜欢。你看韩信在他不喜欢的工作岗位上能干四年，就能知道这人办事有多被动了，这类人还有个特点，平时不怎么说话，一旦打开话匣了，那是滔滔不绝，能把积压在心里的话一次性都说出来。你看那些半路投奔刘邦的人，陈平一来就跟刘邦抛弃节操推心置腹，所以刘邦很喜欢陈平。郦食其一进门就摆出高阳酒徒的姿态，也深得刘邦欢心。陈平和郦食其有个共同特点，都是教刘邦如何夺天下。而韩信不同，韩信第一次和刘邦对话，就一个不小心话说得有点多。韩信讲讲怎么破项羽就好了，居然还教了刘邦这样一句话："以天下城邑封功臣，何所不服！"这句话刘邦记住了，原来韩信惦记着封邦建国，所以一直以来，刘邦都有意识地打压韩信，让他官位一直高高的，就是不给他爵位。

这就导致了出三秦成就了刘邦，战京索成就了灌婴，擒魏豹曹参封侯，灭赵国张耳封王。出三秦是韩信定计，围章邯是韩信出兵，战京索是韩信指挥，擒魏豹是韩信划策，灭赵国是韩信谋略，但是韩信并没有因为这些封爵，韩信也出于性格的原因没有主动争取。

本来韩信资历就浅，当大将军压根不能服众，这又不受刘邦信任。那刘邦的原则就是能不用韩信，就尽量不用韩信。韩信开始还是继续发挥着性格上的被动，他希望刘邦能够自觉，所以依然不去主动争取什么。

韩信并不是陈平，压根跟刘邦不是一类人，自然成不了朋友。韩信本事太大，项羽水平太强，刘邦还真不能没有韩信。所以刘邦玩了一出政治手腕，在韩信资历浅、功劳少的前提下，先后被刘邦封了大将军、左丞相。可以说韩信已经位极人臣，这让韩信没话说吧。

但是在那个年代，爵位可不是像后来那样是荣誉称号。你看清朝就算爵位封到了铁帽子王，也圈在京城非奉旨不许出京。汉朝之前哪怕封个侯爵，也是让该侯爷在封地自立王国。所以，韩信可以做大将军，可以当丞相，但是不能有爵位。无论韩信官位多高，依然属于刘邦的直属臣子。只要没有爵位，就不能独立。

韩信擒魏豹，刘邦捏了一把汗。韩信擒夏说，刘邦有些紧张。韩信灭赵，刘邦开始忐忑。韩信对燕国传檄而定，刘邦坐不住了。刘邦知道，下一步韩信该给田广、田横写信了。而且韩信还办了一件事，让刘邦很尴尬。平定赵国之后，韩信给刘邦写信，说此战张耳居功至伟，该封为赵王。

韩信这个人很含蓄啊，假如说他想骂谁像个娘们儿，绝对不会直接说的。他会说：这位先生，您是不是三月初刚过了节啊。韩信这一特点刘邦很清楚，而且刘邦还知道，韩信明着说张耳居功至伟该封赵王，实际上就是含蓄地说他自己该被封王。你想吧，当时的人只要不瞎，都知道灭赵之战的总指挥是韩信，韩信的功劳比张耳大多了。那既然张耳可以封王，韩信当然更能封王。

韩信的这封信，其实就是要功。刘邦能封任何人为王，唯独不能封韩信。尤其是韩信居然自作主张千金求购李左车，明显开始培养自己的嫡系，这让刘邦很不放心。所以，刘邦来了个不回应，反映出了他高超的政治智慧和没下限。

你别看刘邦对封王这事不回应，却干了一件一般人干不出来的事。你韩信不是有了李左车吗？装傻充愣的刘邦传旨，说太子刘盈需要好好学习天天向上，很可惜没请到好老师。听说李左车先生文武全才，那就麻烦李先生当个家教吧。也就是说，韩信刚得到李左车，还没焐热就被刘邦抢了。

这个事件造成了三大影响：其一，韩信算是真正认识了刘邦，知道了跟刘邦聊天就得直说，不能玩含蓄；其二，刘邦算是准备好了干掉韩信，一切都只是时间的问题；其三，李左车这个悲剧人物跟着陈馀遭活捉，跟着韩信成了政治斗争的牺牲品，刚打算登台表演就被刘邦扯下来当老师了。

韩信还没对这事做出回应，项羽强行中断了这出君臣斗。汉军平定赵国，斩陈馀、赵歇。与此同时，被项羽的使者骂急眼的英布在随何的忽悠下杀了楚使，正式宣布归顺汉王刘邦。英布前脚反，项羽后脚就派骁将龙且、项声带领精锐的娄烦骑兵攻打英布。英布是出了名的猛将，但是在龙且面前还是稍逊一筹，战败的英布收拾残部往西北方向逃窜，准备加入刘邦的队伍。

一个月后，英布加入了刘邦的阵营。按理说当年刘邦和英布平级，都是义帝的臣子。如今英布虽然跟了刘邦，怎么着刘邦也得给他王爵的待遇吧。英布这个人要的很简单，就想踏踏实实当个王。结果这次会晤让囚徒出身的英布都感到了刘邦的无理，因为像英布这么大人物来了，刘邦既没有周公吐哺那样思贤若渴的表现，也没有曹操不穿鞋去接许攸那样去作秀。人家刘邦就坐在卧室里洗脚，同时还不忘跟身边的美女调情。

简单打了个招呼之后，英布愤恨地离开了刘邦的卧室，愤怒得想自杀。早知道刘邦这样不拿他当个人看，说什么也不能上随何的当杀掉楚使，这回可让项羽看笑话了，活不了了。但是英布来到自己的住所后，马上就舍不得死了。因为英布的住所装修陈设跟刘邦的是一个级别，在等级社会，英布明白了这是刘邦承诺给他封王的待遇，从此英布就踏实了。

出处

淮南王至，上方踞床洗，召布入见，布大怒，悔来，欲自杀。出就舍，帐御饮食从官如汉王居，布又大喜过望。——《史记·黥布列传》

其实这时候项羽也很踏实，解决掉英布的项羽派兵小规模北上攻赵，遭到了汉军的激烈抵抗。项羽明白了，汉军的主力去参与了平定赵国之战，也就是说目前的荥阳那是相当空虚。那就别闲着了，开打！

自从刘邦在彭城惨败，一直到这次项羽打荥阳，这期间汉军之所以能顽强地守住荥阳，很大一部分因素是靠了荥阳东北敖山的粮仓。所以这一回，项羽打荥阳趁着荥阳守军不足，先切断了荥阳和敖仓之间的粮道。粮道一断，刘邦坐不住了。眼看荥阳旦夕告破，赶紧找军师们商量吧。这时候，郦食其给刘邦出了一个大胆的方案。

郦食其琢磨，当初天下诸侯反秦跟后来天下诸侯反楚是一回事，这俩朝代都不分封旧贵族的后代，所以不得人心。而商灭夏，商汤把夏桀的后人分封在杞国，天下归心。周灭商，周武王封纣王的后人在宋国，四海皆平。如今六国的后人比着惨，只要刘邦分封六国后人和项羽为王，则天下响应，项羽也得跪在刘邦面前说服了。

刘邦觉得有道理，派人去刻六国大印。这时候张良从外地来了，听完刘邦的讲述之后。说只要用了这招，那大家就可以洗洗睡了。道理很简单，夏朝既灭，后人无能，封个王当摆设也就算了。纣王自焚，武王封其子武庚在宋，谅他造反也能灭他。刘邦要是封了项羽，即便是项羽认账，刘邦能制得住项羽吗？再一个，天下未定，刘邦帐下很多都是六国贵族的亲戚、家臣的后裔。万一六国复立，这帮人必然离开刘邦各回各家。那刘邦手下还有谁？

还有，很明显楚强汉弱，六国复立之后倒向谁，还得看实力说话。

刘邦幡然醒悟，终止了这个奇葩的计划。郦食其这招确实是个昏招，之所以聪明如郦食其能出此下策，鸡贼如刘邦能从此下策，完全反映出了荥阳前线的危机足以让城内的刘邦君臣抓狂。

刘邦先后问计于郦食其和张良，得出了截然相反的两个方案。这时候他想起来了，最靠谱的那位还没问呢。陈平，你说说该怎么对付项羽？

陈平说简单，花钱呗。项羽手下有本事的也就是范增、周殷、钟离眛、龙且而已，就拿这几个人挨个用钱砸，重金收买他们投降。如果遇上宁死不降的，那就用计离间。刘邦大喜，还是陈平够阴。因此刘邦拿出四万金给陈平，让他自由发挥，不用请示。

出处

汉王谓陈平曰："天下纷纷，何时定乎？"陈平曰："……顾楚有可乱者，彼项王骨鲠之臣亚父、钟离眛、龙且、周殷之属，不过数人耳。大王诚能出捐数万斤金，行反间，间其君臣，以疑其心，项王为人意忌信谗，必内相诛。汉因举兵而攻之，破楚必矣。"汉王以为然，乃出黄金四万斤，与陈平，恣所为，不问其出入。——《史记·陈丞相世家》

陈平拿了钱，雇用了大量“水军”散播谣言，说钟离眛等人早就想当王，但是项羽就是不封，所以暗中和刘邦通消息，希望刘邦能册封他们。自此，项羽开始疏远这些得力干将。

不过陈平的阴谋谋的是以后，眼下项羽攻打荥阳越来越猛烈，张良的阳谋开始起作用了。在张良的谋划下，刘邦再度表现出了鸿门宴上装孙子的精神，派人找项羽认错，答应割荥阳以西的土地求和。

刘邦求和，项羽觉得也行，毕竟这仗打了一年多，早就够够的了。范增这时候提出了反对意见，说拿下荥阳指日可待，不能答应求和。项羽很听话，继续围攻荥阳。然后，不和谐的一幕出现了。

项羽一方面答应谈判，一方面加紧围城。刘邦一方面守城，一方面着手谈判，借此机会实施离间计。其实就凭项羽和范增的关系，还用得着离间吗？几乎没有什么恶化空间了。项羽的使者进城谈判，根据中国人的传统，哪有不吃饭先谈事的规矩？上菜！

汉军服务员端着菜进来，楚军使者一看，嚯，这菜够硬啊。烤的是牛，煮的是羊，炖的是猪。这在古代被称为太牢，属于最高级别菜式。楚军使者一看哈喇子都留下来了，赶紧招呼服务员把菜放桌上。服务员近前两步，说：我以为你们是亚父的使者，不好意思，菜送错房间了，你们的菜一会儿就到。

楚军使者琢磨亚父使者的菜都这么好，那他们一会儿不得是龙肝凤髓啊。哎，不对，亚父怎么还派使者过来？几个人还没琢磨明白，又来一帮服务员上菜了。端上来一看，压根不是人吃的，简直就是泔水。这哥几个回去就找项羽告状，说范增搞事情。

我们平心而论，陈平的计谋太低级了。做局的痕迹明显，演员表演得也不自然，关键是这个剧情不合逻辑。从鸿门开始，范增都力主杀刘邦。这会儿你说范增跟刘邦有勾结，只要智力没问题，都不会相信。这事要让刘邦处理，他一定拔剑斩了使者，还得怒斥他们离间自己深信不疑的军师。项羽从不担心范增跟刘邦有一腿，他感到不爽的是刘邦那伙儿人怎么都觉得范增是楚军的灵魂？从鸿门宴上赠给范增玉斗开始，到这会儿做局陷害范增。都透着汉军君臣对范增的忌惮，也反映出汉军君臣认为楚国的霸业是范增缔造的。项羽急需证明的是，西楚霸业是他项羽打出来的，跟范增没关系。

但是项羽又很矛盾，毕竟范增是项梁最信任的人。而且范增是项梁被章邯打得没辙的时候范增前来归附，并献计让项梁有了事业的第二春。所以项羽又不好把事情做得太绝，史书记载：“（项羽）稍夺（范增）之权。”

稍夺，说明项羽在试探。结果一石激起千层浪，范增一怒之下撂挑子不干了。项羽没有挽留，说：好的。

范增愤然离开，路上背上长疮死了。也有传说称范增诈死，其实跑路隐居了。当然这都不重要了，不信就问李左车，他虽然活着，跟死了有什么区别？作为一个政治人物，政治生命死了以后，整个人就在历史中死掉了。

范增离职之后，急于证明自己的项羽对荥阳进行了疯狂的打击。城里所有人都知道，城是守不住了。生死之间，站出来的是什么都干得出来的陈平。陈平、纪信定下计策，让纪信用刘邦的车驾假装汉王出城投降，后跟着两千女子假装仪仗队跟着。项羽果然中计，暂缓了攻势。这一缓神的工夫，刘邦逃到了成皋。

项羽这个恨啊，也该着自己不露脸。范增刚走，自己就中计。所以项羽一怒之下烧死了纪信，带兵猛攻荥阳。如今荥阳守城的是韩王信、周苛、枞公和魏豹。韩王信很明白，刘邦在都守不住，如今刘邦跑了，他们更守不住，所以韩王信打算诈降。周苛和枞公性子烈，绝不投降，为了不给刘邦找麻烦，这哥俩一商量，先杀了那个做皇帝梦的魏豹。

而此时的项羽得到线报，说刘邦到了成皋，于是带兵攻下了成皋。刘邦离开成皋进入宛城。此时项羽放松了对荥阳的进攻，调主力去追击宛城的刘邦。

第三十二章　当领导的艺术

刘邦和英布退到宛城坚守，不与楚军决战。这时候，解决刘邦大麻烦的是彭越。彭越此时的身份是魏相，虽然魏国都没了，但是不影响彭越带兵骚扰项羽的后方。彭越突袭下邳，击败项声，杀死薛公，距离彭城咫尺之间。项羽不得不放弃攻打宛城，而是让终公坚守成皋，自己去下邳解决彭越。

所谓敌进我退，敌退我进。项羽刚走，刘邦就带人杀回了成皋，破城诛终公。而东线的项羽扑了个空，他一去彭越就跑了。刘邦和彭越配合默契，要得占尽优势的项羽扑了个空，不仅没有任何建树，还丢了成皋。这事多丢脸？人家不得说没了范增项羽就不行了啊。项羽为了证明自己，拿出自己简单粗暴的一面，带兵猛攻荥阳。荥阳守将周苛也不含糊，带着韩王信和枞公跟项羽死磕。一场激烈的战斗过后，项羽大获全胜，生擒周苛、枞公、韩王信，破荥阳。

项羽对周苛惺惺相惜，说只要周苛投降，就封上将军，食邑三万户。这能赶上三个万户侯的爵位，并不能打动周苛。周苛还劝项羽，赶紧投降刘邦，要不死无葬身之地。项羽大怒，架上锅就把周苛给炖了。另外两位战俘，枞公不降被杀，韩王信不舍得死，选择了投降。

项羽拿下荥阳之后，马不停蹄带兵去攻打成皋。项羽再一次证明，他的强悍跟范增无关。刘邦在成皋还没喘匀这口气，项羽就把对峙了一年多的成皋拿下。刘邦再次跑路，一路向北。项羽长舒一口气，看看，自从范增走了，楚军所向无敌。

刘邦一生中最危险的时刻是什么时候？恐怕刘邦自己都不知道。因为这种情况太多了，根本找不出一个“最”来。

中国历史上有五百多个皇帝，老百姓、士大夫觉得谁是好皇帝那是站在别的角度看热闹，皇帝觉得哪个皇帝业务能力过硬，那谁就是真正的业界标杆。汉朝以后的皇帝们普遍觉得汉高帝刘邦是当皇帝的榜样，这就说明刘邦得到了同行的高度认可。尤其是辽国皇帝崇拜刘邦到了无以复加的地步，辽国皇帝自称姓刘，故而耶律氏也称刘氏。帮助耶律氏打天下的最大功臣是述律氏，辽国皇帝想到萧何是刘邦最大的功臣，所以给述律氏赐姓萧氏。

那么从皇帝这个职业角度讲，到底刘邦有什么样特殊的品质能得到业界的高度认可呢？其实这就是个心态问题。这样说起来很简单，但是真要做起来，不是谁在刘邦的位置上都能成功的，或者说绝大多数人坐在刘邦的位置上都会崩溃的。

作为一个有理想的人，刘邦兴致勃勃跋山涉水千难万险地去投奔信陵君，结果人走到了才知道信陵君死了。这就好比一个酷爱古典音乐的有志青年历尽艰辛去维也纳求学，结果好不容易到了才发现世道变了，整个维也纳的上空都飘荡着广场曲，这是一种多大的绝望。一般人一定会感到世界灰暗，然后抱着小提琴郁郁而终。可能这个例子并不容易理解，或许只有还了几十年房贷的房子让人给骗走的绝望感能跟刘邦当日踏入大梁城得到信陵君死讯的感觉差不多。

但是刘邦没有消沉，多大点儿事啊，当不了名士还当不了流氓吗，跳不成伦巴还不能跳广场舞吗，刘邦微微一笑很狰狞，扭脸就骂着街去当了亭长。

若干年后，按规矩办事的刘邦亲冒矢石先入关中推翻秦朝。当初天下人共议，先入关中者为王。然而天下人的约定被项羽当成了放屁，刘邦不仅没当上关中王，还得在比自己小十多岁的项羽面前装孙子，明明自己合理合法的权益被人霸占，还得说是自己心甘情愿的。法律就在那儿，说好的先入关中者为王。但是刘邦面对项羽的强势耍流氓表现出了积极的迎合，这可不是刘邦愿意这么干，他的心也在怒火中烧，不过刘邦放弃了维权。在同一时期，因为维权而死亡的人有韩广、田荣、韩成等，刘邦这脾气能放弃维权，绝对是个艰难的决定。

后来刘邦被项羽从彭城一路撵到荥阳，这种生死大逃亡让刘邦丢了亲爹、亲媳妇，他亲手扔了自己的亲儿子、亲闺女，你再看章邯，水淹废丘的时候他自杀了。同样是面对挫折，抗压能力的大小决定了一切。

再后来刘邦被项羽撵出荥阳，刘邦的心腹爱将纪信代替刘邦死了，亲信周苛、枞公为给自己殿后被杀。然后刘邦想翻盘打不过项羽，想调动韩信救驾又怕韩信功高震主，继续逃命已经退无可逃。哪哪都走不通，处处都是绝望。这时候撸胳膊挽袖子跟项羽拼了简单，放弃这个游戏找个山头一窝也容易，或者说一剑抹了脖子也不难，难就难在事还得解决，日子还得过，命还不能丢，谁能面对一片要命的麻烦还能坐下来一件件捋一捋，排列出来个轻重缓急，再想出应对之策？反正这事要搁今天恐怕大多数人选择逃避。而刘邦最大的优点就是有个好心态，他能妥协，但是不逃避。

这，其实很需要勇气。面对着项羽的不依不饶、自己的损失重大、韩信的无法答复、粮食的极度匮乏，刘邦有条不紊地处理着一件件棘手的问题。

成皋一战再一次打散了刘邦的队伍，这次比上次还惨，因为刘邦这次被打得就剩下他和夏侯婴两人，这么惨的情况刘邦都习惯了。

眼下刘邦要翻盘，成建制的部队只剩下了河北韩信手下的几万人。刘邦知道韩信想当王，既不能答应他，又不能得罪他，这活太难干了。刘邦作为一个不按套路出牌的人，悠哉地坐着老司机夏侯婴的车前往修武（今河南省焦作市北）韩信的驻地。两人停下车就往大营闯，门卫赶紧拦住这俩不速之客，得问问这二位是什么人？

刘邦心眼多啊，掏出令牌愣说自己是汉王使者，有十万火急的事要见韩元帅。夏侯婴都蒙了，大王这是唱的哪出？

当时是凌晨，天还没亮，韩信和张耳都睡着觉呢。刘邦蹑手蹑脚地进了韩信的大营，进去之后就把韩信的兵符偷了出来。然后刘邦大模大样地拿着兵符调动韩信的部队，等到韩信和张耳知道刘邦来了的时候，人家刘邦连战前动员都做完了。

再次见到韩信，刘邦很感慨。就这个人，真讨厌。真是不想用他，可是不用他还真不行。项羽这样的战场疯子，就得靠韩信去治他。

君臣见面总得说点什么吧，刘邦得先批评小韩，不像话，兵符都能丢了，简直是失职，为了小惩大诫，军队就先收走了。

刘邦这样搞，韩信肯定不服啊。

小韩不服是吧，马上刘邦就让韩信没话说。

刘邦让张耳去收集打散了的汉军残部，给韩信升一级，拜韩信为相国，让他统帅新军去攻打齐国。韩信一觉醒来兵没了，大概从这个时候起，韩信打定主意拿下齐国就称王，等着刘邦自觉是不可能了。

刘邦收了韩信的兵南下，《汉书》中这样记了一笔，说刘邦“复大振”。一夜之前，刘邦惨得还剩一个司机；一夜之后，刘邦复大振，在巩县（今河南省巩义市）挡住了项羽西征的步伐。

一个月后，临江王共敖薨，项羽此时树敌太多，所以让共敖的儿子共尉继承王位，不过对于整场战争来说，临江王的作用并不大。

刘邦复大振，韩信在赵国招募士兵训练，很快也复大振。项羽拿不下的齐国在韩信眼里简直就是渣渣，韩信已经看到了齐王冠在向他招手。

不过，这一切都在刘邦的意料中。齐国不难搞，李左车不是说了吗，齐国跟燕国一样，传檄可定。那么不好意思了小韩，假如在你出兵之前，齐国已经被平定了，你还有什么可说的？韩相国，老实待着吧。

那么齐国怎么会不打就投降呢？简单，刘邦这边不是有金牌名嘴郦食其吗，这位老先生除了忽悠铁了心当皇帝的魏豹失败过之外，就没失过手。有他出马，绝对能把齐王田广的一双好腿给忽悠瘸了。郦食其到了齐国就取得了成功，这段故事下节再说。单说刘邦收了韩信兵权之后，听了手下人的建议不急着跟项羽死磕，先跟项羽耗着。那么项羽再度疯狂猛攻怎么办？他不会的，因为刘邦又玩了一手漂亮的政治手腕。

在当时最想当王的是两个人，一个是有实力当王却被压制的韩信，一个是没实力当王却不死心的彭越。刘邦一手压着韩信不让他出头，一手托着彭越让他立功。平心而论，彭越无论是练兵、治军、打仗都是一把好手，在那个时代也是不可多得的人才。可惜的是彭越出身不好，所以不具备振臂一呼的效应。而且彭越不拜老大，所以没有老大给他兵带。这就导致了彭越靠着自己手下那两三万人只能打游击战，彭越是那个时代游击战的大师。

游击战最大的特点就像癞蛤蟆趴脚面，虽不咬人但是恶心人。可你要是打了几场游击战就人五人六地以中流砥柱自居当王爷，那就太扯了。所以这些年，彭越当过最大的官是魏国丞相，最大的爵位是建成侯。这回行了，为了让彭越出现在正面战场上吸引项羽的火力，刘邦自己还不富裕居然派了两万人支援彭越，鼓励彭越出现在正面战场上，为当王而努力。

彭越得到了刘邦的帮助，顿时亢奋了起来，在今天的鲁西南、豫东北武装暴动，连下十七城，完全把项羽给打蒙了。彭越正式成了那个时代的一方霸主，成了一个人物。

刘邦不怕彭越不受控制吗？不怕。刘邦给彭越两万大军的时候，还派去了两个大将帮忙。这两位不简单，一个叫刘贾，一个叫卢绾。刘贾是刘邦的堂兄，卢绾是刘邦同年同月同日生的发小。彭大将军，来反个水看看。

出处

汉王听其计，使卢绾、刘贾将卒二万人，骑数百，渡白马津，入楚地，与彭越复击破楚军燕郭西，遂复下梁地十余城。——《史记·高祖本纪》

这就是刘邦当领导的艺术，战场上完败，输掉家底的刘邦靠政治手腕起死回生，玩弄韩信和彭越在股掌之间。收谁的兵，给谁增兵，刘邦玩得恰到好处，堪称艺术。

但是，眼下还不是刘邦玩政治艺术的时候，毕竟大对手项羽还在，下一节，刘邦不得不做出了艰难的决定，因为如果他不用韩信，那是真打不过项羽。

第三十三章　两种部下的故事

在职场中，能干活的员工分两类。一类是做事有思路，干活有成绩，心眼很活泛，时刻不忘多干一份活就多要一份报酬。一类是做事没思路，干活很勤奋，什么脏活累活都敢揽，从不要求多给报酬。有的老板喜欢第一类人，虽然老板要从利润中拿出一大笔钱给这类员工，虽然看上去老板所得的利润比例小了，但是老板所得利润总数不见得少，而且人活得也轻松。有的老板喜欢第二类人，但是这类人只能干脏活累活，压根不能解决实际问题，混到最后也是没有功劳看苦劳。重用这样员工的老板一定会活得很累，事事都要亲自劳心，偶尔放次权还有可能被这类员工干砸了。不过老板很放心，这类人一不跳槽，二不和老板斗心眼，三要的薪水低，看着就很划算。

历史上刘邦喜欢的就是第一类员工，他不管底下人是否人品败坏，是否贪得无厌，是否狂傲自负，那都不重要，重要的是哪怕鸡鸣狗盗之辈，也有可用之处，用完了再说。而项羽就喜欢第二类员工，安排下去的活努力去做，干成什么样不重要，重要的是这类人有种视死如归的猛劲，能动手的绝不动脑，也不想着封王的事。

在项羽帐下，可谓是猛将如云。论作战勇猛，龙且、曹咎、周殷、项声、季布、钟离昧、周兰都是高手。尤其是龙且，那是猛出了一定的境界，连英布都打不过他。自从范增离职后，项羽带着这帮猛将兄弟横冲直撞，先破荥阳后取成皋，势不可挡。刘邦收了韩信的精兵刚缓过劲来，本来猛将们打算再次一口气吃掉刘邦，谁承想刘邦这么阴，居然派刘贾和卢绾带兵两万去支援彭越，导致这位彭大将军连下楚国十七城，成了当时除了楚、汉之外的第三大势力。

彭越一直是让项羽非常头疼的一个人物，从田荣反楚开始，彭越就一直神出鬼没，让项羽不胜其烦。在项羽看来，真的猛士应该敢于正面一决雌雄，背地里搞游击算什么本事。彭越自从有了刘邦资助的两万人，马上浮出水面活跃在正面战场上，项羽决定亲自带领猛将兄们踩死彭越这只小强。

项羽忽然想起了一件重要的事，如果他去打彭越，谁来守荥阳、成皋呢？荥阳还好说，钟离眛是这帮猛人中智商最高的，让他镇守荥阳没问题。但是再找第二个靠谱的人守成皋就难了，项羽手下这帮弟兄们打架都是好手，守城显然都不擅长。思来想去，只能用曹咎。项羽用曹咎守成皋有三大理由，头一个就是曹咎很猛。曹咎是秦朝典狱长出身，秦朝那是出了名的严刑峻法，这种情况还能犯罪入狱的，绝对都不是善茬。比如说杀了人的项梁，比如说纹了面的英布，再比如说打得山东诸侯落花流水的骊山囚徒，都是如狼似虎的好汉。所以秦朝的典狱长，必须是硬汉中的金刚钻，恶汉中的段延庆，要不然根本压不住这一牢张牙舞爪的囚犯。第二个理由是曹咎跟项家关系铁，当初项梁杀人入狱，司马欣徇私枉法释放项梁。给司马欣送信的那位，就是曹咎。第三个理由是曹咎虽然是个暴脾气，但是有个沉稳的人可以节制一下曹咎，此人就是塞王司马欣。无论是秦朝还是楚国，司马欣都是曹咎的上司。司马欣为人圆滑，理论上可以跟暴脾气曹咎互补。

就这样，项羽郑重地嘱咐曹咎，说他去找彭越算账只需要十五天的时间，十五天必能杀彭越而回。在这十五天内，绝不能和汉军交战。曹咎一口答应，项羽又派钟离眛坚守荥阳，之后放心地带兵往东北方向进发。

出处

项王乃谓海春侯大司马曹咎等曰："谨守成皋，则汉欲挑战，慎勿与战，毋令得东而已。我十五日必诛彭越，定梁地，复从将军。"——《史记·项羽本纪》

项羽前脚走，刘邦也开始了两步计划。第一步，带兵南下攻成皋，保守敖仓的粮食；第二步，派郦食其到齐国游说齐王广，必须赶在韩信发兵之前拿下齐国。

趁着项羽去打彭越，郦食其也去见了齐王广，两人聊得很开心。本来齐国就吃够了没有组织的亏，现在汉王主动来召唤，那自然是机不可失时不再来。再加上郦食其酒量很大，老头跟齐王广喝得很嗨，齐王广下令撤回所有准备抵抗汉军的军队，这样一搞，郦食其动动嘴就收了齐国七十余城。

郦食其的这个计划，其实就是李左车教给韩信的计谋。只不过刘邦提前给用了，很明显就是为了玩韩信。此时的韩信浑然不知山东发生了什么，还在整理部队准备拿下齐国。根据李左车的计划，韩信应该派人去游说齐国，所以韩信精心准备了舌辩之士蒯彻。

蒯彻是个加强版的郦食其，却没有郦食其的好运气。郦食其喝酒骂街快意恩仇到六十岁才出山，跟了刘邦之后职业生涯大放异彩。哪怕郦食其把差事办砸了，刘邦气得骂街，过后依然视郦食其为最亲近的人。蒯彻也是个舌辩之士，论口才论脑子都不输于郦食其。而且蒯彻比郦食其会包装自己，起点比郦食其又高得多。在踏入江湖之前，一提起郦食其，群众的评价普遍是俩字：狂生。如果再加俩字，那就是：酒徒。再看蒯彻，那就不一样了。蒯彻的表面身份是个相士，专业算命。同样是算命，许负算命的目的是骗钱，非说魏豹的儿子有皇帝命。蒯彻一算命就往天下大势上靠，显得专业得多。

既然是这样，为什么郦食其都成名久矣，而蒯彻还没个固定工作呢？这里边是有深刻原因的。举个例子说，在《三国演义》里边，陈宫和诸葛亮都是大才，陈宫出道的时候，诸葛亮在种地。陈宫跟曹操的时候，诸葛亮在种地。陈宫跟张邈的时候，诸葛亮在种地。陈宫跟吕布的时候，诸葛亮在种地。后来陈宫被曹操斩了，诸葛亮还在种地。多年后诸葛亮终于出山，他威震江湖的时候，陈宫都死了很多年了。同样是混江湖，陈宫着急的是早出道，诸葛亮注重的是找个好平台。陈宫稀里糊涂跟了很多人都不能实现自己的抱负，而诸葛亮稳准狠，选了刘备就是一辈子。他选对了，不在乎出道晚，照样是三国第一人。陈宫选错了，所以出道虽早却没发挥出自己才华的万分之一。所以陈宫死的时候万念俱灰，谁劝也不听，慷慨赴死。

蒯彻就是这个情况，他出道太早了，属于大泽乡起义后的第一批军事家之一。那时候的郦食其还在家喝酒，蒯彻就跟了范阳县令徐公登上历史舞台。当时天下大乱，徐公作为范阳县令属于被造反的对象，他之所以听了蒯彻的话参加起义，完全是求生欲望的直接体现，并不是他具备起义者的进取心。那可想而知，蒯彻跟着徐公，能有什么发展？

那一年是陈涉起义事业发展势头迅猛的一年，那一年的张耳和陈馀还是好兄弟。那一年张耳和陈馀奉陈涉之命辅佐武臣开辟河北战场，那一年张耳和陈馀忽悠武臣独立称赵王。那一年徐公投降了武臣，那一年武臣的部将李良杀死了武臣。那一年跟着武臣的李良、韩广、张耳、陈馀都想反，徐公却跟了武臣，那徐公的起义生涯注定没有大的发展，而一身本事的蒯彻必须被埋没。若干年后，高阳酒徒郦食其出山，走后门见了刘邦，上来就先声夺人。刘邦是多好的老板，他手下的才子们都能人尽其才，哪怕是被打压的韩信，也发挥了自己的强项。

郦食其机会多多，扬名立万。蒯彻没有机会，大家以为他就是个相士，这让蒯彻非常痛苦。痛定思痛的蒯彻终于换了老板，这次他选择了韩信。蒯彻和韩信的相遇能擦出什么样的火花并不重要，重要的是这位不起眼的蒯彻的出现，打乱了刘邦所有精心安排的计划，让刘邦再度陷入了十分危险的境地。

第三十四章　外交家蒯彻

为将之道，讲究的是恩威并济。舌辩之士背后有得力武将的支持，能让谈判事半功倍。武将辅以外交谈判专家，能以小伤亡换取大胜利。

外交，从来都不是外交家凭嘴就能逆乾坤的。比如说春秋时期，在齐鲁交界的夹谷地区，齐景公跟鲁定公筑台会盟。齐强鲁弱，之前齐国还数次占领了鲁国的土地，齐王还带着名嘴晏子，所以齐景公对于这次谈判信心十足，感觉一定能谈出利益来。鲁定公很担心，又没有好办法，恰巧此时担任鲁国司寇的人是孔子，那就让孔子去化解这次危机。

孔子和晏子那是老冤家了，之前孔子到齐国求职的时候，本来都说动齐景公了，硬是让晏子给搅黄了。这回这两位巨能说的国际名嘴要在夹谷齐鲁会盟上展开一场世纪对决。

两国登台谈判，著名外交家晏子和业余外交家孔子展开了唇枪舌剑。晏子使楚天下闻名，有的是谈判占便宜的技巧。但是孔子上来就占据了道德制高点给齐景公讲道理，讲到最后，齐景公表示孔子说得对，不仅放弃了继续对鲁国索取领土的要求，还归还了之前占领的鲁国领土，最后还向鲁定公表示道歉。孔子在自己并不擅长的领域之所以能碾压专业外交家晏子和盛气凌人的齐景公，并不仅仅是他在会盟台表现得好，关键是孔子来之前安排了鲁国高手申句须、乐颀带人在台下埋伏。齐景公当然不愿意在台上听孔子讲道理数落自己，于是下令台下乐队奏乐。齐国乐队来到台下，每个人都携带武器。齐景公的意思很明了，那意思就是告诉孔子赶紧住嘴，再叨叨就动手。只见孔子微微一笑，一声令下，申句须和乐颀带人不打招呼抽刀就上，斩了所有持有武器企图接近鲁定公的乐队，最狠的是杀完之后孔子还能从法理上找到杀人的道理，杀了齐国的人，还得说齐景公不对。齐景公大惊失色，齐国黎弥本想亲自动手去治住鲁定公。但见孔子怒气冲冲，申句须、乐颀随时准备出招，黎弥决定放弃了，鲁国取得了这次外交的巨大胜利。

战国时代，名嘴蔺相如在渑池会上折辱秦王，占尽了便宜还能全身而退，之所以秦王忍了这口气，那是因为蔺相如背后有名将廉颇的大军撑腰。所以说再厉害的外交家，都需要有强大的武将在背后配合。同样，强大的武将也需要名嘴辅佐战争，以达到中国人心目中“不战而屈人之兵”的兵家最高境界。

蒯彻和韩信相遇，就是这样双赢的局面。蒯彻需要建功立业的机会，韩信需要一个舌辩之士去说降齐王广。两人一拍即合，相见恨晚。根据韩信的计划，他带领大军压境，让蒯彻趁机去找齐王广谈判，一定能拿下齐国。正当蒯彻和韩信踌躇满志要拿下齐国的时候，大军刚走到今天的德州市平原县，消息传来，说郦食其已经说降齐王广，齐国举国投降汉国。韩信一脸的黑线，这算什么事啊？说好的让我攻打齐国呢？理想中的齐王王冠呢？蒯彻也很郁闷，说好的说降田广一举成名呢？怎么就又让那个郦老头夺了先机？

两位还真别郁闷，这都是汉王下的好大一盘棋。调走李左车就得到了齐国可说降的情报，夺了韩信的精兵就能延缓韩信出兵的速度。正好有这个时间差让郦食其跑趟齐国，齐国挨着韩信和彭越，郦食其借势谈判，在韩信兵至齐国之前把这件大事已经搞定，小韩，回邯郸吧。

这事韩信还真不能说刘邦不地道，因为新闻上说了，郦食其是以个人身份到齐国去的，并没有拿着汉王使者的符节，怎么说都是郦食其的个人行为，跟刘邦无关。就算韩信找刘邦理论，刘邦也只能表示遗憾。

你别看韩信打仗点子很多，在这事上，他直接呆若木鸡，完全没有任何办法。正如刘邦所料，这招绝对能活活玩死韩信。如果事情进展顺利，若干年后，刘邦君临天下，论功行赏的时候韩信因为功劳不足，被封为淮阴侯，到时候他也说不出什么来。

刘邦千算万算，就没算到韩信身边突然多了个蒯彻。蒯彻多聪明啊，他准确地分析出这是刘邦的一计，为的就是让韩信吃个哑巴亏。所以蒯彻教给韩信一招，也让刘邦吃个哑巴亏。

既然郦食其是以个人身份去的，那么好了，说明这事不是汉王的意思。也就是说，韩信完全可以当做什么都没发生。就目前而言，刘邦没有给韩信下达任何新命令，也就是说之前刘邦让韩信征讨齐国的命令还算数。既然如此，那就当什么都没发生，也不用李左车的说降之计，反正齐国大军已经从历下（今山东省济南市）撤走了，那就打他个措手不及。韩信顿悟，带兵就扑向了齐国，所有的计谋都顾不上了，齐国毫无准备，被韩信打了个落花流水。齐王广认为是郦食其跟韩信商量好玩阴的，所以烹杀了郦食其。

随着韩信攻克历下，齐王广逃往高密，齐相田横逃往博阳，齐国完全组织不起来有效的反击。韩信控制了三齐的大部分地区。

出处

闻汉王使郦食其已说下齐，韩信欲止。范阳辩士蒯通说信曰：“将军受诏击齐，而汉独发间使下齐，宁有诏止将军乎？何以得毋行也！且郦生（郦食其）一士，伏轼掉三寸之舌，下齐七十余城，将军将数万众，岁余乃下赵五十余，为将数岁，反不如一竖儒之功乎？”于是信然之，从其计，遂渡河。齐已听郦生，即留纵酒，罢备汉守御。信因袭齐历下军，遂至临菑。齐王田广以郦生卖己，乃烹之，而走高密，使使之楚请救。——《史记·淮阴侯列传》

韩信扬威三齐的当月，刘邦也取得了巨大胜利。刘邦带兵打成皋，曹咎非常听话，坚守不出。刘邦一琢磨，这根本不是老曹的性格，看来是成皋兵力空虚。怎么样才能让曹咎出战呢？刘邦有的是办法，来呀，上大规模杀伤性武器！

刘邦派人盖了个高台，曹咎不解其意。刘邦带人上了高台，摆下酒宴，然后大喊一声：兄弟们操练起来！之后汉军在台上放声骂街，骂得要多脏有多脏，一骂就是五六天，还不带重样的。楚军完全被这套声波攻击击溃了，曹咎再也按捺不住心中的怒火，抄家伙就出城决战。曹咎前脚出城，汉军后脚撤退。曹咎一直追过汜水，汉军突然反击。曹咎的部队没有做到置之死地而后生，楚军惨败。曹咎收拾残兵回成皋，到了才发现成皋丢了。曹咎那是羞愧难当，拔剑自刎。他一死司马欣也就不好意思活着了，总不能再投降刘邦吧，那就太反复了，司马欣也拔剑自杀了。司马欣一死，董翳也不好意思活着了，于是也拔剑自杀。据传说董翳并没有死，而是再次投降了刘邦，最后还落了个善终。不管怎么说，三秦王这次算是都退出了历史舞台，不知道司马欣和董翳死后该怎么面对章邯。

刘邦收回成皋之后，马不停蹄地派兵围了钟离眛镇守的荥阳，而他自己则进驻荥阳东北的广武，企图困死钟离眛。这时候在梁地攻打彭越的项羽陷入了两难的境地。本来说好的十五天灭掉彭越，但是曹咎不给力，完全没有坚守十五天。如今刘邦围困荥阳，自己如果不去救援，那钟离眛或死或降，都对楚军是个巨大打击。但是齐王广的求援信也送来了，如果放任韩信一统三齐，那就等于给自己的都城彭城的头上悬了一把刀。

强敌有两个，而项羽就一个。项羽思来想去，韩信无非是个侍卫出身，不足挂齿。所以项羽派手下大将龙且救援齐国，而他自己则放弃彭越，马不停蹄地赶往荥阳解围。那么说项羽这次分兵计划是否成功？咱往下看。

第三十五章　计划有变

项羽刚从彭越那里撤兵，去解荥阳之围，跟刘邦在广武展开对峙。既然项羽来了，刘邦就坚守不出，不敢跟楚军决战。不过刘邦并不着急，因为他知道，项羽快倒霉了。只要郦食其游说齐国成功，齐王广只要在郦食其的带领下南击彭城，项羽必定腹背受敌，形势被动。届时汉王一道指令，彭越奉命南下，项羽的末日就到了。

刘邦万万没想到，韩信身边多了一个蒯彻，而蒯彻又是个什么事都干得出来的主儿。韩信悍然发动对齐国的进攻，毁了刘邦借齐国之兵攻打彭城的计划。齐王广放弃仇恨向项羽求援，项羽非常担心韩信万一上了瘾，顺带着从山东南下攻打彭城，那麻烦就大了。所以项羽不得不分兵攻打韩信，这次项羽派出的是自己的心腹爱将龙且。

龙且跟项羽是发小，是项羽帐下最猛的一个将军。龙且东征西讨，往往身先士卒，勇不可当。龙且曾在东阿力战救田荣，章邯尚且避其锋芒。也曾大战九江，连以勇武著称的英布也不是龙且的对手。项羽派龙且对抗韩信，那是对龙且寄予厚望。

龙且带领大军在高密和齐王广汇合，在潍水跟韩信对峙。有人告诉龙且，韩信远道而来，粮草匮乏，应该坚壁清野，拖住韩信，等到韩信粮尽的时候前去招降，必然一举成功。

这招其实跟韩信对付齐国的招数是一个路数，都是在强大的军事压力下说降对手。如果龙且这么干，项羽再承诺封韩信为王，你说韩信会不会投降项羽？不管韩信怎么想，蒯彻一定会劝韩信先投降项羽的。就算不去招降韩信，等到韩信粮尽，一举拿下仓促出兵三齐的韩信也是有可能的。

但是咱们这位龙且大将军不以为然，他说要跟韩信决战有两大理由。其一，韩信他认识，当年项王身边的一个侍卫而已，武功一般。其二，项羽让他来打韩信，不是让他来招降韩信的。万一韩信投降了，怎么能显示自己的武功高强呢？那没办法了，龙且恃勇迎战韩信。韩信部果然一触即溃，龙且纵兵追击。等到龙且大军半渡潍水的时候，潍水的水位忽然飙升，楚军被大水冲垮，韩信趁机进攻，齐楚联军全军覆没，龙且被杀，田广被俘，田横逃往胶东自立为王，韩信在三齐再无对手。

出处

韩信乃夜令人为万余囊，满盛沙，壅水上流，引军半渡，击龙且，详不胜，还走。龙且果喜曰："固知信怯也。"遂追信渡水。信使人决壅囊，水大至。龙且军大半不得渡，即急击，杀龙且。——《史记·淮阴侯列传》

韩信歼灭龙且，改变了三个人的计划。这头一个，就是项羽。他没想过当年自己身边那个侍卫韩信能杀死武功天下第二的龙且。看这意思，除了项羽亲自出马，就凭项羽手下那些个肌肉男没人能敌得住韩信。但是项羽眼看就能在广武一口气吞下刘邦，实在不能再次分兵去山东了。但是放着韩信在山东对自己威胁太大，所以项羽不得不派说客武涉去跟韩信谈判，企图争取韩信到自己麾下。

如果给那个时代的知名说客排个序，能排进四大说客的一定是郦食其、蒯彻、随何、武涉。武涉的谈判技巧非常高，他不劝韩信背汉归楚，而是劝韩信独立，成为楚汉之外的第三方势力。不得不说就当时那个情况，武涉能做的也就是这样了。在没有强大军队做保证的情况下，你让一个说客能把龙且在战场上输掉的用嘴说回来，根本不现实。武涉尽可能地让韩信拥兵自重，哪怕不反汉王，只要不趁机攻打彭城，那就算是武涉的胜利了。

可惜的是龙且跟韩信在潍水对峙的时候，项羽没派武涉去谈判。现在龙且全军覆没，武涉再去谈判一毛钱的意义都没了。韩信想到了自己那四年的侍卫生涯，一种复仇的快感油然而生。老子当年说的计策你项羽一个都不听，你按你的方式成功了，而我现在也按我的方式成功了。你现在来求我，还没拿出诚意来。龙且作为西楚的二号人物，战功赫赫，到死连个侯都没混上。除非我疯了，要不然绝不会再跟你项羽混。

除了项羽之外，刘邦也被韩信惊呆了。他没想到情况失控了，韩信到了三齐，他还会听自己的吗？不知道，总之让韩信抄项羽的后路就难了，自己在广武也悬了。这时候，刘邦册封张耳为赵王，都邯郸。不指望张耳能打败韩信，只要张耳能用交情稳住韩信，那就谢天谢地了。

在项羽和刘邦两位大佬之外，彭越也被韩信深深地鼓舞了。原来在这个时代，实力才是硬道理。出现在正面主战场是错误，还得继续明着打游击战，暗地里扩充实力是王道。

蒯彻怂恿韩信出兵三齐，让刘邦压制韩信的计划失败，让刘邦投机拿下的齐国又丢了，让刘邦抄项羽后路的计划无从实施，让刘邦资助彭越的两万人马打了水漂，让刘邦在广武陷入了深深的被动当中。对于刘邦来说，这又是一次生死边缘上的大危机，本来一切尽在掌握中，结果被一个小小的蒯彻给全盘打乱。

韩信的成功让刘邦和项羽都很着急，尤其是武涉游说失败之后，项羽急于干掉刘邦好回去解决韩信，所以对刘邦的进攻更猛烈了。就在刘邦快扛不住的时候，韩信的信到了。这次有韩信不再含蓄，直接说齐地反复无常应该设立代理齐王镇守此地，这活儿也就不麻烦别人了，我韩信愿意在此为人民服务。

刘邦此时焦头烂额地跟项羽在广武对峙，过着朝不保夕的生活。接到韩信的信之后，刘邦再也按捺不住内心的怒火。这叫乘人之危，这叫坐地起价。本来韩信出兵灭齐就让刘邦吃了哑巴亏，现在韩信来这一出，简直不可原谅。

刘邦当场大骂韩信。对于刘邦来说，骂街这种事根本不用论证嘛，那是张嘴就来。刘邦刚一开骂，突然有两位风格迥异的大侠同时出脚飞踹刘邦的后脚跟。这二位一个是一身正气的张良，一个是一身邪气的陈平。这二位正邪人士意见很统一，韩信现在要称王，谁能拦得住？他能来下个通知就算是给刘邦面子了，如果刘邦不懂事，正好给了韩信造反的口实。

刘邦心眼多活啊，嘴里虽然骂着街，但是话锋已经变了。韩信太让寡人失望了，立了这么大的功劳应该当正儿八经的齐王，凭什么当代理齐王？这也太不像话了。今儿寡人非得置这个气，就封韩信为齐王，绝不答应让他当代理王！

随即，刘邦派张良去齐国，册封韩信为齐王。韩信如愿以偿，真的当了王。这是那个时代比较典型的逆袭，韩信做到了。

出处

汉四年，遂皆降平齐。使人言汉王曰："齐伪诈多变，反覆之国也，南边楚，不为假王以镇之，其势不定。原为假王便。"当是时，楚方急围汉王于荥阳，韩信使者至，发书，汉王大怒，骂曰："吾困于此，旦暮望若来佐我，乃欲自立为王！"张良、陈平蹑汉王足，因附耳语曰："汉方不利，宁能禁信之王乎？不如因而立，善遇之，使自为守。不然，变生。"汉王亦悟，因复骂曰："大丈夫定诸侯，即为真王耳，何以假为！"乃遣张良往立信为齐王，征其兵击楚。

——《史记·淮阴侯列传》

在那个时代出现过的王们，韩信属于最另类的那一个。俗话说王分三六九等，肉分五花三层。那个时代的大王主要分五类，头一类是六国贵族后裔，代表人物：赵歇、魏豹、田儋等。第二类是社团大哥的转型，代表人物：刘邦、项羽、彭越等。第三类是起义生涯中的投机者，代表人物：陈涉、武臣、韩广等。第四类是项羽设定的摆设，代表人物章邯、司马卬、共敖等。第五类是要啥没啥自己争取型，代表人物有且只有一个：韩信。

跟第一类比，韩信出身寒微。同样叫韩信，韩国的韩王信跟王族好歹沾亲，韩信的血统优势为零。跟第二类比，韩信年轻那会儿给自己定位很高，根本不屑当个古惑仔，所以没有原始积累。跟第三类比，韩信那四年一直当侍卫，根本没机会带兵纵横在反秦革命中。跟第四类比，韩信在项羽眼里，连当个摆设都不够资格。

韩信要当王，只能做第五类。

韩信有本事、有机会、人努力，理论上可以通过自己的奋斗当王。当然了，理论上的东西往往都是理想化的，跟现实基本不沾边。韩信那个时代没有公平，只能靠机遇。韩信是个按规矩办事的人，所以他一直很被动地等政策，盼圣意。自从他有了蒯彻，那真是腰不酸了，背不疼了，人生观也变得跟上时代步伐了。等圣意的结果就是龙且来了。所以要主动争取，人生苦短，不能偷懒。就打齐国，你管郦食其会不会死？他去齐国的时候也没考虑韩信的感受。就奏请称王，打死刘邦他都不敢不答应，要等着刘邦自觉给韩信封王，能等到山无棱天地合。

就这样，当年那个吃不上饭的穷孩子韩信，那个坚持完善自我属性不妥协的韩信，用自己的方式当了王。韩信还来不及凭吊自己的过往，他的王位就逆转了战场的战况。

第三十六章　鸿沟议和之谜

老话总说，分界之间有条不可逾越的鸿沟。这个鸿沟指的是古代荥阳东面的一条运河，由于刘邦和项羽曾以鸿沟为分界线而闻名，后来就代指各种形式的分界线。

关于鸿沟的来历，还得从韩信心满意足地当齐王说起。齐王韩信并没有带兵南下击彭城。但是，韩信称王极大地鼓舞了彭越，所以拥兵自重的彭越开始变得积极，他不再观望，带兵南下。刘邦和项羽在广武对峙，他坚持住的根本是守住了敖仓的粮食。彭越南下骚扰，劫了项羽的粮食。项羽顿时感到人生大起大落得太快，实在是太刺激了。刚才还占据了优势，粮食一告急，项羽仿佛要倒霉。彭越劫了项羽的粮食，又鼓舞了韩信。没了粮项羽就要完蛋了，既然刘邦这么讲究封自己为齐王，那齐王信也得表示表示。传灌婴，年轻人得多闯荡，动手吧少年，北上攻打楚将公杲，为干掉项羽扫清后院。

项羽急于速战，但是刘邦坚壁清野。两人不在一个节奏上，让项羽很烦。每到危急时刻，刘邦都会请教身边的谋臣，或张良，或陈平，或郦食其，他们都能给刘邦指条明路，比如说眼下，为了激励士气，既然韩信都封王了，也不差英布一个了，刘邦封英布为淮南王，让英布在战场上更加玩命。项羽不会这样，他觉得谋士都不靠谱，而且根据项羽出道多年的经验，天大的事没有打一架不能解决的，这多简洁明快效率高啊。项羽自出道以来，无论是杀会稽守殷通还是杀卿子冠军宋义，项羽根本不论证，杀了人问题就解决了。哪怕是面对神勇无敌大章邯，项羽也是不加论证，砸了锅就冲上去，一不小心又赢了，成了一代霸王。就这样，项羽的霸业在简单粗暴中建立起来。他可以一声令下斩杀二十万降卒，可以不加论证直接攻破函谷关。他可以派人杀掉义帝，也可以带兵杀掉田荣。项羽带三万人就干掉了五十六万联军，一鼓作气就拿下了荥阳和成皋。只要他高兴，派人打败英布是分分钟的事，亲自干掉彭越也只需要十五天。

但就在广武，缺粮少草的项羽陷入了深深的忧伤。他讨厌对峙，打一架就能解决的问题，为什么要对峙呢？一点都不爷们儿。为了激起刘邦的斗志，项羽决定玩一手绝的。当初彭城之战，刘邦仓皇而逃，项羽捉了刘邦的老婆和老爹。项羽这次就要拿刘太公做文章，逼迫刘邦出战。

刘邦一直想攻进项羽的大营把刘太公接走，项羽想用实际行动告诉刘邦，刘太公接是接不走了，但可以端走。项羽下令，把刘太公押到阵前，告诉刘邦赶紧投降，否则的话，那楚军就要：点火烧开水，铁锅炖老头。

这个事用四个字的评语形容项羽：下三烂啊。这事搁一般人就尿了，但是刘邦不是一般人。你想吧，他年轻的时候就编排自己爹妈，当年就说阵前这位刘太公被赤帝龙神给绿了才生的他。从刘邦编造故事的角度讲，刘太公都不是他亲爹。

刘邦要战胜下三烂的项羽，就得比项羽更下三烂。显然在下三烂界，项羽跟刘邦不是一个等级。刘邦不仅不阻止项羽点火，还笑眯眯地让项羽炖完刘太公分他一碗尝尝咸淡。这就是呛火了，项羽真打算在阵前大炖刘太公，但是吃里爬外的项伯劝项羽淡定，留着这位老刘将来可以做个筹码。

出处

告汉王曰："今不急下，吾烹太公。"汉王曰："吾与项羽具北面受命怀王，曰约为兄弟，吾翁即若翁，必欲烹而翁，则幸分我一杯羹。"——《史记·项羽本纪》

其实项羽没少炖人，但是每回炖人，大前提都是项羽取得了胜利，把战俘抓来给炖了。这回还没分出胜负，项羽就要用炖人来威胁刘邦，说明项羽真的支持不住了。而刘邦的对应，并不代表刘邦是个不顾亲爹死活的畜生，关键在于刘邦没得选择。

当场投降肯定不现实，如果那样，项羽炖的可就不是刘太公一个人了。不投降就得抛弃节操，让项羽认为刘太公对刘邦没价值，那还杀个什么劲啊，还落下一个罪名。

这就好比明朝的土木堡之变，明英宗被瓦剌首领也先俘虏。皇上让人家给抓了，就意味着也先可以铆足了劲提条件，整个明朝都陷入了极大的被动。谁知道北京城里兵部侍郎于谦于老师居然奏请太后另立新君，景泰皇帝顺势继位。这样一搞英宗的价值就不复存在，连拿英宗当人质叫门也没人开，导致英宗很没面子。也先留着英宗也没什么用，所以北京保卫战之后，也先见好就收，把英宗送回了明朝。其实英宗之所以能全须全尾地回北京，多亏了于谦老师拥立了景泰帝。

回到广武前线，刘太公之所以能躲过一炖，一来多亏了刘邦的高调扔节操，另一方面多亏了刘邦的亲家。当然了刘邦的亲家很多，不过这位显然是最重要的，他就是项羽的叔叔项伯。

对于项伯这个人，历史对他基本上都是无视的。其实这个人在楚汉之争当中起到过非常重要的作用，也是项羽身边影响力最大的人物，没有之一。因为项羽身边的人，几乎都影响不了项羽。韩信努力了四年，依然混了个站岗。范增努力了四年，结果是失去范增的项羽比以前更猛，一年都没拿下的荥阳、成皋防线在范增离开后被项羽一举攻破。陈平在项羽身边混了这么多年，不仅没有影响到项羽，反被项羽影响得差点挂了。只有项伯可以影响到项羽的决策，怎么说一笔也写不出两个“项”字。但是在中国，自古以来杀人最不见血的就是祸起萧墙。指望外人害你，且费劲了。只有自家人出手稳准狠，害人杀伤力极大。项伯就是这样一个吃里爬外的人，项羽做梦都没想过，他亲叔叔居然是刘邦的人。

项羽要杀刘邦，项伯连夜去报信。项庄要杀刘邦，项伯用生命去保护刘邦。项羽要杀刘太公，项伯玩了命地阻止。项伯为了刘邦，那是磨破了嘴，操碎了心。项伯跟张良关系铁着呢，有张良牵线，项伯一定会有大量的情报传递到刘邦军中。尤其是在广武前线，项伯有的是理由吃里爬外。

咱简单说说广武之外的情况，当时韩信的骁将灌婴平定了楚将公杲，奉齐王之命南下骚扰项羽的大后方，灌婴连战连捷，一度占据下邳，离彭城一百六十公里。另一边，刚挨了项羽一顿猛打的彭越趁着项羽不在，快马加鞭地侵占项羽的地盘。彭越拿下了定陶、昌邑（今山东省巨野县）这俩钱粮富庶的地方，然后南下破睢阳（今河南省商丘市）、下邑（今安徽省砀山县）。看看地图我们就会发现，彭越和韩信基本上对彭城形成了合围之势，所有楚将都感到了恐惧。这是彭城周围的形势，那么说南方就太平了吗？那不能够，因为淮南王英布在刘邦的资助下，带兵攻下淮南。这时候的项羽必须咬牙坚持，但是项伯可没这个义务跟项羽陪葬。

可能有人会说有项羽的楚国在，才有项伯的荣华富贵。这其实是个错误的概念，项伯的利益从来都不和国家利益绑定在一起。有楚国在，项伯享受楚国的荣华富贵。如果楚国不在也没事，因为项伯已经给自己铺好了路。若干年后，楚国没了，项伯被刘邦封为射阳侯，赐姓刘。项伯以后就成了项羽最大仇人手下的射阳侯刘伯，他的利益跟楚国甚至是项家划清了界限。所以我们简单盘点一下，项羽手下不缺叛徒，但是这些叛徒里边排名第一的一定是项伯。

我们知道项羽已经坚持不住了，甚至提出了要和刘邦单挑而分胜负的要求。但是就在这个时候，吊诡的一幕出现了。占尽优势的居然刘邦提出了求和，派去的外交大臣是鼎鼎大名的陆贾，陆贾是郦食其死后的汉国第一名嘴，但是苦苦支撑的项羽拒绝议和。这在世界战争史上很少见，优势一方提出议和，劣势一方居然不答应。

但是刘邦并不气馁，而是再派第二拨议和团去求和，这次派去的是水平并不比陆贾的侯公，议和成功。楚汉两国约定以荥阳东面的鸿沟为界，以东归楚国，以西归汉国。这个条约如果按照中国近代史的标准看，对于项羽来说绝对是丧权辱国。因为钟离眜苦苦支撑的荥阳在鸿沟的西面，议和之后钟离眜得撤出荥阳，把荥阳拱手送给刘邦。而且被项羽扣押的刘太公、吕雉都还给了刘邦。

那么说鸿沟议和到底是在一种什么情况下才促成的呢？咱们细细分析一下。首先说场面上的优势和劣势，我们是从上帝视角看出来的。事实上刘邦、项羽当时所掌握的情况并不比咱们多。尤其是不受刘邦节制的韩信、彭越到底在东方做了什么，刘邦并不知道。当时项羽提出要和刘邦单挑以分胜负，是项羽对粮食短缺的一声呐喊。刘邦当然不参与这个活动，虽然说刘邦本身功夫并不差，但是五十多岁的刘邦在武力上怎么都不可能比得上三十多岁的项羽。刘邦作为人中龙凤，如果连扬长避短都不知道，那就真缺心眼了。

项羽一看刘邦不答应，就带着自己的心腹特种骑兵大队出来，提出让刘邦的部下出来跟他的部下比试一下。刘邦眼看战争正往奥运会的方向发展，感觉这样做太不严肃了，然后命令狙击手射击。然后，差点让中国历史发生重大改变的一幕出现了。

秦汉时期，中国的铠甲很简单，有点像今天的麻将牌。锁子甲是五胡乱华的时候由欧洲传到西域，由西域才传到的中原。也就是说，楚汉时期就算是项羽，也没有防护能力特别强的盔甲。刘邦的狙击手突施冷箭，项羽身边的特种大队全军覆没。其实汉军想射死项羽没有任何的技术含量，项羽如果当时被射死在战场上，很符合逻辑。如果那样的话，楚汉之争提前结束。在没有项羽的日子里，彭越、齐王韩信、淮南王英布、临江王共尉、衡阳王吴芮、燕王臧荼、赵王张耳跟刘邦的关系就不好说了。

然而历史并不能假设，当时的情况是孤身一人在战场上的项羽朝汉军弓箭手瞪了一眼，汉军弓箭手被项羽强大的小宇宙所震慑，放下武器就跑了，楚霸王这才叫霸气外漏，感染了整个战场。

项羽震慑了汉军弓箭手，又十分痛恨刘邦放冷箭的行为，因此项羽拿出随身携带的硬弩，百步穿杨一般地射向刘邦。这一箭那叫一个准，直接射到了刘邦前胸。当时的刘邦可能带着护心镜，这一箭没能杀死他，但是强大的冲击力让刘邦受了重伤。你看这又是差点影响中国历史走向的一个事件，如果项羽把刘邦爆了头，萧何拥立刘盈为汉王退守三秦。到时候中原大地上项羽回手做掉彭越不太困难，南下弄死英布也很简单。二代临江王共尉和衡山王吴芮跟随项羽没问题，北边的赵国和燕国能不能保住就看韩信的能耐了，也有可能决定燕国和赵国命运的是蒯彻。

但是历史的事实是项羽和刘邦都没有死，刘邦强打着精神说项羽射中了他的脚趾头。刘邦虽然嘴硬，但是这一箭让他重伤不能理事，所以刘邦撤到成皋养伤。这时候刘邦派陆贾求和，项羽是绝对不会答应的。

这里边还有个原因，那时候的通讯不发达，项羽知道自己的粮食被彭越劫了，但不知道东方的形势严重到什么地步。等到确切消息传来，项羽知道彭城危在旦夕，这让项羽很着急，自己的钱和女人不能再有闪失了。因此侯公来谈判，项羽什么条件都能答应，要荥阳给荥阳，要吕雉给吕雉，要老刘给老刘。

侯公莫名其妙捡了个大功。刘邦也知道这事的前因后果，所以封侯公为平国君，宣布永不叙用。而鸿沟之约就是这样在看似不合理的情况下达成了。但是和约签订之后并不代表双方就此消停了，因为刘邦断不会放过这个给项羽致命一击的好机会。关键时刻，战场形势又发生了逆转，刘邦又战败了。这到底是怎么回事呢?

第三十七章　刘邦意外中箭

作为一场旷日持久的战争，楚汉之争对于刘邦来说，跟世界上大多数战争的过程是一样的，无非是防御、僵持、反攻三大阶段。那么说这场战争的转折点到底哪场是决定性的战役？不同的人会从不同的角度给出不同的答案。

有人说是韩信灭赵之战，有人说是广武之战，有人说是固陵之战，有人说是垓下之战。如果从我的视角去看，潍水之战是整场战争的转折点。韩信潍水一战消灭了项羽的精锐娄烦骑兵和大将龙且，让彭城暴露在韩信面前，自此一战之后，项羽的实力再也没办法和刘邦抗衡。京索之战以后韩信跟刘邦提出的战略包围彭城的计划已经完成，项羽想要翻盘已经没了可能。之所以项羽还能持续给刘邦带来压力，完全取决于韩信和彭越的态度。显然在潍水之战以后，韩信和彭越已经不受刘邦节制，这才给了项羽生存的空间。

彭越曾试探性地出兵或者不出兵，结果他发现，出不出兵可以影响整个战局。对于韩信来说，都当了齐王了，差不多得了，没必要那么拼了。对于彭越来说，韩信和英布都封王了，彭越还没封王呢，不封王谁干活啊。

就这样，韩信和彭越都停止了军事活动，项羽在鸿沟议和之后，割荥阳，送还刘太公和吕雉，急忙往东撤军。

刘邦胸口还隐隐作痛，毕竟被项羽一箭射得够呛。刘邦打算回三秦休养一下，将来再跟项羽分个胜负。关键时刻，大汉国两位正邪人士张良、陈平赶紧出来劝刘邦，时不我待，机不可失，必须马上追击项羽。

刘邦多聪明，跟这两位正邪人士又默契，所以他第一时间察觉到了问题所在。如果不趁机歼灭项羽，就目前而言，天下四分的趋势非常明显了。南方三王英布、共尉、吴芮的特点非常一致，谁厉害听谁的，但是谁也指挥不动他们。臧荼和张耳态度很明显，如果刘邦退回三秦，那这哥俩就听韩信的。彭越就是越来越不服，凭什么他不能当王。

所以刘邦必须吞掉项羽，这样才能镇住南方三王。只有这样，彭越才不敢太出格，张耳和臧荼才能多个选择。到时候韩信何去何从，还能再商量。否则的话一旦刘邦回了三秦，那再想出函谷关可就难喽。

刘邦撕毁了协议，奋力去追项羽，同时下令彭越和韩信配合作战。如果事情进展顺利，项羽的末日也就提前到了。

然后，问题就来了，事情并没有按套路发展。刘邦先头部队樊哙部追到阳夏（今河南省太康县），终于追到了项羽。樊哙发动突然袭击，杀楚将周将军，楚军大溃。溃到什么地步呢？四个字的评语：溃不成军。

由于汉军不宣而战，楚军的断后工作不力。樊哙一举成功，光战俘就抓了五千多。项羽，一代霸王项羽，居然破天荒地逃跑了。项羽前面跑，汉军后面追。大军追到阳夏南边的固陵，再次追上了楚军。这次项羽不再逃了，而是发起了绝地反击。项羽这个人就是这样，可以被打死，但不可以被吓死。这一战楚军展现出了超强的战斗力，给汉军带来了很大的打击。但是，实话实说，楚军当时只不过是做困兽之斗。猛则猛矣，但是这种勇猛就是回光返照，一鼓作气再而衰三而竭。逆袭是不可能，也就是能给自己的谢幕添加光彩罢了。

接着奇怪的一幕又发生了，占尽优势的刘邦被楚军的疯狂给吓退了，刘邦被迫坚守不出，险些让项羽逆袭。那么刘邦为什么会败呢？这里边最主要的原因是他没把话说明白。

刘邦啊，善于把话说得含糊其词。当然了，江湖上的大佬到今天也是这样，酒桌上什么事都能答应，醒了酒你就会发现大佬们也就是说说罢了，千万不能当真。刘邦招呼大家一起围攻项羽，好了，咱分析一下大家的心理活动。

首先要说的是彭越。彭越是个不稳定因素，因为政治经济发展不平衡的时候，必然要发生战争。论实力和本事，彭越仅次于韩信，比张耳、臧荼强多了。但是人家那三位都是王，彭越是侯。所以彭越有想法，但又不能明说。

韩信也就不提了，人家本事太大，彭越比不上他。但是，彭越总比张耳、臧荼强得多吧。这两位大王悠哉地享受着王位，又没接到灭楚的通知，王爷都不去，侯爷就更不去了。这次蒙刘邦召唤，事成之后会不会封王呢？刘邦一直没说准话。凭借刘邦的一贯做法，极有可能封卢绾为王，让彭越当国相。刘邦不把话说清楚，所以彭越也不出兵。

下一位是韩信，情况颇为复杂。当初武涉说降韩信失败后，蒯彻要给韩信算个命。蒯彻嘛，著名神棍，一直拿相士当自己的身份掩护。玩军事，在那个时代韩信无敌。玩政治，蒯彻是一等一的高人。蒯彻混了这么多年还没混出来，关键是没跟过好老大。所以蒯彻一定要把韩信培养成好老大，一个阴谋就此展开。

从刘邦偷兵符开始，蒯彻就一定能看出来刘邦对韩信的极度不信任。如果蒯彻对韩信忠心，他这个时候应该劝韩信自污。假如刘邦见到的韩信不是住在军营，而是住在城里的豪宅里，身边弄群美女夜夜笙歌，那刘邦和韩信的距离必然亲近很多。按照刘邦的价值观，贪酒好色必然是好人。你不信是吧，老刘自己就是个例子。刘邦在咸阳体验官员疾苦的时候，冒着酒精肝和肾虚的危险，大肆复制秦二世的生活。这时候的刘邦是没野心无公害的。后来刘邦变身道德帝，在咸阳成了洁身自好的榜样。那时候的刘邦是想搞事情的，因为项羽快来了。

事实上这点事韩信不注意，蒯彻应该能想得到。蒯彻知道韩信的为人，让他造反是不可能的。所以蒯彻要做的是让刘邦跟韩信翻脸，这样韩信就不得不迎战了。因此，蒯彻劝韩信攻打齐国。按照一般逻辑，逼死了刘邦心腹郦食其，逼反了归顺刘邦的田广和田横，这事刘邦绝对不能忍。就算刘邦不能去打韩信，刘邦可以给张耳下令，可以给彭越下令，总之这事刘邦绝不会善罢甘休。

但是蒯彻万万没想到，陈平和张良当时恰恰在刘邦身边，哥俩的飞踹适时地阻止了刘邦发飙。刘邦不仅没发飙，还封韩信齐王。这样一搞，大大出乎了韩信和蒯彻的意料。

韩信深知刘邦不自觉，如今刘邦主动封他为齐王，让韩信感激涕零，不再有非分之想。蒯彻深知刘邦脾气大，这一反常态的做法，让刘、韩翻脸更难了。

所以，在韩信击败龙且之后，蒯彻开展了第二步计划，给韩信相面。事实上蒯彻不会相面，只是借相面的名义劝韩信造反。韩信是那个时代的另类，甚至都可以说他是个穿越人。

你看在那个时代，每个人对自己都有相应的定位。哪怕是喊着“王侯将相宁有种乎”的陈涉，他当农民的时候就好好当农民，没听说陈涉放着农民不当，饿着肚子也得读书学剑吧。韩信就不一样，饭可以不吃，学问不可以不做。所以韩信饿着肚子，成了当时兵家的集大成者。

前面，我们分析过韩信在天下诸王当中是唯一的另类。既不是靠投机倒把，也不是靠血统，纯靠手艺上位。韩信是个念旧的人，他记得过去每个人对他的好，对他的坏。所以对于刘邦这个人，韩信虽然看不上他的为人，不过从原则上说，韩信视刘邦为恩人。没有刘邦，就没有齐王韩信。这官司打到天边也得这么说。

韩信跟着项羽，四年就混了个侍卫长。跟了刘邦，到那就是连敖，继而治粟都尉，然后就是大将军，最后封爵齐王。无论灭赵之后韩信对刘邦有什么看法，韩信都不能否认的是，在整个汉国，韩信是升迁最快的。韩信献计，刘邦都会采纳。韩信的第一桶金，是刘邦给予的。对于韩信这个念旧的人来说，对刘邦实在恨不起来。

当了齐王的韩信，有种达到人生巅峰想退休的感觉。这种情况下，蒯彻的策反是不起作用的。蒯彻聪明一世，到这一刻才发现原来韩信对刘邦是死心塌地。也就是说，极有可能韩信要拿他作为表现忠诚的牺牲品。蒯彻后悔自己说的那番话，又不能说自己发烧胡言乱语，只好装疯隐退。蒯彻虽然走了，韩信也觉察了一丝不祥。看来自己是不能再立功了，本来平定齐国这事就算僭越之功，断不可再惹刘邦不高兴了。功在不赏的时候，那真就不赏了。再者说了，韩信认为刘邦的霸业已经不需要他了。正面战场刘、项能僵持，敌后战场无论是彭越还是英布只要奇袭项羽后方，足以让项羽首尾不能兼顾，必死无疑。所以诛灭项羽这个不世之功，韩信自觉地不参与了。

这就是为什么刘邦招呼韩信、彭越共同攻打项羽，人家都不来。信心十足的刘邦遭遇到了项羽的绝地反击，只好坚守不出。天下诸侯其实还有一个疑虑，如果刘邦一统天下，是要建立一个周、楚那样的分封制王朝还是建立一个秦朝那样的郡县制中央集权王朝呢？这事需要刘邦把话说在前面。遭遇固陵失利的刘邦要怎么把话说清楚呢？

第三十八章　陈下的绝望

对于项羽来说，虽然局势不利，但这都不是事。给他三万骑兵，他能纵横大江南北。只要项羽忘乎所以地作战，无论是王离、章邯还是刘邦、彭越，谁也不是他的对手。项羽的成功都是因为他武力值高吗？反正项羽是这么认为的。

尤其是项羽在固陵绝地反击之后，楚军再次取胜，让项羽更加自信自己是笑到最后的人。其实我们知道，固陵大战是项羽的回光返照之战，很快项羽就要跌入失败的深渊。不过项羽看到的并不是日落西山，而是汉军的作战不力以及彭越、韩信的按兵不动。项羽并不怕刘邦来打他，他怕的是刘邦不来打他。这回行了，只要刘邦肯打仗，哪里都是决战的战场。项羽打定主意，就在固陵跟刘邦一决胜负。

正是由于项羽这种心态，导致他并没有及时撤到大本营彭城，而是驻扎在固陵，做出决战的架势。其实这并不仅仅是项羽看到的战况，也是刘邦深切感受到的实际情况。不管怎么说，刘邦清醒地认识到即便是现在，仅仅依靠他的实力依然不是项羽的对手。要打败项羽这样的对手，还得韩信出马。可是现在他指挥不动韩信，而项羽气势汹汹要找他拼命，这个时候，刘邦需要一个关键先生出马。这个关键先生就是张良，张良一计改变了刘邦、韩信、项羽三个人的命运。

刘邦问计于张良，诸侯不听话该咋办。张良看得很清楚，之所以诸侯不从命，关键就在于刘邦不把话说清楚。将来的大汉朝到底是怎么样的国体？对诸侯采取什么政策？汉王殿下得给个准话啊。只要没这个准话，诸侯谁也不会轻举妄动。因此张良建议，承诺封彭越为王，给齐王韩信加封领地。

就当时的情况来看，刘邦似乎没有其他的选择。虽然刘邦心里一万个不愿意再封王，更不愿意让韩信的实力增强，但是形式所迫，非张良之计不能解此厄。但是，刘邦玩了把文字游戏，让整个事情变得非常有意思。

刘邦的诏书是这么说的："并力击楚。楚破，自陈以东傅海与齐王，睢阳以北至谷城与彭相国。"（《史记·项羽本纪》）

这个诏书内容不多，十分无聊地数了一下，一共是二十六个字。但是这二十六个字，信息量非常大。表面上这二十六个字是写给彭越跟韩信看的，里面深层的意思可多了去了。

从韩信的角度讲，诏书首先肯定了韩信齐王的爵位，又答应把陈（今河南淮阳）往东到大海的地盘都"与"韩信。这个"与"怎么讲？字面上看是加封的意思。毕竟事实上韩信已经是准齐王，掌管三齐之地，如今再"与"韩信这么大一块地盘，说明是要加封齐王。但是，之前刘邦答应封韩信为齐王的时候，可没说封地多大。我们知道所谓的三齐，是项羽把齐地分为了三块。即胶东、济北、齐三块。那韩信这个齐王，是掌管临淄周围呢？还是整个三齐呢？不知道，从法律上讲，刘邦没规定这个范围。唯一能肯定的是，自陈往东到大海，是汉王封给韩信的领地。因此这个"与"字，为刘邦将来翻脸奠定了基础。

从彭越的角度讲，刘邦对彭越的身份认同是相国。这个相国是哪来的呢？这是当年田荣不满项羽偏心而谋反，彭越跟陈馀、田荣勾结起来搞事情的时候。彭越打败楚将萧公角，被刘邦封为魏国丞相。当年的魏王还是魏豹，如今魏豹死了，魏国没了，剩下个魏相彭越，好尴尬啊。再看刘邦的承诺，打败项羽之后，把睢阳（今河南省商丘市）往北到谷城（今山东省阳谷县）这块地方封给彭越。这什么意思？简单分析一下。当时彭越的爵位是建成侯，封地在今天河南省永城市一带。侯国嘛，自战国以来，最大也就是一万户，地盘多为一座城池。大县摊一个，小县摊几个。但是刘邦承诺给彭越这么大一块地方，显然是王国的待遇。不过，刘邦并没承诺封彭越为王，那就让彭越琢磨去吧。

刘邦虽然把话说了，但是说得模棱两可。这话虽然没说清楚，但是足够让彭越浮想联翩了。刘邦这御人之术已经登峰造极，就跟当初玩英布一样，先给个下马威，再给套总统套房，弄得英布死去活来。彭越虽然没文化，但是人不傻。造成刘邦翻盘的关键人物头一个是张良，第二个就是韩信。

韩信自从平定三齐，就想安安静静做个齐王，从此不理天下纷争。谁承想一向抠抠搜搜的刘邦居然拿这么大筹码来调动自己参战，这说明刘邦真心遇到大麻烦了。要搁刘邦以前的脾气，韩信免费参战他都不会允许，要不然也惹不出平三齐那场不愉快。自从蒯彻离开了韩信，让韩信又回到了忠臣良将的轨道上来。刘邦有难，韩信义不容辞。一来报恩，二来终于有机会到家乡走走。

其实之前韩信已经做好了准备，弄项羽还不简单。别看他现在张牙舞爪在固陵很威风似的，韩信一道将令下去，驻扎在下邳的灌婴得令猛攻彭城，很快就攻克了防守薄弱的项羽大本营。这一下，天下形势骤变。

彭越见韩信出兵，他也不观望了，迅速带兵南下，扫清项羽楚国本土的北方势力。韩信、彭越一积极，大大鼓舞了南方的英布。英布仿佛察觉到了，刘邦还没正式对他进行加封。而且灭楚既然人人有分红，他英布自然也不能放过。英布带兵北上，尽情地演绎着墙倒众人推。

有了韩信、彭越、英布的参战，战场局势瞬间改变。这时候，项羽突然意识到在固陵跟刘邦较劲，那是大错特错。

简单说说当时的形势，灌婴横扫西楚大本营，所到之处如入无人之境。当然了，主力都在项羽手下，所谓西楚大后方，其实没多少兵力可以阻挡灌婴的精锐骑兵。与此同时，汉将靳歙在曲阜击败了楚将项冠，接着杀到济阳打败楚将项悍，成功地在彭城跟灌婴会师，一起西进往固陵杀来。

也是这个时候，英布和刘贾在南方闹得也欢。尤其是刘贾，在英布的配合下围困寿春。楚国悍将周殷走投无路，投降了刘贾。自此，英布、刘贾通往楚国腹地的道路被打通。周殷的投降对楚军士气影响极大。看看项羽手下的这些悍将，曹咎出战被杀、龙且出战被杀、周殷投降，就剩个钟离眛苦苦支撑。

出处

汉五年，汉王追项籍至固陵，使刘贾南渡淮围寿春。还至，使人间招楚大司马周殷。周殷反楚，佐刘贾举九江，迎武王黥布兵，皆会垓下，共击项籍。——《史记·荆燕世家》

眼下项羽的退路已经被切断，刘邦出兵猛攻固陵。丁义和靳强为先锋，出手就击败了楚军仅存的悍将钟离眛，楚将灵常投降。项羽不敢恋战，因为背后的灌婴和靳歙也杀过来了。所以项羽率领大军南下，一路撤到了陈下（今河南省淮阳市）。陈下和固陵的距离并不远，在这里，刘邦和灌婴、靳歙会师，两面夹击项羽，楚军大败，楚将利几投降。

陈下大败，项羽陷入了深深的迷茫当中，楚军上下弥漫着绝望的情绪。项羽第一次发现，自己什么都没了。眼下虽有十万大军，但是天下却无楚军的立锥之地。思来想去，项羽唯一能去的，就是会稽。就当时而言，会稽是汉军还没有染指的地方，项羽要想翻盘，只能先退往会稽休整。那么刘邦会给他这个机会吗？

第三十九章　夜撤垓下

这是一场大家耳熟能详的决战：垓下之战。千百年来，这场战争被项羽的光环笼罩着。乌江畔的一剑，讲了两千多年的虽败犹荣。故事大家看得很多了，我们从史书上找找这段历史的前世今生。

项羽在陈下惨败，东归之路也被灌婴封死，只好率军往东南方向逃跑，目的地：会稽郡（治所在今天江苏省苏州市）。

会稽是项羽梦开始的地方，八年前他在会稽郡守府上杀了一百多号人，向秦始皇缔造的秦帝国宣战。八年后，项羽再次朝着这个地方奔去，一种不祥的预感笼罩在项羽的心头。莫非项羽的霸业，真要以会稽始，以会稽终吗？

如果从数学的角度讲，当年项羽从会稽走的时候，有八千人马，今天项羽回来了，有十万兵马。也就是说，其实情况并没有太糟。但是对于项羽来说，他失去了往日的锐气，没了四年前带三万兵马横扫五十六万联军的气魄，甚至没了再到阵前招呼刘邦单挑的勇气。作为项羽最专业的技能——战争，他突然觉得不会了。

项羽思考着人生，就到了垓下。到这里，项羽朝思暮想的决战也到来了。在这个战场上，他的对手包括老冤家刘邦，老部下英布、韩信、周殷，老手下败将彭越。项羽停住了脚步，决定就在这里，跟汉军决战。

对于项羽来说，垓下跟固陵一样，并不是一个好的决战场所。但是项羽不愿意再退，就想在这里跟汉军决战。

对于刘邦来说，项羽这次绝对玩完了。不过，自己三十万大军对战楚军十万，那绝对是……没什么把握。项羽有多猛，没有人比刘邦更清楚。且不说当年刘邦是从彭城仓皇而逃，也不说之前刘邦从成皋逃走偷韩信的兵符。就说前几天，固陵那场大战就让刘邦再度体会了恐惧的滋味。所以在这一刻，刘邦不敢再托大，把三十万大军的指挥权交到了韩信手上。韩信知道，这是他战争艺术的谢幕之战，一定要打得漂亮，然后从容退出军界，体体面面当个齐王。只不过韩信没想过，在垓下战场上，刘邦最忌惮的并不是项羽，而是他韩信。

韩信把诸侯的军队编为三队，韩信自领中军突前，跟随韩信多年的部将孔藂、陈贺分别带左右两支部队策应两翼，刘邦带本部人马跟在韩信后面，周勃、柴武带预备队居后。你看这个三叉戟的队形很有学问，看上去是韩信带着诸侯的生力军在前，刘邦的军队在后，这是为了给项羽持续施加压力。仔细一琢磨不对啊，刘邦这是拿诸侯的部队跟楚军对攻，分明是拿诸侯的部队当炮灰。再仔细一看，不得了，这个三叉戟阵营的核心是为了钳制韩信。韩信认真打仗这事就算了，如若不然，但凡有点小猫腻，汉军先杀韩信!

刘邦办得到吗？没问题。且不说刘邦带着主力就在韩信背后，就说韩信的左右两翼，孔藂和陈贺这二位可都不是一般人。

孔藂和陈贺跟随韩信多年，当年韩信的得力部下们，像曹参、张苍、灌婴都是临时归韩信指挥。而且这三位在跟韩信之前就名满天下，顶着侯爵的帽子跟着没爵位的韩信作战，所以这三位成不了韩信的嫡系。孔藂和陈贺不一样，他俩跟着韩信兢兢业业，为人低调，作战努力。韩信对他俩十分信任，而且这二位劳苦功高，一直不得封侯，属于郁郁不得志类型。

刘邦最看不起的是什么人？儒生啊。孔藂跟刘邦的关系能好吗？应该不能啊。陈贺跟孔藂是好朋友啊，所以陈贺混得也不咋的啊。

下面就要讲关键的两个字，但是。

但是孔藂和陈贺在刘邦隐居芒砀山当社团大哥的时候就跟刘邦混了，属于刘邦第一批亲信。论资历，比张良、陈平都老多了。等到以后刘邦君临天下大搞运动清洗功臣的时候，这二位韩信昔日的得力助手不仅没跟着受牵连，还稳稳地坐在侯爵的位置上。那就很明显了，这二位打一开始就是刘邦派来的卧底，从来都不跟韩信一条心。为了暗中钳制韩信，孔藂、陈贺封侯比刘邦身边的老人都晚，但是他俩最安全。

韩信没有搞猫腻，在正面战场上跟项羽展开了决战。这一战让韩信不得不感慨，自己跟了项羽四年，都没意识到项羽的猛冲猛打能成为战场技战术的一个重要流派。这一手要是玩到了极致，确实杀伤力极大。韩信正面受挫并不着急，项羽首战告捷并不开心。因为项羽跟韩信缠斗的同时，孔藂和陈贺已经完成了对楚军的合围，再加上韩信的正面作战，项羽陷入了绝境。

韩信早说了项羽不行，项羽也早觉得韩信不行。如今终于轮到韩信跟项羽对决，两人都没意识到，旁边的刘邦就这么静静地看着他俩，心里想着他俩都不行。

不过项羽就是项羽，他居然能奋起神威杀出重围回到垓下。项羽陷入了深深的纠结当中，是继续作战呢，还是撤回会稽呢？就在项羽纠结的当晚，刘邦看到了胜利的曙光，并且配合韩信在垓下对项羽完成了第二次合围。

这次围得住项羽吗？我很负责任地告诉大家，理论上这次依然围不住项羽。虽然项羽初战失利，但是项羽的主力未损。这帮人发起疯来，随时能制造奇迹。

可就在这个时候，韩信使出了战争的最高奥义：攻心战。韩信让士兵在楚军大营周围大唱楚国流行歌曲，唱得整个楚军上下都军心浮动。楚军士兵就开始思索，大老远跑这儿打仗是为了什么？不如回家过日子去。听着楚国的曲儿，就想到了楚国的故乡，没准还有故乡的她。这一下，项羽的神之光环开始变得暗淡，韩信攻心战术成功。

出处

淮阴侯将三十万自当之，孔将军居左，费将军居右，皇帝在后，绛侯、柴将军在皇帝后。项羽之卒可十万。淮阴先合，不利，却。孔将军、费将军纵，楚兵不利，淮阴侯复乘之，大败垓下。项羽卒闻汉军之楚歌，以为汉尽得楚地，项羽乃败而走，是以兵大败。——《史记·高祖本纪》

韩信的心理战还没完全摧毁楚军士兵，却先摧毁了楚军统帅项羽的心理。别说士兵们想回家过老婆孩子热炕头的日子，项羽也想啊。当年项羽发了疯一样从山东战场带了三万铁骑玩了命地死磕刘邦，那是因为他的女人落入了刘邦手里。刘邦色名远播，项羽一想到自己心爱的女人落在老流氓刘邦手里，脑门子就隐隐发绿。这回不一样了，自从彭城之战以后，项羽走到哪儿就把心爱的女人虞姬带到哪儿。虞姬名字叫虞，姓什么史书上不见记载。总之这是个很讨项羽喜欢的姑娘。项羽平生有两大宝，其一是良驹乌骓，其二就是这美人小虞。

历史并没有让项羽在美人和江山之间做个选择，但是项羽在心爱的女人面前不能直面自己的失败。因此，项羽给自己和小虞出了一道选择题，题目曰：

力拔山兮气盖世，时不利兮骓不逝。骓不逝兮可奈何？虞兮虞兮奈若何？

我简单翻译一下，这道题的意思是：我项羽无敌于天下，可惜的是时运不济导致我困囿此厄，我现在骑上乌骓马都跑不了，怎么办？小虞，你说该怎么办?

小虞一听就明白了，项羽的意思是带上她这个累赘，就算骑上乌骓马也跑不了。堂堂西楚霸王，又不能忍受自己的女人落入老流氓刘邦之手。而项羽还必须得跑，小虞怎么办？小虞在这道题中，选择了项羽的霸业，所以小虞横剑自刎，让项羽了无牵挂地跑。在出这道题的同时，项羽也有了答案。在江山和美人之间，他选择了江山。

不幸的是项羽的江山在失去美人之前就没了，在垓下的最后一晚，项羽又做了最后一道选择题，在自己和十数万将士之间，他选择了自己。

心理崩溃的项羽抛弃了自己的大军，带了八百亲信连夜逃走。而他没带走的军队，成了殿后的炮灰。项羽要的只是速度，他要在最短的时间内赶到会稽郡，那里还有他的梦。

项羽怀揣着梦想，打响了强渡淮水之战。

第四十章　乌江亭自刎

垓下的深夜是那样令楚军绝望。随着项羽的声泪俱下，楚军上下都陷入了巨大的悲痛当中。霸气如项羽也潸然泪下，勇武的楚霸王也决定用逃避来掩护着自己的豪迈。

在蒙蒙夜色中，项羽精选了八百精锐骑兵，悄悄地往南疾驰。这八百多人当中有江东子弟兵，也有精锐的娄烦骑兵。对于项羽来说，眼下速度就是生命，会稽就是天堂。

项羽带着八百标兵奔南坡，生生在汉军的包围圈上撕开了一道口子。等到天亮，汉军才知道夜里那支突出重围的小分队是项羽的精锐骑兵。刘邦下令，捉项羽者，封万户侯。那没什么好说的了，这是一场速度之战。汉军骁将灌婴带着汉军最精锐的郎中骑兵五千人飞速追赶逃跑的项羽。项羽跑着跑着，被一条大河拦住，这条大河波浪宽，也就是传说中的淮河。据韩信所说，置之死地而后生，如今项羽背水一战，却没有上演韩信那样的奇迹。背后是灌婴的骑兵，前面是川流不息的淮河。项羽的八百骑兵在这危急时刻打响了强渡淮河之战，最终，项羽成功地渡过了淮河，而那八百骑兵，只剩下了百余名。

汉军渡过淮河穷追不舍，项羽带着百余名骑兵退到了阴陵（今安徽省定远县西北）。项羽看着眼前的江山，感慨万分。这都是他的，无论山川河流土地都是他的。可是，他的东西，他不认识，项羽迷路了。

在逃命的道路上，迷路是致命的。在没有导航的时代，项羽能做的就是找人问问。恰巧旁边田地里有个老头在干活，项羽问问吧，这位大爷，会稽怎么走啊？老头凭借着自己的生活经验，告诉项羽：往左走。

阴陵到会稽郡的首府吴中县的直线距离是三百多公里，如果按照当时的实际路线，至少需要四百公里以上。也就是说，这位在农田里劳作的老人家很有可能不知道会稽郡在哪。比如说我吧，从小在巨野县长大。你要问我古昌邑在哪？我分分钟能在地图上给你标出来。不过你要是站巨野大街上问我昌邑怎么走，那我只能拿手机搜一下了，别看在一个县里，各镇具体路线怎么走我真不是太清楚。

老头为什么指挥项羽往左走？很有可能往右走会踏坏他家的农田。往左走是去哪？不重要了，项羽往左走没有踏坏老农的田地，因为这里压根没有农田，只有一片沼泽。项羽这百十号人都是骑兵啊，他们到了沼泽地的处境用东北话来说，那就是彻底完犊子了。

项羽一看不对，自己的部队不是娜迦族，水战估计够呛。所以项羽又带着大家原路返回，找老头算账。有可能项羽觉得，老头是奸细。

就这么一来一回，汉军围上来了。阴陵是回不去了，老头也找不到了。项羽拼死杀出包围圈，往东南方向隔过阴陵策马飞奔到了东城县（今安徽定远县朱马乡下马铺）。盘点一下，楚军还剩二十八骑。

项羽回忆过去，但凡自己正面死磕，从来没这么狼狈过。只要是逃跑，总会被追杀得丢盔弃甲。这不行，项羽从来没这么栽过面子。从在会稽郡当网红开始，项羽在江东就是神一样的存在。神怎么会败给人呢？不会的，一定不会的，是老天爷搞错了。不信是吧，那项羽要用实际行动证明给属下看，神就是神。

项羽豪迈地对二十八骑楚军讲，他纵横天下从未败过，之所以落得这步田地是老天爷的错。如今汉军层层埋伏，要突破东城之围，必须完成斩将、溃围、刈旗三件别人不可能完成的事。

汉军围上来了，项羽做出了军事部署。二十八骑分为四个队伍，每队七人，同时向四个方向杀过去。

汉军多少人围过来不知道，项羽就敢把仅有的二十八骑分为四个队伍作战，这种战术在战争史上可不多见。项羽一声令下，楚军奋力出击。项羽一马当先，先斩汉军一将。汉军主将被杀，军心涣散。项羽所到之处汉军皆溃，项羽完成了斩将、溃围。至于旗，项羽不知道刈了多少。

这个时候，汉军需要有人站出来做中流砥柱，否则大军就彻底溃败了。关键时刻，挺身而出的是韩信调教出来的骑兵都尉杨喜。杨喜是灌婴的部下，属于能征善战之士。他见项羽虐汉军郎中骑兵如虐菜一般，纵马就向项羽杀去。汉军被杨喜感染，仗着人多再度把楚军包围。

项羽正杀得忘我，不承想背后有汉军杀来。只见杨喜耀武扬威纵马而来，结果项羽回头瞪了杨喜一眼就把他吓得调头跑了好几里地。

项羽的疯狂再度溃围，汉军被冲击成三段。由于项羽四面进攻，汉军不知道项羽在哪个小队里。二十八个楚军兵分四路，这就意味着他们不会冲杀得太远，毕竟一队才七个人。这时候汉军收拾好心情再出发，又把二十八个楚军以及项羽围在一个大圈里。项羽继续驰骋，再斩汉军一个都尉，收揽部下骑兵，溃围而出。至此，项羽斩杀汉军百余人，楚军阵亡两人。不过汉军有几千人，大部队正往这边赶，楚军还剩下二十六人。

项羽的这次疯狂给自己争取了两天的时间，毕竟二十七个人跑路，目标不算大。而且在这一亩三分地，项羽都不认道，汉军也够呛。

项羽杀退了汉军继续往东疾驰，汉军失去了目标。我估计得有两天的时间，项羽终于到了长江边上，此地就是东城县乌江亭。

项羽在长江边上，又看到了一个人，此人是乌江亭长。场景何其相似，犹如那片水田。老头是不是奸细项羽没机会查验了，眼前这位船夫是不是奸细那谁知道？乌江亭长招呼项羽上船，项羽犯了难。你说要是无条件上船，那是唐僧干的事，项羽不干。你说如果不上船，那怎么才能渡江去会稽呢？

项羽回顾身边的二十六名士兵，无一人是江东子弟。能在郎中骑兵面前表现得这么强悍，窃以为这位都是项羽手下最能打的娄烦骑兵。看见这些西北的汉子，项羽想起了一位故人，此人就是曾经也收编过娄烦骑兵的战神章邯。

章邯有多猛，项羽是知道的。所以为了拔掉章邯的根基，项羽杀了章邯手下的二十万大军。章邯是秦人，带出函谷关的最初班底是秦兵。转了一大圈，章邯、司马欣、董翳这三个秦人戴着王冠回来了，但是那些秦人子弟一个都没回来。所以秦人对章邯等三秦王入骨，若干年后刘邦还用司马欣的人头收揽栎阳百姓的民心。

如今项羽也尝到了这个滋味，他回到江东会不会变成第二个章邯呢？乌江亭长说不会，但是项羽觉得会。所以大老远从垓下跑来乌江的项羽，因为在渡淮河跟阴陵之战失去了八百子弟兵，让项羽彻底放弃了去会稽的计划。

就算是过了长江，离会稽还有很远。而且这一路还要穿过大面积的沼泽，项羽失去了信心。不管眼前的撑船人是不是汉军的奸细，从概率的角度讲，相比于即将杀来的汉军，他最起码有50%的概率不是奸细。为了不重蹈章邯的覆辙，项羽把乌骓马送给了亭长。

项羽下了马，意味着他抱定了必死的决心。二十六骑勇士也下了马，跟随项羽和赶到乌江的汉军进行了殊死搏斗。一场血腥械斗之后，项羽只身一人在江边伫立，身上十余处伤口在涓涓流血，眼前是他手刃的百十名汉军尸体。昔日力能扛鼎的猛士，到此时也用尽了全身的力气。再战，已不能。

但是项羽注定不会认输，他自封是神，谁也不能杀死他。能杀死项羽的，只有他自己。虽然项羽不能再战，项羽决定用自己的死，再换汉军将士几条命。

项羽招呼郎中骑兵司马吕马童，说既然杀项羽者封万户侯，那就把自己的头颅送给吕马童。说完之后，项羽举起宝剑，挥剑自绝。郎中骑兵蜂拥而上，抢夺万户侯的角逐入场券。一场乱战，项羽尸身一分为五，汉军自相残杀而死的有数十人。

就这样，项羽退出了历史的舞台，死后还带走了几十名汉军骑兵。项羽虽然死了，但是他的故事还没有完结。就当时而言，江湖上还传颂着这位楚霸王的传说。

第四十一章　没有项羽的日子

人活一世，草木一秋。项羽悲壮自刎，留下了千古唏嘘。就在当时而言，项羽虽不在江湖，江湖上依然满是项羽的传说。

随着项羽的败亡，楚国彻底结束。多年以来很多人对项羽的自刎表达着惋惜，正如杜牧的《题乌江亭》所言：

胜败兵家事不期，包羞忍耻是男儿。
江东弟子多才俊，卷土重来未可知。

可以大胆地设想一下，如果项羽真的乘坐了乌江亭长的船，结果会怎么样呢？最直接的可能就是船行到长江的中央，亭长抽出一把刀来问问项羽想吃“板刀面”还是“馄饨”。项羽再神勇，放船上就白瞎了。

连项羽都不知道自己怎么就跑到了乌江亭，乌江亭长更不可能知道。而这位亭长居然适时地出现在了长江边上等项羽，说明这哥们是常年在这里等活。当时天下背叛项羽，连周殷都起义了，如果这位亭长是项羽的“脑残粉”，他应该当场自尽以示气节。不信是吧，过不了多久，田横的粉丝们就这样用自杀表达了自己对偶像的崇拜。而这位乌江亭长收了项羽的乌骓马之后，居然，跑路了。都是混社团出来的，谁不知道谁啊。关键时刻，不仅项羽，就连项羽的部下都宁愿战死也不上贼船。反正都要死，宁死不辱。另外，这位船长是不是亭长还是个未知数，谁敢上他的船啊。假设一下项羽真的到了会稽郡，真的能带领江东才俊东山再起吗？

就在杜牧在乌江亭涂鸦几百年后，王安石也来到了乌江亭涂鸦。政治家看问题确实跟文人的角度不一样，王安石在《叠题乌江亭》中说：

百战疲劳壮士哀，中原一败势难回。
江东子弟今虽在，肯与君王卷土来？

王安石这就有点跟杜牧斗气的意思了，句句都针对杜牧的观点。那到底谁说得对呢？

那一年刘邦觍着脸一而再地找项羽议和，快吃不上饭的项羽挣扎了一次之后，痛快地答应了刘邦的请求，这次议和就是传说中的鸿沟议和。鸿沟议和之后，“军皆呼万岁”。（《史记·项羽本纪》）

也就是说，从秦灭六国之战到楚汉之争，几十年来天下纷争不断，老百姓厌战的情绪非常强烈。如今项羽大势已去，想再带江东子弟兵再立山头？根本不可能，除非刘邦实施暴政。

事实表明，项羽死后，江东传檄而定，无人为项羽死节。在那个年代，受人怀念的英雄去世以后，总会有人借助这些英雄的名义搞事情，再不济也会编段故事说明这个英雄一直和人民同在。比如项羽的爷爷项燕死后，楚人都不能接受这个事实，于是江湖盛传项燕没死，指不定哪天就会出来弄死秦人。就连扶苏自杀后，还有陈涉假借扶苏的名义闹事。而项羽心心念念的江东，连个给项羽编故事说他没死的都没有。

这个事就尴尬了，秦帝国当年面对风起云涌的反秦起义。最后时刻抛弃秦国的居然是秦人，秦人热烈欢迎楚人刘邦解放咸阳，对上了当年那个预言：亡秦必楚。

如今轮到了楚国，最后抛弃项羽的也是楚人，江东子弟对项羽的身亡完全无感。而最后把项羽分尸的郎中骑王翳、杨喜，骑司马吕马童，郎中吕胜、杨武五个人都是秦人，这就很难讲到底是亡秦必楚还是亡楚必秦。最终的宇宙级真理就是：得民心者得天下。

虽然楚人对项羽的死无感，但是一帮山东人却为项羽的死反应激烈。哪怕是江东都对刘邦表示了臣服，唯独山东鲁县（今山东省曲阜市）人民表示不降。鲁县当时属于高度自治状态，县城里德高望重的长老说了算。为什么这里的人民群众表示不降呢？这里边有深刻的原因。

汉军在灭楚的过程中，有不同程度的屠城现象。比如城父、六县，没招谁没惹谁就被刘贾给屠了。鲁县一城的儒生，属于刘邦不待见的群体，遭屠城的可能性极大。就算举城投降，新来的县令也会不同程度地压制儒生，所以鲁县不降。

不降看上去是非常危险的，仿佛更容易被屠城。你看刘邦听说鲁县不降之后，马上带人去屠城。走到路上刘邦就琢磨，鲁县一直温文尔雅不出幺蛾子，为什么会在天下皆平的时候当出头鸟？刘邦打听了一下，鲁县打出的旗号是忠于鲁公！刘邦恍然大悟，这帮鲁县人啊，淘气，警报解除，原来是自己人。传王翳，把项羽的头送来。

这里边学问就来了，鲁县人打出忠于鲁公的旗号意味着什么呢？鲁公，那是项梁死后，前楚怀王熊心揽权时给项羽明升暗降封的爵位，鲁县就是楚怀王给项羽的封地。当年项羽就对这个事有意见，没有人称呼过项羽为鲁公。项羽斩杀宋义，收降章邯之后。别人都称项羽为项王。谁要是敢喊项羽鲁公，弄不好就被项羽当成敌人给炖了。鲁县人民这时候声称效忠鲁公，并不是表示自己对项羽忠，而是表示自己对义帝熊心忠。而刘邦在反楚时的旗号就是为义帝报仇，也就是说汉王刘邦名义上也是义帝的臣子。所以鲁县人民的行为其实是在提醒刘邦，天下未定，要想天下归心，是时候喊口号、做样子了。

出处

鲁为楚坚守不下。汉王引诸侯兵北，示鲁父老项羽头，鲁乃降。遂以鲁公号葬项羽谷城。

——《史记·高祖本纪》

大家既然都是义帝的臣民，那就没矛盾了。刘邦在鲁县为项羽举行了隆重的葬礼，以公爵的礼仪安葬了项羽。鲁县归顺，完全没毛病。刘邦没有对项氏赶尽杀绝，看在项伯的面子上，活着的项氏家族改姓刘，领头的几位皆封列侯。刘邦大老远来趟山东不容易，不能作个秀就走。山东是谁的地盘啊？齐王韩信的啊。那好，来一趟得有效益，所以刘邦趁韩信不在，夺了韩信在山东的兵权。

至此，项羽以及项羽效应彻底不在了，这才是项羽最大的失败。

对于项羽，司马迁都懒得说他了。因为项羽到死都没死明白，还喊着是输给老天爷了，司马迁认为，项羽大错特错，但是没有写项羽错在哪。可能项羽错得太多，司马迁懒得下笔，嘲笑一声“岂不谬哉”就完事了。

简单剖析一下项羽的人生，这里面有很多现实意义。

说起来项羽小时候，是一个被惯坏了的孩子。项梁作为项羽的实际监护人，其实对项羽的教育很有问题。项羽这也不学，那也不学，项梁显然是纵容的。这让项羽从小缺乏修心的过程，自己不喜欢，就不学了。项羽为什么不喜欢读书、学剑、兵法呢？原因很简单，他嫌麻烦。发现了没？其实小项羽这样的孩子现在满大街都是，因为怕麻烦，所以不坚持。因为不坚持，所以一事无成。因为怕麻烦、做事不坚持，所以越来越浮躁。

按理说这样的孩子长大后一定会碌碌无为，跟项家大多数人一样，混吃等死成了人生的全部。可历史偏偏给了项羽这个特殊的人物设定，让他天生神力。

这就有问题了。很多不良少年会在少年时代因为一道坎而幡然醒悟，做到了浪子回头。再不济，成年后总会有机会走向正道。比如周处、吕蒙等，总有活明白的时候。因为这样的人早晚会为自己年轻时候的蹉跎而买单，这就是为什么今天中国的家长玩了命地培养孩子成才，其实就是圆自己一个梦，不愿意让自己小时候的懒惰传代。

项羽偏偏没有这个过程，他太顺利了。不会剑术没关系，强大的力量可以弥补。所以项羽出手，绝无对手。这样项羽会反思自己小时候不好好学剑术的错误吗？不会的。你倒是好好学了，怎么打不过我啊？

久而久之，项羽对事情的处理就越发简单粗暴。打仗很简单，学什么兵法？斗狠就是了。项羽的顺利命运又开始推波助澜了，自从项羽带兵起义以来，一个像样的对手都没遇到。别管跟谁打仗，都成了打架。论打架那时候谁打得过项羽啊？所以项羽无敌了很长时间。

那一年他杀了宋义，当时没有人敢说这样不对。就夺权这点事，古往今来都是烧脑大戏。项羽这个多简单，进门就杀人，杀完就成功。历史上别说军国大事了，就算土匪争老大之位，也得阴谋诡计配合武力，没有像项羽这么直接的。

项羽的做法是错的，但是他成功了，这大大助长了项羽骄傲的情绪。本来遇到章邯这样的对手，是个让项羽重读人生的机会。谁知道在赵高的折腾下，章邯投降了。这事闹的，本来项羽砸锅沉船的流氓习性发作，遇上了章邯的投降，成就了项羽破釜沉舟的神话。

接着项羽没和任何人打招呼，默认了项王的称号。随后项羽轻松地进了咸阳，窃取了起义的果实，建立了分封制王朝：楚国。那一年，项羽二十六岁。他过了二十六年的超顺利开挂人生，几乎没遇到过挫折。这样一帆风顺的人生，并不是什么好事。人一辈子没遇到过难事，真到岁数大了遇上有人在网上骂自己一句都能别扭死。那些经历过大风大浪的人，一般都比较从容，什么事都不叫事。

你看刘邦，被杀得身边还有十几个人的时候，没关系，咱再接着玩。被杀得只剩下老司机夏侯婴的时候，没关系，咱先偷兵符。在比自己小三十岁的项羽面前装，没关系。在冒顿面前夹起尾巴，没关系。

换作项羽，一次失败就无法面对，自杀那年才三十一岁，大好青春，就是被一帆风顺的人生给毁了。但凡是英杰，都有坎坷的过去。苏秦说过，但凡他在洛阳能有块地种，他也不会有佩戴六国相印的成就。有人说出名要趁早，其实吃亏更要趁早。

项羽终归是建立过霸业的人，他的性格特点中当然也有很多亮点。不过比较悲哀的是，这些亮点很难界定是优点还是缺点。项羽成功的关键是有一身神力，项羽失败的关键还是因为这一身神力。人啊，一辈子的成败往往是同一个原因。项羽的成功与失败，都是因为他的简单粗暴。

在没有项羽的日子里，并不代表刘邦的人生会一帆风顺。

下篇 Part three

大汉王朝里的失意皇帝

第四十二章　大汉王朝分蛋糕

楚汉这点事，两千多年来被人们津津乐道的有两个故事高潮。头一个，韩信擒魏、捉代、灭赵、下齐。第二个，楚霸王受十面埋伏、四面楚歌、霸王别姬、乌江自刎。这两段故事被小说家们演绎得够够的了，唯独项羽乌江自刎之后到刘邦建立大汉王朝之前这段历史无人提起。刘邦怎么就当了皇帝？汉国怎么就变成了汉朝？诸侯王们到底怎么得罪刘邦了？这些故事，非常有意思。

先说项羽被杀以后，刘邦在鲁县为项羽以鲁公的身份举行了葬礼。刘邦向世人表达了他忠于义帝熊心的那份情操。国不可一日无君，那会儿也没有民主共和的概念。所以谁是下一任中华大地上的皇帝，非常重要。

诸侯和群臣一致拥戴刘邦，为什么呢？实力是一方面，更重要的是，刘邦当皇帝符合礼法。当年秦末起义，起义者们共同认定了两点共识。第一，秦朝是反动王朝，必须推翻。第二，义帝熊心是合法的天下共主。后来楚霸王项羽之所以成了独夫民贼，最大的原因就是他害死了义帝，变成了楚霸王反动派。刘邦诛灭了反动派头子项羽，推翻了项家王朝，理论上熊心还是天下共主。但是熊心死了，还没有后人，省去了刘邦的很多麻烦。义帝时代合法的王爷分别是齐王田假、齐王田儋、赵王歇、燕王韩广、魏王咎、韩王成。后来义帝又用生命坚持着分封先入关中的刘邦为秦王。如今经过楚汉之争，义帝时代的王爷，只有刘邦一个了。那刘邦不当皇帝，谁当皇帝？

熊心在的时候，恢复的是周朝体制。如今项羽死了，也应该恢复周朝体制。如果恢复周朝体制，那乐子就大了。大汉初年的王爷们，没有一个是周朝诸王的后裔，所以周朝体制不能恢复。诸王当中，赵王张耳、齐王韩信、淮南王英布是刘邦亲封的王爷。燕王臧荼是归顺刘邦的王爷。剩下的就是衡山王吴芮和临江王共尉，这俩身份特殊，待会儿再说。韩王信、彭越、田横属于名不正言不顺型的疑似王爷。

所以大家一致推荐刘邦当天下之主，让刘邦分配利益的蛋糕。老规矩，刘邦推辞三次，群臣劝进三次，刘邦这才“勉为其难”地当了皇帝。刘邦为什么推辞三次？仅仅是作秀吗？不是。这件事的意思是：可是你们推举我分蛋糕的，我说我不当，你们偏让我当，我当了怎么分你们都得听我的，谁不满意都得忍着。

刘邦在登基之前，先在曲阜给项羽发了个丧，顺便夺了韩信在齐国的军队。然后派卢绾、刘贾灭了宁死不降的临江王共尉。公元前202年正月，刘邦正式册封韩信为楚王，封彭越为梁王。一个月后，在楚王韩信的带领下，群臣推戴刘邦登基。

公元前202，汉高帝五年二月初三，刘邦在定陶登基称帝，大汉王朝正式建立。

那么刘邦怎么分蛋糕呢？这学问，比项羽当时分蛋糕的时候大多了。有五块蛋糕是提前分好的，头一个就是齐王韩信。刘邦继位之前，根据之前的约定，陈县以东到大海“与”韩信。刘邦说了，楚地应该封给义帝的后人。可惜的是义帝没后人，齐王韩信是楚国人，那干脆把齐王韩信迁徙到楚地，改封为楚王。楚地与了韩信，那齐地就不给了。毕竟刘邦给项羽在鲁县发丧的时候，夺了韩信在山东的军队。第一块蛋糕分好了，楚王韩信。

论实力，彭越仅次于韩信。淮阳往北到谷城，之前说好的给彭越，现在给了，这多敞亮。第二块蛋糕分好了，梁王彭越。

当年荥阳大战，刘邦跑路，纪信替刘邦死在了项羽手里。随后荥阳城破，守将韩王信投降。没多久韩王信又背叛了项羽，又回到了刘邦帐下。这一来一回，这位同样叫韩信的韩国人还是韩王吗？现在刘邦给了明确的答复：第三块蛋糕是你的，韩王韩信。

下一位，英布同学，这是囚犯中的骄傲。英布自从跟了刘邦，一直是很尴尬的存在。韩信兵围垓下之前，刘邦为了拉拢英布尽力，封英布为淮南王。如今大汉王朝成立，淮南王英布理应分走一块蛋糕。

张耳论关系是刘邦的老朋友，论亲疏是刘邦的儿女亲家。再加上张耳一直无条件支持刘邦，所以张耳的赵王爵位，在大汉朝依然有效。

除了韩信、彭越、韩王信、英布、张耳之外，剩下的几位就不算是刘邦的亲信了。但是当时分封制的观念依然深入人心，中华大地百废待兴，为了维稳，刘邦继续分蛋糕。

比如说臧荼，这是当初项羽册封的王爷。韩信灭赵以后，臧荼投降了韩信，继续享受王爷待遇。臧荼和刘邦没有太多的交集，但是臧荼位置敏感，位处边关。所以，臧荼的燕王爵位继续生效。

当年的江南可不是“日出江花红胜火，春来江水绿如蓝”。那是百越杂居的轻度开发地区，不是一般人能镇得住的。所以刘邦刚即位，就册封吴芮为长沙王、无诸为闽越王。吴芮啊，有点像三国时代的马超。大家熟悉的马超镇守西凉，羌胡不敢造次。西域胡人不服什么曹操、诸葛亮，就服气神威天将军马超。吴芮也是这个特点，当年的江南地区是百越人的地盘。百越厉害着呢，大秦帝国动用了五十多万军队才征服了百越，这期间还战死了一个国尉。但是在吴越地区，越人不管中原谁是秦始皇、项羽、刘邦，他们只服吴芮。同样，到了福建地区，秦始皇复生也不好使，当地越人就服这位越王

勾践的后人无诸，所以像吴芮、无诸这样的人物，天生就是中原王朝的统战对象，他们想当个王爷比韩信简单多了。

这样，大汉王朝开国八大异姓王就分封完毕。等等，还有一位疑似王爷眼巴巴等着呢。这位就是田横，梁王彭越的好朋友。对不起，田横是彭越的朋友，但也是楚王韩信和赵王张耳的敌人。虽然田横对起义有功，但是看在楚王韩信的面子上，田横只能委屈了。

外人委屈就委屈了，自己人可不能委屈。刘邦的庶长子刘肥接手了韩信的齐王爵、嫡长子刘盈封皇太子。另外刘邦还准备了一堆儿子等着当王，一场刘姓王取代异姓王的政治运动即将展开。

刘邦分封异姓王，是那个时代老刘不得不做的妥协。当年让人家帮忙起义来着，如今分给人家利益，也是当初说好的条件。但是刘邦对异姓王不信任，这八王里面，刘邦一个都不信任。刘邦知道异姓王厉害，因为他自己就是楚国异姓王颠覆政权的典型案例。所以怎么干掉异姓王，是接下来刘邦工作的重中之重。

中国的历代王朝，从秦朝开始，只要是统一的大王朝，都对开国君主登基前的同行大加排斥。

秦朝是王国取代宗主国的典范，所以秦始皇大刀阔斧地用郡县制取代了分封制。隋朝是丞相（上柱国）篡位的典范，所以隋文帝杨坚施行三省六部制来分相权。唐朝是关陇贵族做大产生的王朝，所以从唐高祖李渊到唐高宗李治都在想办法削弱关陇贵族的实力。宋代是典型的武将篡权夺位的王朝，所以宋赵匡胤搞了杯酒释兵权夺了武将的兵权，又开创文官带兵的先河，设立枢密院以文制武。元朝靠快马弯刀夺了天下，所以对民间武器的管控空前严格，六家合用一把菜刀还得实名制，家里藏副盔甲都是死罪。明代是典型的农民逆袭王朝，所以朱元璋考八股、建特务机构、地方设三司衙门，桩桩件件都是在防止农民造反上做文章。清朝是游牧民族对农耕民族的全面逆袭建立的王朝，所以清朝的最根本国策都用在了如何削弱游牧民族上面。

再看汉朝，那是典型的异姓王造反成功，所以刘邦一定要剪除所有异姓王。

楚国建立，项羽在分封诸王的时候搞了很多猫腻，比如不放韩王成去封地，比如肢解战国七雄，比如封田荣的部将为王而不封田荣，比如给韩广树立强敌臧荼。总之呢，一定要制造矛盾，削弱诸王。

如今大汉朝建立，刘邦定都洛阳，大封七位异姓王。刘邦分蛋糕的路数，不能跟项羽是一个路数。刘邦是沿着周武王的路线重新分封，首先是要给七王提个醒，你们的王位是我给的，而且是你们求我给你们的，千万别有你们本来就应该封王的想法。

刘邦分蛋糕，也留下了不稳定因素，特意制造了不少矛盾。比如说臧荼，对起义贡献极低，论战功都不如曹参、张苍、灌婴、靳歙、柴武等侯爷，但是他身居王位。不用说，燕王殿下自然不能服众。再看田横，无论是反秦还是反楚，都对起义做出了巨大的贡献，付出了两个哥哥的生命，但是，刘邦就不给他封王。老田家这是招谁惹谁了？

韩王信曾经变节，如今依然是王。楚汉战争期间，英布被封王，但是刘邦灭楚以后，英布没有任何封赏。英布是个心灵极其敏感的人，说白了就是心眼小。垓下之战都有封赏，英布的待遇却维持原状，他对这事很有意见。

跟随刘邦出身入死的丰、沛老乡们有想法吗？那是自然的。比如说王陵，就琢磨着分块蛋糕。秦朝的时候，王陵是沛县大佬，刘邦是王陵的小弟。如今小弟当了皇帝，昔日大哥封个王爷不为过吧，而且王陵为救刘邦的家人搭上了自己亲娘的性命，王陵对起义是有功的。

秦朝一统天下的时候，丞相王绾就想分蛋糕，所以他委婉地奏请把秦始皇的儿子分封到各地为王，实际上就是提醒皇帝该封功臣为王了。

王陵也很委婉，虽然他知道刘邦是个装糊涂的高手，而且刘邦为人十分不自觉。但是王陵不甘心，他觉得该说的话还得说，而且要说得刘邦无从反驳。这段词王陵琢磨了好久，终于有机会说了。

汉朝刚成立，刘邦大宴群臣。正当大家喝得尽兴的时候，刘邦跟大家聊天，让大家说说为什么他能取代项羽成为天子。王陵可逮着机会了，马上开讲。他说虽然表面上大家都说皇上为人傲慢无礼，说项羽彬彬有礼。但是，皇上您多贴心啊，将士们有功就赏，得了土地就分封给功臣，大家跟着皇上都有好处。而项羽有功不赏，分封不合理，所以他活该灭亡。

王陵这话把刘邦架上去了，那意思是让刘邦赶紧大封群臣，学项羽不舍得分蛋糕是要灭亡的。王陵的话旨在让刘邦不好意思不分封功臣。但是刘邦轻描淡写地给化解了。

刘邦提了三个人，说汉朝之所以能建立，多亏了有萧何安抚百姓转运钱粮，有张良运筹帷幄制定政策，有韩信战无不胜攻取天下。这三位都听朕的，所以有了汉朝的霸业。项羽手下一帮酒囊饭袋，只有一个范增还凑合，结果范增不受重用，这才是项羽丢天下的原因。

王陵精心准备的演讲词瞬间失效了，在那个时代，论搞后勤绝对是萧何无敌。论打仗绝对是韩信无敌。论计谋虽然陈平和张良有一拼，但是张良往往以大义凛然示人，陈平的计谋难以放到台面上说。功劳前三位的大人物们只有韩信委委屈屈被改封了楚王，只要萧何和张良不要求封王，谁也别有想法。

王陵的小伎俩在刘邦面前成了小儿科，刘邦等于明确地告诉群臣，想当王爷是不可能的。萧何、张良只要没闹意见，谁都别提意见。诸臣哑口无言，心服口服。萧何从没提过要当王，张良当个侯爷也是排位极其靠后。王陵排名第十二，张良排名第六十二，老王还有什么不平衡的？

你看，之所以刘邦分蛋糕没有像项羽一样搞出那么大的乱子，除了萧何、张良明哲保身不邀功之外，韩信也起到了巨大作用。

诸王当中，韩信实力最强，受的委屈最大，他都没说什么，谁还能有意见？如今的韩信对自己的人生没有任何追求了，他不想造反，兵权被夺就夺了。他是楚国人，回到楚国做王也算是衣锦还乡。刘邦兑现对彭越的承诺，极其不讲理地以韩信的籍贯为理由把韩信放在了遭战火涂炭的楚国。韩信不管这些，对他来说，功高而不傲，夺权不吭声，这算得上对刘邦的真爱了吧。只要能安安静静地当个王爷，受点委屈算得了什么。

韩信就当什么都没发生过，其他觉得委屈的人也不好说什么。当然了，关键是不敢说什么，万一韩信跟刘邦是真爱，反刘邦就是反韩信，谁没事惹韩信啊。另外，二把手彭越心情很爽，目前为止刘邦没有对不起他的地方，任谁看，彭越都是刘邦的铁杆。当年在梁山泊当社团大哥的时候，刘邦就跟彭越建立了良好的关系，对社会地位低下的彭越给予了极大的鼓励。而且刘邦说到做到，真封了彭越梁王，谁敢惹刘邦，那就是惹彭越。彭越那是好惹的吗？绝对不是。

有这两位大王戳着，英布自然也就不敢说什么。这三位天王巨星不反，就没人敢反了。

下一步，刘邦准备着手有秩序地削藩。这时候，有人隐晦地告诉刘邦，此时动手，很有可能输掉底裤，落得跟项羽一样的下场。

表达这意思的是个山东人，名字叫娄敬。刘邦一见到娄敬就很喜欢，因为这个穿着羊皮袄见皇帝的人，很有郦食其般不羁的气质。比起郦食其来，娄敬的眼界更宽。娄敬此来的目的只有一个，劝刘邦迁都。

迁都是一件关乎国本的大事，历朝历代都不会等闲视之。除非皇帝自发想迁都或者被人打得不得不迁都，要不然这事几乎办不成。别说大臣劝皇上迁都了，皇上劝大臣迁都还得连哄带吓，比如北魏孝文帝迁都，还得打着南征的旗号。

中国从武王姬发建立周朝开始，中国就定下了长安、洛阳双都城的体系。秦朝决定一统天下的时候，就把都城从雍城迁到了长安旁的咸阳。秦朝以后，谁在长安、洛阳建都，谁拿着传国玉玺，谁就是正统。所以在史书里，曹操在史书中被记录在皇帝才能用的本纪中，刘备只能记在传记中。

南北朝时期比较特殊，南朝拥有传国玉玺，北朝占据长安、洛阳，北魏孝文帝改革以后，南北没了意识形态的差异，所以双方都算正统。北宋失去了西域，连长安都算边境了。但是宋明知道洛阳不安全，那也得把洛阳设为西京，不去住也得给洛阳首都的待遇。毕竟传国玉玺丢了，再没了洛阳，那身份有很尴尬了。从南宋开始，朝廷玩了命地淡化长安、洛阳在中国历史上的传奇地位，用以证明自己虽然偏安也算正统。也就是那个时候，曹操从魏武帝变成了窃国大盗，刘先主成了正统汉昭烈帝。

那在南宋之前，定都在洛阳还是长安有什么标准吗？有。一般来说，皇帝稳定，定都洛阳。皇帝折腾，定都长安。

娄敬的嗑，就是这么唠的。他说武王姬发建造洛邑城（今河南省洛阳市）为都城，安置九鼎在此，并昭告天下洛邑为都城，洛邑到各封国的路程几乎都一样。但是，周武王可不住在洛邑，他去了镐京（今陕西省西安市）。到了周平王时代，镐京待不住了，只好迁都洛邑，从此王权旁落。

娄敬要告诉刘邦的就是这些，洛阳哪哪都好，就是目前不能做都城，因为皇上马上就要折腾了，话不能说破，但是如果皇上此时折腾，万一局势不利，洛阳可无险可守，那汉朝刚建立的霸业就悬了。长安有三山之险、崤函之固，进可以征天下，最不济也能退一步固守关中之地，坐拥秦国当年的基业，所以应该马上迁都长安。

娄敬的话说到了刘邦心缝里，下一步刘邦要跟诸侯们闹意见，老刘想想韩信就后脊梁冒冷汗。万一尺寸没拿捏好，韩信公然造反，而自己的手下又不是韩信的对手，如果打不过韩信，最起码固守函谷关做秦王还是可以的。刘邦是个有底线的人，他的底线就是当年他第一次来到咸阳见到秦始皇车架时的一句感慨：大丈夫生当如此！当个秦王勉强也算是圆了当年的梦。

于是，就这么愉快地决定了，大建长安城。

其实分蛋糕这个活，谁分都分不匀。包括武王姬发在内，想要把利益分得都满意，那是不可能的。当年的周武王，在可以伸伸手指就能推倒商朝的前提下，就是装神弄鬼不出兵。等天下诸侯一再求他，他才“勉为其难”地推翻了商朝。之后又是释放箕子，又是表彰比干，又是分封武庚，都是作秀而已。完事没多久，武庚叛乱的恶性事件就发生了。

刘邦在娄敬的提醒下，像周武王一样来到了长安，准备以长安为基地，向诸侯们宣战。

第四十三章　铁帽子王

铁帽子王其实是一个清朝时出现的概念，指的是那些可以世袭罔替的永久性王爷。在清朝，不当铁帽子王会代代降级，一直能从亲王降到辅国公。只有铁帽子王，才能做到法律上的王位永固。

在汉初，异姓王都想当个类似铁帽子王的永久性王爷。关键是怎么能让王位安全，八大异姓王各显神通，都有自己的为王之道。

但是在这条道路上，八王的对手是刘邦，这盘棋怎么下，考验的就是各位的政治手段了。

八王当中，赵王张耳和长沙王吴芮先走一步，继承人是他们的儿子赵王张敖和长沙王吴臣。其他几位王爷中，最有危机感的是燕王臧荼。臧荼岁数大了，这位战国时期燕国的老将，这把年纪断然不想举兵谋反。但是臧荼跟刘邦没交情，跟朝臣没交情，完全是孤立的存在。论功劳论本事，臧荼都没有优势。这要想安全地当个王爷，唯一能依仗的只有不可取代的地位。什么叫不可取代？看吴芮。别管楚国还是汉朝，吴芮都得在江南当王。这点谁也别不服，百越人就服吴芮，换谁来都不好使。

臧荼就打算走吴芮的路线，赶上他有良好的地理环境，让臧荼有机会跟匈奴人联系。当时的匈奴帝国正处于鼎盛时代，匈奴单于冒顿壮志凌云，正准备做一番事业。

说起来匈奴有三大仇人，第一个是西边的月氏人。当年冒顿之父头曼单于在位的时候，大月氏没少欺负匈奴，而冒顿本人也曾在大月氏当过人质。

第二个是东北的东胡人，他们跟匈奴的交往原则就是我的是我的，你的还是我的。匈奴逆来顺受这么多年，并不是心甘情愿，打不过人家而已。

第三就是华夏人，再具体一点就是当初秦始皇派蒙恬北征匈奴，头曼单于被迫撤出水草丰美的河套地区，匈奴人从此只能生活在极北的苦寒之地。

现在匈奴强盛，冒顿单于西逐月氏，东伏东胡。此时的中原由秦朝变成了楚国，继而又成了汉朝。当初蒙恬得罪他们的这笔账，冒顿就打算找刘邦算算。

臧荼就打算在匈奴和汉朝的夹缝之间求生存，当一个像吴芮那样的铁帽子王。因此臧荼的儿子臧衍经常出入匈奴拉关系，别管他在匈奴混得好不好，最起码臧衍混了个脸熟。

臧荼很努力地培植自己的圈子和实力，但是他跟吴芮的差距还是很大。这没办法，人家吴芮有越族血统，放在南方可以服众。而且百越这些人跟匈奴人情况也不一样，百越没打算去中原，只是想在汉朝和南越国之间安静地当个缓冲地。匈奴可不一样，他们撒起泼来可是无敌的，属于汉朝的心腹大患。

大汉的基本国策是对百越要安抚，对匈奴要防御。所以臧荼怎么努力，都成不了吴芮。匈奴和臧荼交往，无非是借他们了解中原的情况。真要打起来，臧荼出面调解，匈奴也不会给他面子。

就这样，臧荼结交匈奴后，匈奴不仅没有保护臧荼，还让臧荼惹了麻烦。燕王殿下频繁地和匈奴交往，让刘邦有了第一个削藩的口实。好好地老跟匈奴勾勾搭搭干吗？分明是汉奸。

刘邦大赦天下，但是各种小道消息却传到了燕国。种种迹象表明，刘邦要对臧荼下手。这种事是让臧荼最尴尬的，据传说刘邦要杀他。但是消息准确吗？不准确，都是朋友圈传的小道消息。但是这事有可能吗？完全有可能啊。那臧荼要选择信还是不信？这是个艰难的选择。

权衡再三，臧荼觉得还是宁可信其有，不可信其无，稍有不慎，人头落地，殃及子孙。臧荼不再犹豫，举兵造反。

臧荼造反的诉求是什么？反正不是改朝换代。老头就想占块地盘，依托匈奴搞独立。臧荼攻打代地，没想到等待他的是刘邦亲率大将樊哙、郦商、张苍给予臧荼迎头痛击。臧荼措手不及，被汉军活捉，后斩首示众，明正典刑。

到底刘邦和臧荼这对君臣谁先动的手呢？表面上看，是臧荼谋反在先。但是，刘邦反应之快，令人咂舌。臧荼谋反的当月就被刘邦亲自带人平定，就好像刘邦早就知道臧荼造反一样。

种种迹象表明，这是一场有预谋的钓鱼执法事件。燕王臧荼在小道消息中自愿上钩谋反，结果一出手就陷入了重围，被俘身死。

这一切太快，人在匈奴的臧荼之子臧衍并没有带来匈奴的援军，但是臧氏一脉在匈奴成功地申请到了政治避难，若干年后，臧衍的外甥女王娡嫁给了刘邦的孙子汉景帝刘启，生下了汉武帝刘彻。老刘家和老臧家这点恩怨彻底成了一笔糊涂账。

臧荼的死在当时是件巨大的事，可以说这件事足以动摇国本。燕王臧荼造反的事疑点重重，他那么小的实力却敢举兵谋反，诸侯王们第一反应是到底谁对臧荼做了什么。刘邦也知道事情的严重性，要想降低影响，必须把这件事的性质定性为臧荼和刘邦的个人恩怨，绝非皇帝想要削藩。因此，刘邦决定再立燕王。

立谁当燕王？不少人心里痒痒。刘邦早就有了合适的人选，此人就是卢绾。卢绾跟刘邦是同年同月同日生的发小，关系够铁。只此一条，刘邦的亲信大臣们没有人能跟卢绾竞争。

卢绾被立为燕王，天下诸侯松了一口气。这样看来不是皇上想削藩，而是臧荼的个人问题。他儿子逃亡匈奴，叛国之罪事实清楚。韩信觉得他功劳最大，跟刘邦关系也不错，应该是安全的。彭越跟刘邦从认识那天起关系就很铁，也不担心。韩王信、英布、张敖跟刘邦也是老相识，尤其是张敖，那是刘邦的女婿。大家关系都这么好，警报解除。

出处

高祖已定天下，诸侯非刘氏而王者七人。欲王卢绾，为群臣觖望。及虏臧荼，乃下诏诸将相列侯，择群臣有功者以为燕王。群臣知上欲王卢绾，皆言曰："太尉长安侯卢绾常从平定天下，功最多，可王燕。"诏许之。汉五年八月，乃立虏绾为燕王。诸侯王得幸莫如燕王。——《史记·韩信卢绾列传》

但是，跟刘邦关系没那么好的诸侯，对这件事还是感到十分恐惧。这里要简单说明一下，什么叫跟刘邦关系没那么好的诸侯。其实就是当初由于政治需要从敌人阵营统战来的人物，被封了列侯。比如当初陈下之战的时候，陈县令利几投降，调转枪口就打项羽，导致项羽在陈下大败，这才逃到了垓下。利几叛变有功，被刘邦封为颍川侯，同时也是给项羽的部下做个榜样，县令投降都封列侯，何况其他人呢。

就在刘邦灭臧荼的当年，刘邦下诏招颍川侯利几到洛阳聊聊天。利几感觉不对，这是个阴谋。那么说利几对刘邦惦记弄死他这事有证据吗？完全没有。那他敢去洛阳吗？完全不敢。那他敢造反吗？完全敢。那他造反有胜算吗？完全没有。那他该怎么办？

利几思来想去，还是举兵谋反了。颍川（今河南省禹州市）到洛阳总共不到两百公里的路程，利几刚造反，刘邦很快就杀到了颍川。问题出现了，汉军和叛军刚一开打，利几不见了。这才是高手啊，利几丢下刘邦给他的一切跑路了，而且跑得无影无踪，纵使汉军有通天彻地之能，也没能再找到这位姓利的。

假如我们不是站在上帝视角看这段历史，仿佛汉朝的历史走向了天下太平。利几遁地走了以后，刘邦还有空跟他爹刘太公聊聊到底是他赚钱多，还是老二刘仲赚钱多。刘邦现在贵为天子，刘太公也不好说什么。刘仲再不济也没让爹差点被仇人给炖了，连刘太公都说不清，有刘邦这样的儿子是好还是坏。不过有一点刘太公应该很欣慰，他是中国历史上唯一一位没当过皇上直接当太上皇的人，老爷子也算是晚年逆袭，不枉当年的一场惊吓。

就在利几人间蒸发以后，当年在垓下之战消失的大人物钟离昧出现在了楚国。一场政治风波，即将掀起。

第四十四章　不是闹着玩的

中原大地在一片歌舞升平中，享受着迟到了五百多年的宁静与安详。从公元前772年申侯勾结犬戎灭西周开始，中原大地上就生命不息，战争不止。历经五霸、七雄的战乱和秦、楚暴政的洗礼，大汉王朝的建立，还是能给中原大地带来一些希望的。汉高帝刘邦在人品上纵有千般不是，在轻徭薄赋这方面，绝对比秦始皇、楚霸王做得出色。

看似河清海晏的大汉帝国，其局势却一直暗流涌动。如果说臧荼造反就跟闹着玩一样，那么下面的这一系列事件，就不是闹着玩的了。

前楚国陈县令利几降汉的时候，爵封颍川侯。楚国大司马周殷带着部队降汉，甚至还帮助刘邦在垓下围攻项羽，但是周殷却没有得到封赏。这都不是关键的，关键的是这样一个曾经令汉军颇为头疼的楚国大将，居然在史书上没留下结局。在汉初的封赏表中，也没有周殷的名字。那么周殷去哪了？这是个非常关键的问题。

当初，陈平为刘邦定下的灭楚政策，跟李斯为秦始皇定下的政策如出一辙。陈平带着巨款对楚国各级政要大加贿赂，收了钱的就建立良好关系，不收钱的想办法除掉。这一来二去，项羽就变成了孤家寡人。在陈平制定的糖衣炮弹打击目标中，周殷、龙且、钟离眜、范增是重中之重。随着计划的实施，不听劝的范增在陈平的离间计下被迫退休。龙且因为智力、武力发展不平衡而死在了韩信手下。剩下的周殷、钟离昧就很值得玩味了。项羽覆灭前夕，对这二人已经不信任了。周殷也察觉到了自己跟项羽的离心离德，又考虑到项羽为人残暴，因此趁着非专业外交人士刘贾的招揽，举兵投诚，归顺了汉军。而钟离昧心灰意冷，在鸿沟议和之后步了范增的后尘，退休回老家伊庐（今江苏省灌云县）。

然而，周殷消失了。连利几受封颍川侯都明文在册，周殷这个级别的大将不可能被史书漏写。唯一的可能就是，周殷根本没有得到封赏，而且还遭到了暗杀。周殷投降后，被编入英布的队伍中。英布是个精于暗杀的人，当初暗杀义帝英布就是参与者之一。让他下黑手杀周殷，显然没难度。

后来利几逃遁，早就远离江湖纷争的钟离昧重出江湖，出现在了楚国，去见了楚王韩信。钟离昧的这次出山，讲道理的话很没有意义。因为钟离昧已经消失在群众视线很久了，早就是个过气的明星，他要不出来，就没人认识他了。但是钟离昧终究还是出山了，而且还去和楚王韩信谈笑风生，这件事注定小不了。

这里面有几个千古疑问，钟离昧明知道周殷、利几下场不好，为什么放着好日子不过，要重出江湖呢？

韩信明知道刘邦要追捕钟离昧，为什么要藏匿钟离昧呢？

既然韩信要藏匿钟离昧，为什么在刘邦诈游云梦泽的时候带着钟离昧的人头去见刘邦呢？单看《史记》和《汉书》，反正我是百思不得其解。后来读了《资治通鉴》，终于对这件事有了个清晰的认识。

项羽败亡之后，刘邦下通缉令海捕项羽的部将，一时间楚国旧将人人自危，鸡飞狗跳。钟离昧就在通缉令之内，这时候，他的身份是逃犯。

法律是残酷的，但是现实被刘邦营造得还算温暖。比如彭越的客人田横，曾经的齐王殿下，为了躲避国家的海捕，跟自己的部曲亲信五百人逃往了海岛，企图当个岛主了此残生。这个岛就是今天山东省青岛市即墨县境内的田横岛。

刘邦给田横抛出了橄榄枝，让田横到洛阳一叙。田横害怕，感觉去了就得被刘邦干掉。但是刘邦散出话来，只要田横去洛阳，不封王也封侯。如果田横不去，那就“死啦死啦地”。区区五百人想守住一个海岛，压根是不可能的。

田横思来想去，决定以身犯险。横竖都是一死，不如用自己的命换取五百兄弟的生路。于是风萧萧兮海水寒，田横西去兮，不复还。田横悲壮地上路，快到洛阳的时候，田横告诉自己的随从，此一去必死无疑，因为田横曾经杀过刘邦的心腹郦食其。如今郦食其的弟弟郦商在汉为将，就算现在不找他麻烦，日子久了早晚要倒霉。田横决定用自己的命去换兄弟们的命，因此横剑自刎以示忠心，让随从去找刘邦复命。

出处

（田横）谓其客曰：横始与汉王俱南面称孤，今汉王为天子，而横乃为亡虏而北面事之，其耻固已甚矣。且吾亨人之兄，与其弟并肩而事其主，纵彼畏天子之诏，不敢动我，我独不愧于心乎？且陛下所以欲见我者，不过欲一见吾面貌耳。今陛下在洛阳，今斩吾头，驰三十里间，形容尚未能败，犹可观也。遂自刭，令客奉其头，从使者驰奏之高帝。——《史记·田儋列传》

刘邦见了田横的人头，当众痛哭流涕。哭得那叫一个悲悲切切，让谁看都是田横自己想多了自杀，绝非刘邦想杀他。刘邦悲壮地封田横的俩随从为都尉，让他们去招揽海岛五百壮士。刘邦没想到这二位如此烈性，办完田横交代的事之后，也伏剑自戕。随后消息传到海岛，岛上五百勇士为报答田横这份恩情，集体自杀。

出处

（田横）既葬，二客穿其冢旁孔，皆自刭，下从之。高帝闻之，乃大惊，大田横之客皆贤。吾闻其余尚五百人在海中，使使召之。至则闻田横死，亦皆自杀。——《史记·田儋列传》

几百人集体自杀这种事，在我国历史上并不多见。历史上这种集体性自杀事件，还有两次更大规模的。一次是南宋末年崖山海战之后，宋室君臣将士集体投海。一次是清末八国联军进北京的时候，京城官宦人家没逃走的集体自杀。

田横的五百勇士自杀是舍生取义，后来那两次集体自杀是面对敌人连决战的勇气都没有，居然有勇气自杀，令人唏嘘不已。

田横和五百勇士自杀事件，让人们感慨这份千秋义气之外，还亲眼看到了刘邦的痛哭流涕。田横给足了刘邦面子，临死前让自己的随从告诉刘邦自己自杀是因为无颜面见郦商。这样一来，没人会说是刘邦逼死了田横。

田横事件之后没多久，通缉令上的项羽大将季布落网。季布的落网不是被逮捕，而是被另一段不亚于田横五百勇士的千秋义气推到洛阳。像季布这个级别的大将，曾多次让刘邦陷入绝境。所以刘邦海捕文书下达之后，季布剪了酷酷的短发，卖身到一个叫朱家的府上为奴。朱家不是一般人，他是那个时代大侠中的大侠，俗称朱巨侠。当时江湖上成名的剑客、门派的掌门之类的江湖人物莫不以结交朱家为荣。大有“平生不识朱巨侠，便称英雄也眼瞎”的感觉。朱家知道了这个短发帅哥就是当初的楚国大将季布，于是走了夏侯婴的门路，说季布能文能武，是不可多得的人才。如果刘邦不重用季布，那季布北走匈奴或者南走南越都能称为汉朝的心腹大患，而且凭什么项羽的部下就得全杀掉？各为其主，其心可嘉。

夏侯婴虽然司机出身，但是在举荐人才方面，毫无私心。比如当年举荐韩信，夏侯婴是个识大体的人。经过夏侯婴的推荐，刘邦决定重用季布，封之为郎中。朱家为了表示举荐季布并不是为了富贵，从此跟季布不再相见，江湖侠气在这一刻表现得淋漓尽致。季布虽然待遇极佳，但是另一位项羽的部将丁公因投降的早，被刘邦以不忠的名义杀掉，让丁公去给项羽殉葬。

出处

及项王灭，丁公谒见高祖。高祖以丁公徇军中，曰："丁公为项王臣不忠，使项王失天下者，乃丁公也。"遂斩丁公，曰："使后世为人臣者无效丁公！"——《史记·季布栾布列传》

这一封一杀，刘邦让世人知道，只要是忠臣，刘邦都会不计前嫌地重用。只要是叛徒，死不足惜。这样一来，周殷的消失顺理成章。同样在通缉令上的钟离眛，自然知道了刘邦不跟他较真，所以他出山了，而他的家乡就在楚国境内，所以他拜见了楚王韩信。钟离眛知道，刘邦刚刚表彰了忠于项羽的人，如果这时候较真去杀他，那就是啪啪啪打自己的脸，所以钟离眛大摇大摆地出现在下邳。

钟离眛和韩信是老同事，同样是项羽集团的弃儿，两人见面聊聊家常很正常。但是，韩信该怎么处理这块烫手的山芋，这就很难了。

钟离眛是在逃犯，韩信理应将钟离眛交给刘邦。但是，韩信处理这类事情如果身边没有蒯彻和李左车这样的人提点，他就很容易纠结。季布的事情就在眼前，那么刘邦是想重用钟离眛还是想杀掉钟离眛？韩信拿不准刘邦的脉门。如果刘邦想杀钟离眛，那韩信把钟离眛交给刘邦没问题。但是刘邦重用级别比钟离眛低的季布，很容易让韩信误认为刘邦想要重用项羽的忠臣钟离眛，毕竟刘邦在封季布和杀丁公的时候说过，当初忠于项羽的大臣都享受忠臣待遇。

如果刘邦想用钟离眛，那在朝中毫无根基又树大招风的韩信就不敢得罪钟离眛，万一将来钟离眛任职朝廷中枢要员，韩信还得巴结钟离眛。

正因为刘邦封季布杀丁公的事件，扰乱了天下诸侯的判断。这才是玩政治的高手，哪怕聪明如韩信，圆滑如英布，江湖如彭越，都不得不感慨：我真的猜不透你呢。

钟离眛本身不想跟刘邦，他觉得靠着韩信这棵大树足以舒舒服服了此残生。韩信是心里骂街，很希望这尊瘟神赶紧走。但是钟离先生就是不走，韩信还得赔着笑脸伺候着。如今的韩信经不起任何的风言风语，日子过得谨小慎微，默默地等待着皇帝陛下的新旨意。可惜的是，皇帝陛下就是不给新的旨意。韩信的宁静生活，就这样被破坏掉了。等到韩信再有皇帝陛下的消息时，皇帝陛下已经到了云梦泽，直到韩信被武士拿下，韩信才知道皇帝陛下不是闹着玩的。

刘邦在政治上玩韩信，跟韩信在战场上虐刘邦差不多。

第四十五章　韩信的冕旒

东汉思想家范缜曾经说过，人类就像从树上飘落的花瓣，本无高低贵贱之分，只不过有的花瓣飘落在被褥上，他们成了贵族。有的飘落在粪坑里，他们成了贱民。

韩信就是在飘落枝头的时候怀揣着一颗贵族的心，不幸落在粪坑里。他不服，所以坚持着本不该他坚持的一切，跟这粪坑较劲。

当初韩信是一介平民的时候，之所以不从事生产，那是因为他怀揣着一颗贵族的心，不屑于干活。他母亲去世，韩信再穷也要大讲排场的安葬，选择大面积的墓地，仿佛他是王爷一样，有众多的子孙。在那个时候，只有韩信自己瞧得起自己。也正是这份情怀，让韩信咬紧牙关，终于爵封楚王，位列诸王之首。

功成名就的韩信回到了自己故国楚国，来到了下邳城，实现了自己当年不敢说出口的豪言。在下邳，韩信走到哪儿都大讲排场，前簇后拥，军士开道。这么多年了，也该轮到韩信享受这一切了。

当个有封国的王爷是个什么体验？我不知道，也想象不出。总之这份殊荣让韩信满足，同时也让韩信思考着人生。现在的韩信跟当年那个趴在屠夫裤裆下的韩信是一个人，一切都没变，但是当年没有人认为韩信是个人物。

韩信跟了项羽四年，就是想实现自己的价值，可是项羽安排韩信站了四年岗。韩信跟了刘邦，可以不提筑坛拜将那份殊荣，也可以不提当左丞相的那种荣耀，当然也可以不计较刘邦的数次夺兵。毕竟现在的韩信是因为跟了刘邦，才被封为楚王。

韩信忽然想到了淮阴县的两个人，一个是当初给他饭吃的南乡亭长，一个是当初给他饭吃的漂母。同样是吃饭，韩信说南乡亭长是个小人，给他结算了饭钱让他滚蛋。韩信说漂母是好人，赐钱千金。差点忘了，还有当年那个让韩信钻裤裆的屠夫，韩信不仅没有找他麻烦，还封他为中尉。人这一辈子，有多少人可以在功成名就后忘却当年的仇怨？韩信做到了，这点让他很满足。要不然楚王殿下回到楚国，南乡亭长、漂母、屠夫有一个死的都会让韩信深表遗憾，感慨他要这冕旒冠有何用。

千百年来，韩信的快意恩仇被熬了很多心灵鸡汤。很多人感慨南乡亭长做事有始无终，活该。漂母施恩不图报，仗义。韩信不计较屠夫之辱，豁达。假如我们从人性的角度出发，会发现其实这三位影响了韩信一生，而好人未必对韩信有好的影响。

先说南乡亭长，其实很多人都说这是个好人，只不过娶了一个败家媳妇。其实这就是一个黑锅让女人背的典型，南乡亭长绝对不是什么好人。在前边我聊韩信的时候，曾经分析过，这人绝不是白白请韩信吃饭，而是想要利用韩信。韩信不配合，这人才让自己媳妇唱了出黑脸，哄走了韩信。虽然史书上没有记载这人到底想要韩信干什么，总之这事触犯了韩信的原则，他坚决不干。如今楚王归来，给这人结算了饭钱，还说他是小人。韩信能原谅屠夫，唯独不原谅这人，说明这位南乡亭长确实是个小人。

这位小人虽然不是东西，但是他给韩信上了深刻的一课，人性就是自私的，谁也别装。可惜的是韩信刚悟出这点就遇上了善良的漂母，吃了几顿心灵鸡汤之后，他觉得世界充满了阳光。以至于若干年后，韩信不顾身边的人提醒，一直放不下他对刘邦的那份感激之情。这就坏事了，明明漂母的善良是个案，可韩信却把南乡亭长的坏当成了个案，为自己悲惨的结局奠定了基础。之后韩信遇到了那个屠夫，韩信面对折辱，毫无思想负担地屈服了。用韩信自己的话说，“杀之无名”，所以不杀。韩信当众说的话，往往有演讲的成分。这句话跟当初井陉口那句“置之死地而后生”一样，忽悠人的。韩信不能杀掉屠夫的原因只有一个，打不过他。“杀之无名”背后的故事就是好汉不吃眼前亏。再深挖一点，韩信当时很明白一个人生道理：想戴王冠得低头。这个道理，是在人生中饱受挫折的人才能悟出来的。刘邦和韩信都懂，一帆风顺的项羽到死都没明白。

本来从人生轨迹上看，韩信和刘邦很容易成为一类人，但是这二位却实实在在地走在两条道路上，他们所差的，只有一个漂母的距离。

年轻的刘邦没遇到过漂母这样的人，他认识的都是心眼比蜂窝煤多的张耳，贿赂亭长的樊哙，背着领导搞事情的萧何、曹参，地方大佬王陵，视财如命的县令，用闺女找靠山的吕公，为了利益陪他睡觉的武负、王媪、曹姑娘等。

可惜了，在那个乱世，好人是真的没有生存空间。这是现实，不用逃避。想坚守道义的人回家坚持去，起义道路上不欢迎这样的同事。不信吗？你看朱家朱巨侠，绝不跟朝廷的人打交道，自己坚持着自己的侠义之道。大汉朝定鼎天下，张良第一个退休，就是因为在后面的生涯中，张良这样的人要么被杀，要么随随便便一个计谋让千万人头落地。张良毕竟不是晏婴，干不出二桃杀三士的事，所以他选择隐退。

韩信的内心就这样留下了一缕阳光。就在他身边没有李左车和蒯彻的时候，钟离眛来了。就在钟离眛的事情没有解决的时候，神秘的谣言又来了。

谣言是很厉害的，有时候一个谣言能救活很多盐厂，有时候一个谣言能救活一个楼盘。有时候一个谣言能在地方上传播，说皇上要杀人。有时候一个谣言也可以在京城传播，说封疆大吏造反。谣言、预言、童谣是三胞胎兄弟，曾多次在中国历史上大放异彩。老百姓往往爱追寻所谓的真相，其实这种事没真相，真相一点都不重要。重要的是燕国的谣言吓得臧荼反了，长安的谣言让刘邦有了谈资，问问大家韩信造反怎么办。

说韩信造反有证据吗？没有，也不需要有。重要的是没有谣言，刘邦不能召集群臣研究怎么抓韩信。没有谣言就是刘邦负韩信，有了谣言就是韩信负刘邦。

韩信谋反问题研讨大会召开，张良称病不参与，陈平成了会议主角。这场大会，明白人只有刘邦和陈平两个。陈平并不着急发言，毕竟这个事，有别人比自己更早提出方案更合适。可惜的是所有人都高喊着攻打楚国的爱国口号，吓得刘邦只好亲自点名问陈平怎么办。陈平没办法了，让刘邦出巡云梦泽，顺便诏韩信来聊天，届时抓人。

陈平这个计谋，深得刘邦之意。同时也证明了一件事，刘邦和陈平都知道，韩信没有，也不会谋反。假如证据确凿韩信谋反，只要刘邦脑子没问题，应该调拨彭越、英布攻打韩信，只要韩信迎战，调长沙王吴臣袭击韩信的大后方，这仗有的打。就算刘邦想当个尿包，关闭函谷关，当个秦王总可以吧。明知道韩信造反，还去云梦泽召见韩信，不怕被韩信带兵干掉？这不是找死吗？

事实上陈平看出来了，这不是战争，是政治。韩信必死无疑，只不过刘邦需要一个冠冕堂皇的理由。韩信造反的谣言没在楚地流传，而在长安流传，这就是问题所在。

召见韩信去云梦泽见皇帝的诏书突然就到了下邳，之前韩信毫无察觉。看着这封诏书，楚国官署觉得不简单，因为太突然。假如韩信谋反，必然知道事情败露。如果韩信谋反的谣言按照一般逻辑先从事发地流传再传播到长安，那韩信也会知道此行一去不回。关键就是韩信不知道谣言的事，所有楚国官员都以为这事跟钟离眛有关系。因为皇上突然召见韩信是因为钟离眛，此事最符合逻辑，跟前边的海捕文书对得上。

然后这条逻辑链就完整了，看这意思皇上就是想捉拿钟离眛。也就是说，楚国上下都知道了钟离眛跟季布不一样，是一个皇帝必须弄死的人。不光韩信这么认为，连钟离眛也这么认为。

钟离眛嗅到了死亡的气息，所以赶紧来找韩信，说只要保住他钟离眛，刘邦就不敢动韩信。

韩信的从属早就分析过，皇上是为了钟离眛而来，那就捉了钟离眛表示清白。如今钟离眛劝韩信反，韩信当然不答应。凭什么啊？天地良心，本王绝无反意，见了皇上本王也说得清楚。

你看，韩信的心态跟岳飞的心态一样，反正我没罪，你不能杀我。两人都不明白，皇上就想杀你，有罪能杀，没有罪创造罪也能杀。

钟离眛自知劝说无望，蒯彻都劝不动韩信造反，他钟离眛也劝不动。所以钟离眛宁死不辱，挥剑自杀。韩信带了钟离眛的头颅，赶赴云梦泽见刘邦。韩信知道，他内心坦荡，没罪就是没罪，不信就派人去查啊。

结果韩信刚到云梦泽，没人问钟离眛的事，上来就逮捕韩信，审讯其谋反的事。韩信不服，声称无罪。如果治他的谋反罪，那就是兔死狗烹，想杀就杀吧。刘邦带韩信回长安，途经洛阳的时候，实在找不到韩信的谋反证据，赦了韩信的死罪，改封淮阴侯。

这场声势浩大的平叛事件，赤裸裸地被演成了削藩。查不出韩信的罪状，还废了韩信的楚王爵位。这对于天下诸侯来说，杀臧荼还算是偶然事件，废韩信可是有预谋有组织地削藩了。这事影响力可谓巨大。

刘邦把谣言玩出了花，用不同的形式废了两个异姓王。至于怎么安抚其他的王爷们，刘邦也有的是办法。

楚王韩信被无辜降为淮阴侯，让当时的朝局引发了大地震。震源中心在洛阳，振幅巨大，级别不详。所有王爷和功臣们人人自危，这么赤裸裸地废了全民偶像韩信，皇上未免太刻薄寡恩。今后的路该何去何从，每个人都要好好盘算盘算。反正想太太平平享受自己的现有待遇，看样子是悬了。

对于刘邦来说，眼下最重要的是稳定军心。就像杀臧荼、封卢绾、赦季布一样，得给诸侯们来点迷魂药。刘邦在洛阳召集群臣，研讨功臣的分封问题。刘邦看着殿下一片桀骜不驯的战将，顿时怒从心头起，要起了脾气，宣布头一个被封侯的是萧何，封萧何为酂侯。大殿上一片哗然，萧何是谁？他打过哪场仗？受过哪些伤？出过哪条计？定过哪次谋？游过哪次说？谈过哪次判？押过哪车粮？

大殿内人声鼎沸，都觉得像萧何这样躲在大后方的人先封侯，这是对他们爷们的侮辱，绝对不行。

诸将不服，牵动了刘邦那根脆弱的神经。这里边说明了一个问题，大殿里这群虎狼之将，不是他刘邦的臣子，而是一帮要债的债主。他们不把刘邦的旨意当回事，都光膀子露脊梁比伤疤，实在有伤风化。他们忘记了刘邦早在立国之初的时候就说过，大汉帝国的建立，首先要感谢萧何同学的后勤保障。转念一想，刘邦又不得不咽了这口气。不怨他们瞧不起萧何，因为刘邦还说过韩信是三大功臣之一，但是如今的韩信不一样被废为淮阴侯混吃等死吗？

风向标转得太快，但是陈平只有一个，大多数人是不明白的，还有不少是装糊涂的。刘邦见众人不服，做了个极其损的比喻。他说打仗就像打猎，战将就像猎狗，萧何就像猎人。狗撵兔子的功劳，怎么能和射箭的猎人比？再说了，萧何是第一批入伙的元老，萧氏全族几十口人入伙了毫无根基的芒砀山起义集团，这份信任就是别人比不了的。谁都别不服，先封萧何。还就告诉你们，封完萧何就封张良，他文弱不堪，肩不能挑，手不能提，但是他的谋略总在关键时刻起到关键作用，封留侯。第三还不是武将，得封陈平。张良这样的人才不可多得，陈平更是万中无一。他的作用之巨大，功劳之低调，无出其右者。就他干得那些不得不干的阴损事，虽然不能摆到台面上说，但是却不能没有这些。所以陈平听封，授陈平以户牖侯（后改为曲逆侯）。陈平不忘老哥们，说他之所以能跟随刘邦，多亏了魏无知的举荐。刘邦重赏魏无知，表彰陈平不忘本。

出处

于是与平剖符，世世勿绝，为户牖侯。平辞曰："此非臣之功也。"上曰："吾用先生谋计，战胜克敌，非功而何？"平曰："非魏无知臣安得进？"上曰："若子可谓不背本矣。"乃复赏魏无知。——《史记·陈丞相世家》

封完这三位，刘邦继续分封了大大小小二十几口子诸侯。接着，轮到敏感话题了。楚王被降为淮阴侯，楚国怎么办？刘邦把楚国一分为二，东边半个封给他堂哥刘贾，爵荆王。西边半个封给他同父异母的弟弟刘交，爵楚王。月底，刘邦把代地划出来封给他二哥刘仲，爵代王。又把三齐大地上说山东话的七十多个城池都封给了他的长子齐王刘肥。自此，刘姓王权柄日盛。

但是朝中并不太平，底下人吵成一团，争功争赏，与其说是皇帝试探群臣，不如说群臣试探皇帝。你老刘到底有没有诚意给出生入死的弟兄们分利益，大伙儿可都看着呢。

当时的朝会，有两个人是经常不参加。一个是急流勇退的张良，一个是混吃等死的韩信。如今的韩信跟自己当年的部下灌婴、周勃、曹参、张苍平级，让韩信非常接受不了。所以他称病不朝，把自己塑造成一个废人的角色。

淮阴侯韩信依然保持着自己当年的骄傲，偶尔去趟樊哙家，还觉得自己掉价。张良本来不愿意再入朝廷，但是残酷的现实让张良不得不再出山，因为刘邦像玩蛐蛐一样玩弄大臣的时候，一股阴云笼罩了大汉帝国。帝国的崩塌，就在眼前。

让我们把目光往北看，十余年不敢正视中原的匈奴在草原雄主冒顿单于的带领下，把匈奴发展到极盛。此时的匈奴控弦之士三十万，可谓当时地球最强骑兵。楚汉战争期间，冒顿征月氏、东胡，独霸蒙古高原。汉朝初年，冒顿南灭娄烦、白羊，占据河套地区。这是个什么概念呢？从河套地区到长安只有七百里地，匈奴轻骑一天一夜就能杀到关中。中原经过秦末起义、楚汉战争多年的战乱，山西人口锐减，如果匈奴侵袭山西地区，那将如入无人之地。张良敏锐地察觉到，北方要有大事发生。

刘邦大局观那么强，也早察觉到了匈奴的威胁。之所以张良非要出山，那是因为刘邦办了一件危险的事。另外一个被封为韩王的韩信最近很郁闷，因为他察觉到了自己和楚王韩信不仅名字一样，结局也会一样。为什么呢？本来在山东扎根的齐王韩信被徙封楚王，然后撵到被战火摧残的楚国，接着夺爵除国。原楚国一分为二，刘邦的兄弟刘贾、刘交分别接任荆王和楚王。韩信之前的齐国封给了刘邦跟情妇曹氏生的大儿子刘肥。很明显刘邦是想用刘氏代替异姓王。

再看韩王信也被徙封，只不过名号没改。韩国本来应该在今天的河南省北部，现在匈奴内侵，刘邦刚废了楚王韩信，就把韩王信的封地迁到今天的山西境内，定都晋阳（今山西省太原市）。韩王信觉得这个过程似曾相识，下一步莫非要废韩王？

总之吧，废楚王这场政治大地震的余震不断，不仅诸王忧心忡忡，功臣们也怨声载道。而刘邦就不服这个，就用封侯这件事逗着大臣们玩。韩王信决定先下手为强，他说既然让他去防御匈奴，就不应该定都晋阳。必须韩王守国门，必要的时候死社稷，干脆定都边境的马邑。刘邦准许了韩王信的要求，继续看大臣们没完没了地掐架。

刘邦看得正爽，张良来了。正好刘邦有个疑惑要问问张良，他说之前看这帮大臣天天在大殿里掐，现在发现他们偶尔三五成群在院子里咬耳朵。这是啥情况？张良说，这是谋反！

刘邦惊呆了，造反？确定吗？张良说这事多明显，天下初定，皇上先封的二十多口子侯爷都是亲信。萧何封侯，确实不能服众。武将们多数是粗鄙之人，你给他们讲后勤的重要，他们听不懂。而且皇上解释得也够赌气，诸将不服那是肯定的。

刘邦倒吸一口凉气，如何是好？张良说简单，江湖上都知道谁最遭皇上恨？刘邦说，雍齿啊，地球人都知道。张良说，好办，封雍齿为侯。

刘邦恍然大明白，封雍齿为什方侯。这招果然管用，诸将得到了一个信号，原来不是皇上不封大家，是还没来得及呢。连雍齿这孙子都当了侯爷，咱们安心等着吧。

出处

上在雒阳南宫，从复道望见诸将往往相与坐沙中语。上曰："此何语？"留侯曰："陛下不知乎？此谋反耳。"上曰："天下属安定，何故反乎？"留侯曰："陛下起布衣，以此属取天下，今陛下为天子，而所封皆萧、曹故人所亲爱，而所诛者皆生平所仇怨。今军吏计功，以天下不足遍封，此属畏陛下不能尽封，恐又见疑平生过失及诛，故即相聚谋反耳。"上乃忧曰："为之奈何？"留侯曰："上平生所憎，群臣所共知，谁最甚者？"上曰："雍齿与我故，数尝窘辱我。我欲杀之，为其功多，故不忍。"留侯曰："今急先封雍齿以示群臣，群臣见雍齿封，则人人自坚矣。"于是上乃置酒，封雍齿为什方侯，而急趣丞相、御史定功行封。群臣罢酒，皆喜曰："雍齿尚为侯，我属无患矣。"——《史记·留侯世家》

这是第一步，下一步是刘邦要对诸将进行教育。刘邦问大家，谁的功劳是第一？这帮哥们在院子里比了好几个月的伤疤，这没什么可狡辩的，就用数据说话，曹参身上七十多道伤疤，他第一。

这时候，深得刘邦之意的鄂千秋感慨这帮武夫年轻太单纯。别看鄂千秋名不见经传，政治投机倒是有一手。他老人家站出来唱反调，说曹参的战功跟萧何的后勤之功没法比。为啥呢？曹参立的是战功。像这样的战将，大汉有的是。但能保证后勤的英雄，只有萧何一位。所以萧何第一，曹参第二。

刘邦大喜，这堂德育课上得好，封鄂千秋为安平侯。这上哪儿说理去，鄂千秋混了个侯爷当当。为了能让诸臣都有鄂千秋的觉悟，刘邦决定对这帮粗鄙的战将进行培训，没规矩还得了。

废除王韩信的政治大地震在朝中逐渐平复，但是在诸王当中，余震还没结束。比如为大汉御国门的韩王信，绝不坐以待毙。

第四十六章　百年战争的开端

可能刘邦从来没想过，他所缔造的大汉帝国居然会跟北方的匈奴帝国展开一场持续百年的争斗。一直觉得敌人在内的刘邦，没想到敌人从外而入，击毁了刘邦对战争的固有认识。

简单介绍一些交战双方。其实匈奴也好，东胡也好，汉族也好，反正这些大民族，都是一个族群的统称，靠文化习俗来区分，没法靠血统甄别。

比如说匈奴，匈奴始祖叫淳维（獯粥），是夏朝的末代皇子。夏桀倒台，商汤把夏桀发配到南巢（今安徽省巢湖市附近），三年后夏桀死亡。夏桀死后，淳维就担负起照顾诸位后妈的责任。商汤发现淳维这厮跟后妈们有染，道德极其败坏，就打算杀掉他。淳维带走所有后妈，北走大漠，聚合四方游牧民族，建立了匈奴帝国。后来匈奴的祭祀、收继婚制等文化习俗，都是从夏朝继承来的。这个民族里面不乏中原人、山戎人、猃狁人、獯粥人，大家奉行一套文化礼仪，就成了新的民族，是为匈奴族。

出处

又乐彦括地谱云："夏桀无道，汤放之鸣条，三年而死。其子獯粥妻桀之众妾，避居北野，随畜移徙，中国谓之匈奴。"——《史记索隐》

匈奴，其先祖夏后氏之苗裔也，曰淳维。——《史记·匈奴列传》

史书记载，匈奴立国千年，时大时小，分分合合，直到冒顿单于时期，匈奴进入了全盛。与汉朝正式开战前的匈奴帝国，所控制疆域东起鞑靼海峡的外东北地区，北部囊括西伯利亚，南至河套地区，往西一直控制到西域巴尔克什湖地区。

冒顿心黑手狠，无论政治军事，他玩的都是套路。尤其是匈奴灭东胡的战争，体现了冒顿单于的军事思想。东胡作为北方长期的霸主，那是很嚣张的，根本不把匈奴放在眼里。东胡提出要冒顿交出自己的战马。战马对于胡人来说，就是生命。匈奴群臣激愤，要跟东胡拼了。冒顿让大家淡定，不就是马吗，给。

东胡一看冒顿这人很懦弱，提出要冒顿的老婆。匈奴群臣更加激愤，拼了！冒顿再次让大家淡定，不就是一个女人吗，给。

东胡人要马、要老婆其实都是试探冒顿，发现这哥们是有求必应，那好吧，我们要土地。匈奴群臣很淡定，根据以往的经验，冒顿一定会给的。谁知道这次冒顿激动了起来，不仅不给，召集兄弟们，攻打东胡。

人家东胡那边还等着收土地呢，没想到匈奴骑兵来了个闪电战，东胡措手不及，被打得大败，匈奴抢夺牛羊人口无数。自此东胡臣服匈奴。

出处

冒顿大怒曰："地者，国之本也，奈何予之！"诸言予之者，皆斩之。冒顿上马，令国中有后者斩，遂东袭击东胡。东胡初轻冒顿，不为备。及冒顿以兵至，击，大破灭东胡王，而虏其民人及畜产。既归，西击走月氏，南并楼烦、白羊河南王。——《史记·匈奴列传》

冒顿很擅长麻痹敌人，所以他在以往的战争中无往不利，深切体会着无敌最寂寞。恰闻汉朝派来个韩王镇守马邑（今山西省朔州市），那就陪韩王玩玩吧。匈奴大军直扑马邑，把马邑围了个水泄不通。

刘邦刚在张良的提醒下安抚了群臣，而且淮阴侯韩信的事还没处理利索。即使没有匈奴入侵事件，刘邦也不会在短期内再进行削藩。他派韩王信去马邑，是正儿八经希望韩王信可以抵挡匈奴。刘邦奉行的治国理念就是攘外必先安内，没打算跟匈奴在此时正儿八经地打一仗。

可是楚王韩信被夺爵一事，搞得异姓王人人自危。韩王信定都马邑，就是为了能跟匈奴接洽，必要的时候给自己留条后路。刘邦听说匈奴兵围马邑，认为这是一次传统的胡人抢劫事件，于是给韩王信派去援兵，打算把胡人赶走拉倒。援军到了马邑，发现了情况微妙。匈奴围而不打，场面十分和谐，韩王信和匈奴互派使者进进出出，不像要打仗的样子。根据当时的法律，这是一起严重违法事件。

古代将军出征，除非登台拜将，赐白旄黄钺，要不然没有资格跟敌人谈判。后来拜将太麻烦，看将军的名号就能知道他的权限。抚远大将军有招抚的权力，靖远大将军就只能作战。韩王信是不具备谈判的资格，所以援军把消息传回洛阳，让刘邦定夺。

刘邦很忙，一方面长安城的长乐宫正在紧急施工，另一方面手下这帮虎狼之将急需安抚，三来淮阴侯韩信虽然深居简出，但是总能从言谈举止中感受到他不服。对于韩王信谈判事件，刘邦并没有太在意。毕竟城都让人家围了，权宜行事也是人之常情。但是这种事不能鼓励，所以刘邦下旨申饬韩王信，告诉他下不为例。

平心而论，刘邦对韩王信还是比较信任的。臧荼勾结匈奴的事情就在眼前，所以刘邦派去跟匈奴接壤的王爷，一个卢绾，一个韩王信都是刘邦的心腹。韩王信勇武非凡，战败就投降，完事就回到刘邦身边，属于久经战场考验过的人物，虽然有过变节行为，但是他再次回到组织怀抱的时间节点恰恰还是楚强汉弱的时候。本来这对君臣之间没什么矛盾，韩王信的王爵也遭很多人嫉妒。可就是刘邦无故废了楚王韩信，让韩王信居安思危，决心叛汉。

刘邦申饬的旨意一到，韩王信正式宣布加入匈奴国籍，与汉朝决裂。

为了避免楚王韩信、燕王臧荼的悲惨遭遇，韩王信先下手为强，带兵攻打晋阳。

韩王信的突然叛国让刘邦一点准备都没有，所以韩王信带兵纵横山西，不像臧荼当时一出兵就陷入了汉军包围圈。虽然韩军一路高歌猛进，离洛阳和长安都不算远了。但是韩王信意识到了一个严重的问题。为啥呢？说好的一起出兵，如今冒顿放他鸽子跟当初放臧荼鸽子一样，只给予韩王信精神上的鼓励，并没有派来援军。但是开弓没有回头箭，韩王信只能硬着头皮打下去。

韩王信的叛国吓了刘邦一跳，正好趁着这个机会，带着这帮闹事的虎狼之将北上平叛。将军就是这样，闲下来就闹事。刘邦觉得韩王信秀逗了，就他那点实力还造反？也就是欺负刚刚经历过战乱的山西兵源不足罢了。刘邦一出手，就在铜鞮（今山西省沁县）击败韩王信的大将王喜，并将王喜斩首。

只此一战，韩王信大惊失色。在他的内心，对刘邦还是惧怕的。韩王信丢下自己的大军，只身带着随从就去匈奴见冒顿。这个感觉就像两千年后，吴三桂失势力孤降多尔衮的感觉差不多。冒顿一看韩王信这么㞞，决定亲自布个大局跟刘邦玩玩。

与此同时，西域商人曼丘臣和中原商人王黄找到了韩王信，决定学吕不韦来场政治投机。曼丘臣和王黄有的是钱，他们和韩王信一起立赵国王室后裔赵利为赵王，与匈奴联合攻打汉朝。

冒顿定下了诱敌深入之计，先派出韩王信的杂牌军和右贤王的一万铁骑驻扎广武（今山西省山阴县），再与汉军在晋阳（今山西省太原市北部）决战。汉军大胜！联军败退到离石（今山西省吕梁市境内）。汉军追过来，联军再败，退出汉朝本土，驻扎在原楼烦国西北（今山西省保德县附近）。刘邦派兵继续追击，联军再败。司马迁用了一句话形容这场战争：“匈奴常败走。”一个“常”字道出了刘邦此战的顺风顺水。然而更让刘邦欣喜的消息还在后面，汉军节节大胜，追入匈奴境内，而根据线报，冒顿单于还在代谷（今山西省繁峙县附近）驻扎。这意味着什么？意味着冒顿插翅难逃。刘邦派出探子侦查，得到重要情报，匈奴大单于冒顿就在代谷，而且匈奴防守空虚，可以奇袭。刘邦遣得胜之师，驻扎平城（今山西省大同市），对代谷形成了合围之势，离关门打狗就剩最后一击。

刘邦亲自带军出平城，也就是刚出门，到了白登山（今山西省大同市马铺山）的时候，匈奴四十万大军四面涌来，把汉军死死地围困在白登山。沉寂许久的冒顿单于，完成了这次战争的逆袭！

冒顿不是在代谷吗？这四面八方涌过来的匈奴骑兵哪来的？探子不是说匈奴防守松懈吗？难道又一个韩王信式的汉奸出现？

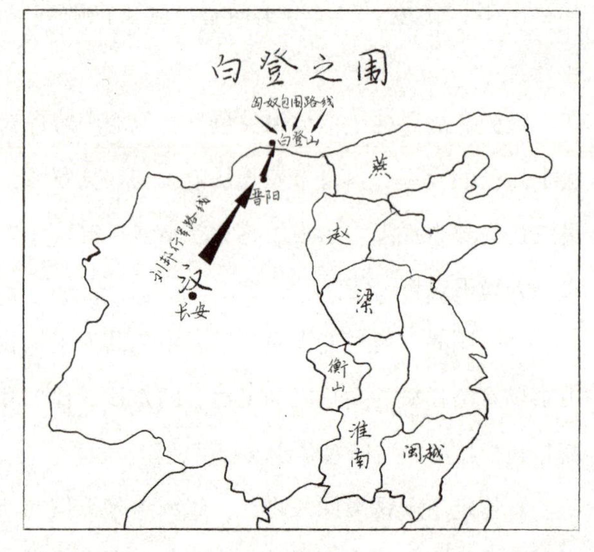

然而这都不重要了，重要的是刘邦要遭遇灭顶之灾了。汉军打匈奴连战连捷是不科学的，从兵种上讲，汉军几乎没有骑兵，汉朝初年百废待兴，皇帝都做牛车，根本没有足够的马组建大规模骑兵团。汉军唯一的骑兵团就是以秦人为班底组建的郎中骑兵，还有一些松散的娄烦骑兵雇佣军。正版的楼烦国都让冒顿给灭了，娄烦雇佣军根本就不可能打败匈奴骑兵。所以说一帮步兵追着骑兵连战连捷，那是一定有问题的。再一个汉军三十二万人出战，最起码得有八万人是辎重部队才养得起这支庞大军队的开销。人家出三十万骑兵，就是纯粹的三十万战斗人员，匈奴用不着后勤部队。

当时匈奴吃啥？沿途打猎只是开开荤而已，主要军粮是饼，我们今天吃的所有饼类，别管是烧饼、油饼、蒸饼，只要是能拿起来就吃的，就是跟胡人学的，所以烧饼最初叫胡饼。汉军的主要军粮是啥？也是饼，但是是汤饼。所谓汤饼，就是面片，得用水煮。这就意味着，人家匈奴骑兵把饼往怀里一揣，拿出来就能吃，还保温。汉军就不行了，埋锅造饭，烧水煮饼，没碗都不行。三十二万只碗得多少钱？得有多少人背着这三十二万只碗？劣势非常明显。

而且刘邦到白登山的时候，天降大雪，气温非常低。低温环境下，匈奴人早就习惯了。不习惯的早就冻死了，经过上千年的优胜劣汰，胡人基因里就透着抗冻。汉军可不行，主力军还是南方部队，哪见过这么冷的天？司马迁描述当时寒冷的天气对汉军的影响时，只用了一句话就能让我们体会到当时的残酷："会冬大寒雨雪，卒之堕指者十二三。"接近三分之一的士兵冻掉手指，这仗怎么打？

草原雄主对抗中原天子的这场大战，任谁都看到了结果。刘邦经过缜密分析，决定跟匈奴拼了，横竖都是个死，拼死一战还比较有气节。这场战争大大超越了刘邦的想象，兵法在这里根本不管用。兵法说要断他粮道，但人家压根就没有粮道。兵法说数数对方的锅灶就能知道对方阵地有多少大军，但人家压根不会造锅。兵法说散布谣言动摇对方军心，但汉军特种兵不会说匈奴话。跟匈奴远战会被人家射死，近战会被人家踩死。人家跑了汉军追不上，汉军想跑还跑不了。

也就是说，想跟匈奴拼了，结果就是被杀。

第四十七章　白登解围

刘邦这个人，一辈子经历的风浪太多。多少次生死危机，表现出来的冷静都让人不寒而栗。不得不说，这是个高人。但是一把年纪的刘邦，被围困在白登山之后，彻底丧失了冷静，在面对超出他想象的敌人时，刘邦疯狂地想要亲自出手跟匈奴拼了。

之所以刘邦不冷静，跟另外一个人有很大的关系。此人就是齐人娄敬，就是前边我写过的穿着羊皮袄劝刘邦迁都长安的那位升级版郦食其。刘邦跟娄敬相见恨晚，赐之姓刘，娄敬从此改名刘敬。

在刘邦亲征匈奴之前，曾派十多组密探去刺探匈奴的情报。冒顿多阴啊，虚虚实实令人难以捉摸。所有密探回来都告诉刘邦，他们看到的是匈奴残联，全部都是老弱病残和瘦骨嶙峋的赖马。这就到了考验政治家的时候了，你说不信吧，目前所掌握的信息就是这样。你说信吧，逻辑上讲不通。总不能匈奴称霸漠北靠的是老弱病残碰瓷得来的吧，东胡王和月氏王赔不起钱才投降？说不过去呀。刘邦倾向于匈奴是靠碰瓷起家的，毕竟匈奴多厉害是耳朵听到的，而匈奴残联是眼睛看到的。所以刘邦没等最后一组密探回来就北击匈韩联军，并取得了节节胜利。刘邦发现，匈奴左贤王的部队，确实是残联，有碰瓷的潜质。

在刘邦攻打平城（今山西省大同市）前夕，最后一组密探回来了，这组的组长就是刘敬。刘敬跟其他人看到的一样，匈奴遍地的瘦马和残联。但是刘敬的思维和别人不一样，两国相争，正常逻辑下都得示之以强。五万人得吹成五十万，一个月的军粮得吹成一年的军粮。有百十号能打的将军，得吹成上将千员。如果哪天该部队示之以弱，必然是要搞事情，有埋伏的概率是百分之百。所以刘敬劝刘邦，撤退，回家，匈奴不可打。

那你想当时的汉军军威正盛，出征以来无往不利。斩王喜，败韩王信，追的匈奴二号人物左贤王满世界跑。这时候凭借刘敬一句话大军就回去？将来这队伍刘邦就没法带了。再说了，这事怎么跟诸将解释？说堂堂大汉皇帝陛下没被匈奴打死，被刘敬吓死了，不像话啊。

所以刘邦大骂刘敬，并把刘敬抓起来关到广武。接着刘邦出平城，然后被包围，接着直面死亡。

所以刘邦冤得慌，明知道是个坑，他还义无反顾地跳进来，才落得这个下场。你看那些平日里威风凛凛的大将，别管是曹参、周勃，还是樊哙、灌婴、夏侯婴，此时都指望不上。能拯救刘邦的，只有老天爷了。到关键时刻，真来救刘邦的，还真是老天爷。

老天爷的代言人是陈平。武将都指望不上了，陈平挺身而出，说这事不是无解。陈平多不走寻常路啊，他最擅长的就是行贿。

行贿啊，说起来很简单，就是把东西送给领导。但是送礼不是目的，目的是办事。

比如说清朝，你要求大臣办事，带着一箱子现银给尚书大人送去，结果无非是俩。运气好的话，让尚书大人骂一顿赶出去。运气不好的话，尚书大人报警，把行贿者抓起来。礼都送不出去，更别提求人办事。那要是换个方式呢？行贿者换上崭新的长衫，拿把折扇，带上礼盒，来尚书大人府上打开礼盒，里面是幅字画。行贿者跟尚书大人聊聊国学文化，就该字画的艺术价值和文化价值交换意见。最后二人相谈甚欢，行贿者从眼神中要表露出对尚书大人国学文化造诣之深的惊讶，顿感听君一席话，胜读十年书。然后再缓缓表达出鉴于受教育良多，定要把该艺术品托付给尚书大人，自己回去再读浅薄一点的书。至此，送礼演变为文化人之间的学术探讨，官司打到天边都不算行贿受贿。完事尚书大人派人把这幅字画送到琉璃厂，换几千两银子，大家都很开心，尚书大人也乐得办事。

陈平就是个送礼高手，他把目光瞄向了冒顿的夫人。陈平带了精美的皮草和一系列财物送给冒顿宠妃，还送上一幅美人画卷，说送上财物如果匈奴还不退兵的话，那大汉皇帝只能把国宝级美女送来了。

冒顿夫人当场就不干了，送钱可以，送美人不行。不就是退兵吗？这事包我身上。很快这位匈奴阏氏就找冒顿商议，她说两国相争不可以互相围困对方的国君，这是风度和素质的体现。再说了，汉朝的土地是咱住得惯的地方吗？中原天子也有神仙保佑，差不多得了。

出处

高帝（刘邦）乃使使间厚遗阏氏，阏氏乃谓冒顿曰："两主不相困。今得汉地，而单于终非能居之也。且汉王亦有神，单于察之。"——《史记·匈奴列传》

然后，刘邦就杀出了重围。基本上大家都这么传颂着这样的故事，陈平贿赂了阏氏，阏氏劝冒顿把包围圈留了个口子，刘邦趁机杀出重围。

史书上是这样吗？确实是这样。但是因果关系并不是陈平行贿、阏氏吹枕边风、冒顿开了个口子、刘邦趁机杀出这套关系。之所以刘邦能杀出重围，确实是老天爷起了作用。

我们重新分析一下当时的情况，事实上从刘邦骂刘敬开始，刘邦的军事行动就开始变得谨慎。刘邦骂谁，不代表他讨厌谁。刘邦对谁好，未必手里没拿着刀。比如刘邦心爱的郦食其，经常被刘邦骂得跟孙子一样。刘邦骂刘敬，那是对他好。那种士气高昂的情况下，刘敬劝大家撤军，那是找死。

大背景是这样的，汉军出征之前，刘邦还在忙着分封诸侯。大部分将军还没有得到封赏，本来自以为能当侯爷的将军，还指望用军功把自己变成王爷。即便是不当王爷，食邑三万户的侯爷跟食邑五千户的侯爷差距还是非常巨大的。这时候刘敬阻挡大家进攻，就是阻挡大家封侯，随时有被以汉奸罪处死的危险。刘邦把他放在广武，那是对刘敬的保护。

接着我们看汉军的行军路线，之前汉军横扫山西，速度非常快。从刘敬出现之后，汉军在刘邦的指挥下，行军速度开始放缓。他小心翼翼地到了平城，悄悄地出了城不敢走多远，结果还是被围在城外的白登山。

从冒顿的角度讲，他不是铁木真，他想要的都有了。漠北、东北、西域、河套。他不想去中原，因为他没把握统治中原。中原人是不能打，但是能说。匈奴靠什么统治文化超级发达的中原人？冒顿很懂一个道理，用刀是不行的，得用笔。可惜的是匈奴人不会用笔，那这事就算了。冒顿没想入主中原，所以也没必要弄死刘邦。

从汉军的角度讲，三十多万大军拼死一战是什么状况？谁也没底。历史没有假设，谁也不知道三十多万大军拼命是什么结果，有可能被一面倒地屠杀掉，也有可能以困兽之斗给匈奴极大的杀伤。毕竟这三十二万大军有的被围在白登山，还有一部分在包围圈之外。总之冒顿没必要冒这个风险，他是想谈一谈，捞点好处就算了。

不过冒顿断然不会蠢到给包围圈留个口子，因为冒顿是草原一把手，要么围山，要么放人，都是他一句话的事。没有故意留个口子的道理，无论冒顿留或者不留，那个口子就在那里，不关不开。那么说匈奴包围圈的口子是怎么来的呢？

再放眼整个战局。匈奴围困汉军已经七天了，这七天来说，对刘邦是个煎熬，对冒顿也是个考验。匈奴所有主力都在南方跟汉军较劲，西域稳定吗？北方稳定吗？东胡稳定吗？很明显，不稳定。这都不要紧，要紧的是在匈奴和汉朝漫长的边境线上，不要忘记了还有东部的燕王卢绾。卢绾是刘邦的铁杆，最起码在白登之围的时候，卢绾是坚决站在刘邦这边的。而且匈奴人明显可以感觉到，卢绾这个燕王跟臧荼完全不一样。臧荼首鼠两端，卢绾是坚定的爱国者。卢绾的存在，让冒顿对东疆的安全表示不安。与此同时，包围圈外的汉军也寻找着包围圈的突破口，希望得到皇帝的消息。这种情况下，冒顿不得不频繁地换防，毕竟白登山那么大，包围圈不可能像丢手绢那样大家手拉手围成一个圈，必须是各部队之间相互协防的包围圈。当时还一个情况让冒顿狐疑，说好的匈韩联军一起围困刘邦，但是都七天了，韩王信、曼丘臣、王黄没一个带兵来的。这事其实不新鲜，当初冒顿也这么涮了韩王信一把，如今韩王信当然也不会死心塌地跟着冒顿杀刘邦，观望是必须的。

这样我们俯瞰一下当时形式，汉军主力在白登山挨饿，个个红了眼要出去。匈奴骑兵不断巡视白登山周边，发现汉军从哪里下山就有骑兵迅速在汉军的突围点集结。刘邦倒想扔了大军独自下山，但是目前在匈奴骑兵的严密包围下却做不到。圈外汉军四处寻找漏洞，希望能得到皇帝的消息和指示。就在这时候，老天爷来帮忙了。天降大雾，伸手不见五指。这种情况下，刘邦不担心，但是冒顿担心大雾期间会出什么事。冒顿别的不担心，他担心韩王信对他背后捅刀。《资治通鉴》记载："冒顿与王黄、赵利期，而黄、利兵不来，疑其与汉有谋。"

所以，冒顿不得不分出一部分兵力防卫韩王信。这支部队一撤退，老天爷帮忙，圈外汉军侦察兵误打误撞趁着大雾进了白登山，而匈奴没有发现。

打算用谈判解决问题的陈平当即决定不谈了，马上越级指挥大军从侦察兵进白登山的那条路撤退。陈平下令强弩手每个弩上放两支箭，不求精度，但求在大雾下的火力覆盖。强弩手以火力覆盖作掩护，刘邦趁机从这条路徐徐撤出。有着无数次撤退经验的刘邦决定轻骑先跑，到了平城再说。有着无数次掩护刘邦撤退经验的老司机夏侯婴觉得不妥，轻骑先跑如果遇上匈奴的骑兵队，那是必死无疑。所以夏侯婴全权负责大军撤退，就用强弩兵断后，大军四平八稳地缓缓撤退。既能稳定军心，又能迷惑匈奴，还容易让圈外汉军找到组织。就这样，刘邦从容跟圈外汉军接上头，徐徐退回平城。

此战之后，让刘邦彻底知道了匈奴不可战。

第四十八章　刺客事件

刘邦逃回平城，冒顿也没有追击，而是回军漠北，震慑周边的不稳定因素。同时，惊魂甫定的刘邦也心系自己的后院。就这样，亚洲东部最大的两大帝国之间的君主没打招呼就各回各家。由此可见，白登之围对刘邦和冒顿来说，都不是什么好的回忆。

为了防御匈奴的再次进攻，刘邦在汉匈边界上设立两段防区。今河北省北部为东段防区，属燕王卢绾。今山西、陕西北部边界为西部防区，由于韩王信叛国去了匈奴，所以韩国废，此处设代国，都晋阳，新任代王为刘邦的二哥：刘仲。

刘仲当年是老刘家的顶梁柱，为人老实，善于农业生产。刘太公最喜欢刘仲，经常以刘仲为正面典型来批判不干活的刘邦。刘仲是个职业农民，对种地很有经验。如今让他把守祖国的西大门，他是完全不能胜任的。刘邦虽然任人唯亲，但是业务上也不敢马虎。刘仲靠血统稳坐代王位，代相这个具体干活的位置，就显得格外重要。刘邦决定，提拔陈豨为代相，统领代、赵两国部队用于边防。事实证明刘仲也就种地还可以，刘仲当代王不到俩月，刘邦还没回到洛阳，匈奴攻打代国，刘仲第一时间跑路，让刘邦十分被动。只好改封刘仲为郃阳侯，立自己的爱子赵如意为名义代王，而代国的实际掌权人就是陈豨。正是刘仲的逃离，为将来陈豨造反埋下了伏笔，这是后话。

按下刘仲、陈豨不说，我们看一下大汉国内的情况，异姓王还有兢兢业业的刘邦发小燕王卢绾、恭恭敬敬的刘邦女婿赵王张敖、忠心耿耿的刘邦老朋友梁王彭越、踏踏实实的刘邦老盟友淮南王英布、铁打不动的长沙王吴芮、闽越王无诸。

楚王韩信被废事件在前，韩王韩信叛国事件在后。异姓王侯们人人自危，刘邦就算差点死在匈奴手里，依然认为他的敌人在内不在外，外地好打发，给点好处的事。内敌让刘邦很揪心，因为很多事已经走进死胡同了。

刘邦杀臧荼、废韩信，那是典型的有预谋。但是韩王信叛国事件，并非刘邦一手策划。韩王信一直以来深得刘邦信任，若非如此，刘邦也不会绕过彭越让韩王信去把守帝国的北大门。刘邦不可能让自己的潜在敌人在晋阳驻兵，因为从地理位置上看，晋阳的部队那是悬在洛阳、长安头上的一把刀。但是大开杀戒的刘邦让韩王信不敢信任刘邦，一有风吹草动，韩王信叛国了。

韩王信让刘邦寒心，但是刘邦的所作所为也难免让诸侯寒心。刘邦回忆了一下这次事件，刘敬目光深远，果然是个人才，特赦封侯。陈平不愧是帝国的擎天白玉柱，关键时刻就看陈平。于是刘邦改封陈平为曲逆侯，陈平光荣地成了万户侯。

刘邦心情不爽，回洛阳的时候故意路过了一下邯郸。邯郸是赵国的都城，赵王张敖恭恭敬敬地迎接这位差点战死白登的老丈人刘邦，并献上美女数名。刘邦看见张敖就来气，把这段时间积压的怨气全部发泄在这个女婿身上。刘邦对张敖骂骂咧咧，张敖对岳父逆来顺受。都是一家人，岳父骂女婿是人家自己家里的事。可就是这个事，有外人插手了。

出处

汉七年，高祖从平城过赵，赵王朝夕袒鞲蔽，自上食，礼甚卑，有子婿礼。高祖箕踞詈，甚慢易之。——《史记·张耳陈馀列传》

这个外人叫贯高，属于张敖的门客。贯高出身不详，根据其性格和张敖的反差看，此人应该是前赵王张耳的心腹。贯高是个很传统的周朝人，其印在骨子里的思维模式就是：主辱臣死。看着张敖被刘邦骂得跟孙子一样，张敖不觉得有什么，但是贯高可受不了。为主人尽忠，是贯高的人生信条。这种无条件的忠，后来在日本发扬光大，为武士道精神奠定了思想基础。贯高跟日本武士一样，对世界的认识没有善恶，没有对错，只有忠或者不忠。如今张敖受辱，贯高难受得如同百爪挠脚心。

贯高纠集了一帮以赵午为首极具武士道精神的门客，决定刺杀刘邦为主尽忠。至于刺杀刘邦对或者不对，以及刘邦的死会对世界产生多大影响，那他不管，反正要尽忠。张敖听说之后，吓得咬破了手指。老丈人骂自己几句，底下人急得要杀人。且不说这是发生在皇家，就算是普通老百姓家，道理上也是讲不通的。所以张敖坚决反对。

贯高见张敖不如张耳有魄力，于是跟武士们商议，他们私下刺杀刘邦。如果这事成了，就拥立张敖当皇帝，如果不成，那就自首说这事跟张敖没关系，根本不会影响武士们尽忠。

刘邦跟张敖探讨完家事，骂了几天女婿出气，完事之后就回洛阳。当时萧何传来消息，说长安长乐宫建设完毕，正在建设未央宫，长安很快就可以正式作为首都使用了。刘邦大喜，带队赶紧去长安。到了长安刘邦一看，嚯，未央宫何等的气派，一点都不次于秦始皇的阿房宫。但是，刘邦早年间在革命宣言里不止一次地批判秦始皇、项羽修建豪华宫殿的反动行为，如今自己还想住这样的宫殿，还想不被人民唾弃。怎么样让帝王的倒行逆施有个合法的解释，这是丞相的分内工作。领袖平时是神，偶尔也是人。这事怎么解释，萧何真可谓是无敌。

刘邦佯装大怒，批评萧何同志大兴土木给人民带来负担，不勤俭节约。萧何说了，给皇帝盖豪华宫殿，那不是让皇帝享受的。皇帝的宫殿雄伟了，外国人会说汉朝富强了。另外，皇帝的宫殿修得越宏伟，就越体现皇帝的节俭。为啥呢？皇帝一次性把宫殿盖到极致，后世子孙就不用再盖了啊。所以这事是国事，虽然皇帝不喜欢，但是还请皇帝勉为其难发扬大无畏精神住进去吧。刘邦很开心，说萧何事办得漂亮。

出处

萧丞相营作未央宫，立东阙、北阙、前殿、武库、太仓。高祖还，见宫阙壮甚，怒，谓萧何曰："天下匈匈苦战数岁，成败未可知，是何治宫室过度也？"萧何曰："天下方未定，故可因遂就宫室。且夫天子四海为家，非壮丽无以重威，且无令后世有以加也。"高祖乃说。——《史记·高祖本纪》

此时的萧丞相已经开始对刘邦惧怕到了极点，天下大事，他都不参与，一心一意为刘邦办包工头这样的小事，挖空心思讨刘邦的欢心，就是为了能有个好的结局。汉初这一连串的政治风波已经把萧何、张良这样的人精吓破了胆，能跟着刘邦混的，还得是陈平这样亦正亦邪的人物。

就在刘邦想好好歇歇的时候，结果从白登之围过去还不到一年，冒顿伙同韩王信再度侵扰汉朝。这回冒顿出兵，不再像上次那样主力尽出。毕竟匈奴帝国扩张太快，其强权压制下的不稳定因素比汉朝多太多了。汉朝是个民族相对单一的国家，当时的汉帝国的南疆也就到湖南一带。而匈奴帝国拥有横跨东北亚到中亚的广袤疆域，民族复杂，暗流涌动。冒顿无力再对汉朝进行大规模的打击，对他来说，一口吞掉汉朝是不现实的，但是不断蚕食汉朝的土地还是可以做到的。这一次，刘邦再度亲征，在东垣（今河北省石家庄市东古城村）击败联军。刘邦回军的时候路过柏人（今河北省柏乡县），小宇宙突然报警。一辈子数次经历过生死的刘邦感觉此地不祥，不做停留赶紧离开。刘邦是走了，留下贯高、赵午等一干黑衣人脑后滴汗，行刺计划失败。不过贯高等人并没有切腹自尽，而是继续谋划着，等待时机给予刘邦致命一击。

出处

高祖之东垣，过柏人，赵相贯高等谋弑高祖，高祖心动，因不留。——《史记·高祖本纪》

刘邦浑然不知柏人的厕所里藏着刺客，他开始担心的是匈奴问题。匈奴打不服，灭不掉，防不住，这该如何是好？刘邦想到了刘敬，这哥们一肚子坏水，又熟悉匈奴的情况，问问他有主意不。刘敬不仅有主意，还有个大主意。历史上对付北方的胡人，最成功的就是汉朝的和亲政策和宋朝的岁币政策，这两招都是当权者智慧的体现，而且都用极小的代价取得了北疆百年和平和利益。而和亲政策的制定者，就是刘敬。

刘敬的计划是这样，让大汉鲁元公主嫁给匈奴冒顿单于。这样一来，刘邦就是冒顿的老丈人。虽然冒顿桀骜不驯，但是他一死，下一任单于必然是冒顿和鲁元公主的儿子。那就好办了，这个外孙子怎么着也不能跟自己姥爷犯浑吧。到时候再和亲，一代代这么搞下去，让匈奴王室的血统和文化越来越汉化，那匈奴还算是威胁吗？

刘邦一琢磨，事倒是这么个事。但是，鲁元公主作为长公主早就嫁给了赵王张敖，让他俩离婚再把闺女送到匈奴，吕后这关都过不去。刘敬很坚决，必须用长公主殿下和亲，要不然一旦被匈奴发现，他们的后代是不能当单于的。吕后对这件事果然不同意，宁死不让鲁元公主入匈奴。刘邦无奈，只好找了个山寨货假装长公主送给冒顿和亲。山寨的，当然就不如正牌的长公主对汉朝感情深。所以刘敬不得不又提出二号计划，遣山寨长公主去匈奴和亲的同时，一定要把前东方六国的贵族迁到山西、陕西一带定居，充实京畿重地的人口，为防御匈奴和诸侯国的叛乱做准备。这次人口大迁徙中，就有山东的大族田氏。若干年后，田氏改为王氏，王氏子孙中有个叫王莽的篡夺了汉朝江山，这是后话。

刘邦毕竟动过让鲁元公主嫁给冒顿的想法，完全没考虑张敖的感受。这对翁婿之间，也因为行刺事件的东窗事发而发生了裂痕。刘邦废掉赵王张敖的爵位，又引发了不亚于废楚王韩信的政治大地震。

汉高祖九年，理论上这应该是一个太平年月的伊始。刘敬带了山寨的长公主北上和亲，其结果是终汉高帝一朝，匈奴不再入寇。再看国内，老百姓期盼了几百年的轻徭薄赋终于实现，活着，比什么都强。商人这个群体比较郁闷，因为刘邦下令，商人不许穿华丽的衣服，不能坐车，不能骑马，不能当官，不能配备武器，不能有私人武装。异姓王中吴芮和无诸是最稳定的一环，把守着帝国的南大门。彭越、英布都是乐得享受的人，也无反意。张敖、卢绾是刘邦的铁杆，都是自己家亲朋。总之，这是个太平时代的开端，理论上帝国要进入发展阶段。可就在这时候，出事了。

邯郸县丞接到了群众举报，贯高等数名赵王门客谋反。有证据吗？没有，就听说来着。当年的条件还不允许有录音和偷拍。邯郸县丞为难了，这种事件太大，比匈奴入侵还要大得多，牵扯的人员也多。所以，邯郸县丞把此事和举报群众都送到洛阳，请皇帝陛下定夺。贯高是张敖的人，说贯高造反，必然牵连张敖。刘邦下令，逮捕赵王府所有人，这里边包括当年张敖送给刘邦的女人，也就是后来淮南王刘长的生母。

这事其实不难处理，贯高去和揭发群众对质啊。行刺都是一年前的事了，断无蛛丝马迹留下。而且举报人和贯高素来有仇，这都是可以查的。但是这并不符合武士道精神，赵午等武士决定分分钟切腹自尽，以表达自己的勇武和忠诚。贯高大惊，真是就怕猪一样的队友啊。贯高说了，他们自杀很简单，但是赵王确实没有造反，这帮家伙自杀，那赵王就说不清楚了。死很威武，但是连累了主人，那就是不忠。于是，贯高自首，雄赳赳气昂昂地去了洛阳跟刘邦说，他们确实是造反，但是这事赵王不知道。

对于贯高谋反事件，刘邦企图定义为赵王谋反事件。廷尉在审讯此案的时候，把贯高全族一个个杀掉，企图逼迫贯高招供赵王造反。作为一个武士，贯高坚持自己的信念，赵王确实没有造反，坚决不能颠倒黑白。廷尉见杀人不管用，就对贯高用刑。数千棍子打下去，把贯高打得人种都变了，谁都看不出这是个黄种人。但是无论打多少棍子，贯高依然咬紧牙关，绝不屈打成招。

要不说有信仰的人无敌，贯高坚定对主人的忠心，打死也不招。廷尉一看这是个硬汉，那就得下点猛药。狱吏用锥子刺贯高的身体，贯高依然不招，狱吏一直刺到贯高全身上下无可容刑之处，这才罢手。

出处

吏治榜笞数千，刺剟，（贯高）身无可击者，终不复言。——《史记·张耳陈馀列传》

贯高的硬，让所有人感到震惊。这可一点不输战国四大刺客之首的豫让，豫让为主人尽忠，无非是自我毁容，吞炭改声，借以接近赵襄子行刺。而贯高这个不怕用刑的硬汉，让所有人都感到无法战胜。杀掉他很简单，不过那样不解决问题。

中国古代的监狱，一般来说都是人间炼狱。那里面的恐怖，我们在今天是难以想象的。犯罪嫌疑人进入监狱之后，多少带有心理变态的狱吏完全不把嫌疑人当成人类对待，甚至都不当成生物对待。狱吏们全靠从折磨这些人身上得到快感，令人不寒而栗。这也就是为什么赵午等人见东窗事发，第一时间想到自杀。

刘邦想要借此弄死赵王张敖的计划被贯高的硬而无限期搁浅，拿不到贯高的证词，刘邦不好定张敖的罪。刘邦这个人，虽然不讲规矩，但还是比较讲法制。从他给关中父老立下约法三章起，刘邦基本是个依法办事的君主，这点他和后世暴君们还是有区别的。刘邦杀人是靠法律杀人，绝不是想杀谁就杀谁。别管他的法律多离谱，但是刘邦没有办出“蓝玉案”“胡惟庸案”那样不讲证据直接定性的案子。

正因为如此，随着贯高案件的僵持，吕后不得不出来说几句了。吕后相信张敖不可能造反，更不希望刘邦把张敖定性为造反。吕后有一子一女，儿子是太子刘盈，女儿是鲁元公主。鲁元公主嫁给张敖为赵王后，如果张敖定性为造反，那鲁元公主作为元凶之妻，是要受到牵连被杀的。真要是细算起来，刘邦和吕后作为张敖的妻族，也在夷三族之列。吕后劝刘邦，说张敖就算看在鲁元公主的面子上，都不可能造反。刘邦大怒，说假如哪天张敖君临天下，你失去的就不仅仅是个女儿了。

话虽这么说，但是廷尉对贯高是没辙了。必须请示刘邦，这案子该怎么结？刘邦也对贯高感到震惊，但是根据他多年混江湖的经验来看，要弄硬汉，得用义气，绝非酷刑。既然如此，刘邦派贯高的老乡中大夫泄公去看贯高，顺便套套话。泄公去探监，顺便跟贯高聊聊家常，谈谈生平快意恩仇之事。聊着聊着，两人的距离就拉近了很多。差不多的时候，泄公悄悄问贯高，人家都说赵王指使你们造反，真有这事不？

贯高苦笑，说为这点破事，自己三族尽灭。他怎么可能为了自己的三族去保一个造反的赵王呢？实在是赵王确确实实没造反，自己绝不能为了自己而诬陷无辜的赵王。

泄公回到朝廷据实以奏，刘邦沉吟良久，终于宣布经查实，张敖确无反意，故无罪释放，封之为宣平侯。贯高因为实在是硬汉中的硬汉，刘邦服了，不再追究他的谋反罪，赦之无罪。泄公兴冲冲去跟贯高报告这个好消息，本想讨个大人情。没想到贯高听说张敖无罪释放之后，压根对自己的结局不感冒。贯高说了，自己之所以坚持熬刑，并不是怕死，只是怕死了没人给赵王申冤。如今赵王平安无事，自己的使命也就完成。说完之后，贯高抬起头，拧断自己的脖子，高傲地死去。

出处

（泄公）问张王果有计谋不。高曰："人情宁不各爱其父母妻子乎？今吾三族皆以论死，岂以王易吾亲哉！顾为王实不反，独吾等为之。"具道本指所以为者王不知状。于是泄公入，具以报，上乃赦赵王。上贤贯高为人能立然诺，使泄公具告之，曰："张王已出。"因赦贯高。贯高喜曰："吾王审出乎？"泄公曰："然。"泄公曰："上多足下，故赦足下。"贯高曰："所以不死一身无余者，白张王不反也。今王已出，吾责已塞，死不恨矣。且人臣有篡杀之名，何面目复事上哉！纵上不杀我，我不愧于心乎？"乃仰绝肮，遂死。——《史记·张耳陈馀列传》

贯高是死了，从他自己的角度讲，他死得悲壮，为主人尽忠，是个响当当的爷们儿，保留了武士的尊严。但是贯高的行为，却对张敖本人乃至整个大汉帝国造成了极坏的影响。张敖和刘邦这对翁婿之间，是很有可能善始善终的。张敖对刘邦很孝顺，别管是真的还是装的，总之张敖感念刘邦的恩情。因为如果没有刘邦，张敖之父张耳就被陈馀给搞死了，关键时刻是刘邦救了张耳，忽悠了陈馀。刘邦封张耳为赵王，又跟张耳结成亲家。再算上刘邦年轻时去大梁跟张耳结下的亦师亦友的感情，张敖是忠的。刘邦就算削藩，也不可能先对张敖动手。但是贯高行刺啊，为什么会出现这样的事情？那是因为贯高属于张家的门客。张家为什么会有门客？那是因为张家父子两代为王。所以，刘邦借此机会废了张敖的赵王爵，改封宣平侯。迁代王刘如意为赵王，但是刘如意依然在长安居住。从刘邦的角度讲，废了皇太子刘盈的姐夫，让刘如意离皇太子之位近了一步。

刘邦不会从自己身上找原因，当初无论他怎么侮辱张敖，他都觉得这是正常的。谁让张敖是他的女婿？但是贯高这么自以为忠心地一参与，整个事件就变味了。从家事一下就升华到了国事，让张敖百口莫辩。贯高的忠，害得自己主人张敖丢了王位。这是直接影响，间接影响就更大了去了。

异姓王们刚刚平复的心情又变得惴惴不安。张敖既然没有造反，那为什么还废了他的王爵？显然这并不是造不造反的事，而是一件“怀璧其罪”的政治事件。那大家再联想到自己，皇上的矛头指向的到底是张敖，还是异姓王？

除了异姓王之外，还一个人也开始担心自己的未来。此人就是代相陈豨，掌握着代、赵两国军队的陈豨。本来陈豨还想着太太平平当自己的阳夏侯，贯高事件的发生，直接造成了陈豨的反叛。

事实证明贯高为了自己的尊严，直接害的赵王张敖被夺爵。而以贯高事件的造成的大地震，不仅震动了中央和地方，甚至震动了刘邦的后宫。

第四十九章　家宅不宁

刘邦因贯高事件废掉赵王张敖，这件事可谓一石激起千层浪。在诸侯的眼里，这是皇帝刻薄寡恩的一次没节操削藩事件。这个观点代表了大多数地方诸侯的想法，这都不是最可怕的。可怕的是，这在中央引发了一场关乎国本的大动荡。

张敖被降爵，几乎所有人都觉得这是削藩。我曾经说过，吕后对此极力反对，苦口婆心地为张敖开脱，结果刘邦不听。这个事，在中央被解读为：废皇太子的前奏。

具体怎么回事呢？且听我慢慢捋来。

刘邦的人生当中，曾经有四个女人扮演过重要角色。分别是曹氏、吕雉、薄姬、戚姬。曹氏其实本没有什么不同，是刘邦当年众多超友谊女性朋友中的一员。只不过曹氏怀了刘邦的孩子，生下了刘邦的长子刘肥，也就是后来的齐王殿下。刘肥属于庶出，所以一直很消停。

吕雉是刘邦的结发妻子，两人的结合充满了功利。吕公初来沛县，需要刘邦的势力庇护。刘邦一直混迹于社会底层，需要借吕公的名望炒作。吕雉为刘邦生下了太子刘盈和鲁元公主，本来地位稳固。但是，从彭城之战到鸿沟议和这两年来，吕雉落到了项羽手里。当人质本来没什么，但是在此之前，刘邦占据彭城的时候可睡了项羽的女人。所以当吕雉再回到刘邦身边的时候，只能是母凭子贵，借刘盈巩固自己的地位。

薄姬本是魏王豹的妾，韩信灭魏之后活捉魏王豹全家。薄姬成了刘邦的战利品，起初做些织布的工作。后来薄姬的两个闺蜜得宠，把薄姬推荐给刘邦，这才有了刘邦的四皇子刘恒，未来的汉文帝。

戚夫人是刘邦最爱的女人，其地位相当于虞姬在项羽那里的位置。刘邦当皇帝，吕雉应当应分地做皇后。但是刘邦早就对吕雉没了感觉，他喜欢的是戚夫人。刘邦娶吕雉是炒作需要，立刘盈为太子是彭城大败后的政治需要。而刘邦君临天下之后，他希望戚夫人做皇后，戚夫人给他生的刘如意当太子。

吕雉害怕，因为如果刘盈不是太子，那她在刘邦面前什么都不是。而吕雉能仰仗的一方面是太子刘盈，一方面是亲女婿赵王张敖。而在贯高事件中，张敖被夺了王爵，刘邦立刘如意为赵王。这让吕雉十分不安，赵王从张敖变成刘如意，让吕雉的实力双倍减退。吕雉感觉到，刘邦要废太子了。事实上从刘邦立刘如意为代王开始，刘邦就开始琢磨着换太子。毕竟换太子是国事，不单纯是老刘家的家事。

刘邦剪除了张敖，下一步就要对付舞阳侯樊哙。因为樊哙跟吕雉关系密切，是吕雉的亲妹夫，太子的亲姨夫。就在樊哙要倒霉之前，吕雉和刘邦的矛盾变得不可调和。为了阻止刘邦废太子，吕雉请出了两个高人。

头一个，前荥阳守将周苛的堂弟周昌。周昌和周苛都是当初刘邦当亭长时跟随刘邦的小弟，周苛在荥阳大战中，为了掩护刘邦撤离，被项羽给炖了。周昌是出了名的耿直，所以汉朝建立后位列三公，任御史大夫主抓干部的纪律问题。作为刘邦的老兄弟，作为吕雉的老朋友，作为一个耿直的老大臣，周昌毅然决然地站在了吕雉这边。

周昌不是郦食其，没有一副好口才，甚至都没有一副正常的口才。周昌口吃，但是口吃的周昌据理力争，这才让刘邦没有发布废太子的上谕。但是周昌顶得了一时，顶不了一世。吕雉想起了一个人，此人就是从建朝后大部分时间都在家修行黄老之术的张良。

对于朝中老臣来说，其实对吕雉都抱有同情。戚夫人喧宾夺主的行为，在大多数人眼中都是欺负人的。在那个时代，名分的问题是大问题。以周昌为例，他并不是针对戚夫人，而是维护国体。张良本来不想再过问朝中大事，但是太子之事无小事。张良决定再出一计，拯救危在旦夕的太子刘盈。

故事啊，要从张良刚出道的时候说起。这是个古老的故事，这个故事曾经被画成四格漫画贴在东海龙宫教育孙悟空，《西游记》里有这段。故事说的是张良年轻的时候遇见一只鞋掉到桥下的老头，张良帮老头捡鞋，还帮老头穿上。后来老头不断考验张良，传给张良一本《天书》，还自称是石头成精，俗称黄石公，也叫夏黄公。

这个故事被记录在史书当中，离谱程度直逼刘邦的斩白蛇、陈胜的篝火狐音、许负的各种神预测。之所以前面我没写这个故事，就是为了放在这里串一串这一系列离奇的故事。张良为什么在家修行道家黄老之术？那是师傅教的。张良的师傅是谁？前边说了，是老神仙黄石公啊。黄石公是谁？其实黄石公叫崔广，原籍是齐国人，后来在秦朝当官。淳于越和周青臣斗嘴导致了秦朝声势浩大的坑儒事件，儒家博士在朝廷消失殆尽。后来徐市骗钱跑路事件和卢生忽悠秦始皇事件，导致秦始皇怒杀术士，让神仙方术类的博士消失殆尽。这回行了，以崔广为首的道家博士浮出了水面，成了当时学术界的权威。后来赵高乱政的时候，崔广和东园公唐秉、绮里季吴实、角里先生周术辞官归隐深山，人称商山四皓。

商山四皓声名远播，刘邦曾多次去请这四位出山。四个学术界的权威，跟刘邦聊不到一块去，因此宁死不出山。

顺便说一句，崔广传给张良的那本《天书》，其实就是著名的《黄公三略》。正因为有名师指点，张良才从一个满世界搞刺杀的恐怖分子变成了天下第一智囊。也正是张良的睿智，他才在汉朝建立后回家修行黄老。这次事关重大，为了维护道统，张良请出了自己的师傅以及师叔伯们，让这四位当了太子的老师。这四位老师，成了日后让刘邦放弃废太子的关键人物，这是后话。

不过在高祖十年的时候，刘邦废太子的心还没有死。虽然朝中有周昌捣乱，很快就有人帮刘邦来解决这个麻烦。此人就是周昌的下属，赵尧。

赵尧觐见刘邦，说如果废不了太子，那赵王如意则不会有好的结局。凡事得有两手准备，赵王虽然在长安，但是赵国可不能空悬，得派个硬茬去当赵相，给赵王留条后路。满朝文武当中，最硬的一位就是那个御史大夫周昌，就派他去。刘邦深以为然，让周昌就任赵相。赵尧就此捡漏，当了御史大夫。

周昌惊呆了，好不容易位列三公，现在调任地方，降了好几级。刘邦沉痛地说，没办法，赵王就托付给周昌了。周昌含泪上任，只不过刘邦和周昌都没想到。这个决定不仅没有救了赵王，还引发了一场叛乱。

出处

高祖曰："吾极知其左迁，然吾私忧赵王，念非公无可者。公不得已强行！"于是徙御史大夫周昌为赵相。——《史记·张丞相列传》

第五十章　不按套路出牌

现代社会，具有普遍社会号召力的，一定是明星。这个呢，属于市民文化兴起后的必然产物。其实中国文化的分水岭就是宋朝，宋朝之前，中国的主流文化是以官员为首的上流社会文化。从宋朝开始，随着城市化的发展，市民文化成了主流。

宋朝以前，主流的文化方式有乐府诗、围棋、瑶琴、近体诗等，都不是老百姓玩的娱乐项目。宋以后开始流行老百姓喜闻乐见的宋词（当时的流行歌曲）、评话、元曲、小说、戏剧等文化项目。因此，宋以前，老百姓普遍崇拜政治明星，比如“战国四公子”、卫青、霍去病等。宋以后，老百姓普遍崇拜娱乐明星，比如柳永、关汉卿、谭鑫培等。

汉朝初年，这些出身于社会底层的人物经过多年战争终于出将入相，他们就会朝着自己偶像的道路追随下去。

当年的大明星是“战国四公子”，这四位分别是齐国孟尝君田文、赵国平原君赵胜、魏国信陵君魏无忌、楚国春申君黄歇。这四位是全民偶像，比“四大天王”火得多。偶像嘛，必然能引领时尚，是流行趋势的风向标。这四位最深入人心的就是养士，养士之风在当时刮遍了贵族圈。那个年头富贵了不养士，那就是低级的表现。有钱有势的热衷于养士，有志气的老百姓则热衷于被当士养。养士的分三六九等，有的真是为了搞事情，有的则是为了博取好名声，有的是为了附庸风雅，比的就是一个养士的数量。士也分三六九等，有的是想跟着有野心的老板搞事情，有的是为了以一技之长混个江湖地位，有的就是混口饭吃。

在这种大背景下，刘邦年轻时都想追随信陵君魏无忌，可惜没赶上好时候。如今天下大定，底层出身的将领们还为爵位的事争吵不休。上流社会要显得自己比别人有格调，就开始养士。无论是中央的大员还是地方上的王爷、侯爷，都或多或少地在养士。比如咱前边说的贯高，就是赵王府的门客。贯高事件所引发的连锁反应当中，以门客做文章的事情随之发生。当赵王变成刘如意之后，前御史大夫周昌顶着巨大的压力，到了赵国任相。周昌担任赵国丞相，任务就是保卫大汉，保卫赵王。周昌的到任，引发了大事情。

当年张敖当赵王的时候，张敖是唯一一个不掌兵权的王爷。作为铁杆太子党，张敖如果掌兵，一定会大大加强太子党的实力。当初刘邦想要废太子，所以刘邦借口防御匈奴，派陈豨掌管代、赵两国的兵力。所以很长时间以来，陈豨虽无王爵，却拥有比任何一个王爷都强大的实力。如今风云突变，刘邦放弃了废太子，而自己的爱子刘如意担任赵王，所以陈豨掌握两国兵力钳制代、赵的作用，就成了反作用。如今的刘邦不需要有人扼制赵国，相反，他需要加强赵国的实力。那陈豨的地位就变得尴尬了。

当初陈豨回京述职的时候，曾去拜访过老上级淮阴侯韩信。韩信自从被废了王位，那是一肚子牢骚。韩信曾对刘邦直言不讳地讲，说刘邦最多能指挥十万大军，而自己则是多多益善。那意思是说，论带兵，他韩信无敌。刘邦没见过韩信这么高调，于是调侃他，说你这么厉害怎么被我擒下了呢。韩信意味深长地说：我只擅长治兵，皇上你擅长治将。刘邦这才恍然大悟，合着在这等着他呢。

出处

上常从容与信言诸将能不，各有差。上问曰："如我能将几何？"信曰："陛下不过能将十万。"上曰："于君何如？"曰："臣多多而益善耳。"上笑曰："多多益善，何为为我禽？"信曰："陛下不能将兵，而善将将，此乃言之所以为陛下禽也。且陛下所谓天授，非人力也。"——《史记·淮阴侯列传》

当韩信再度见到陈豨的时候，韩信悄悄告诉陈豨，说陈豨手握天下精兵，早晚要倒霉。不知道哪天就会有莫名其妙的谣言传播，皇上就会选择性相信，到时候陈豨必死无疑。如果真到了那一天，陈豨唯一的活命之道只有造反。韩信和陈豨约定，只要陈豨造反，刘邦必然亲自去平叛。只要刘邦离开长安，韩信就在长安举事，到时候里应外合，大事可成。

对于陈豨来说，韩信说的每一句话他都相信。韩信自己就是活生生的例子，他说的都是真的。但是陈豨非常不希望这是真的，他永远都不想看到这一天。造反这个事，不到万不得已，谁也不想轻易尝试。而且陈豨并不信任韩信，他和韩信里应外合，如果成功了，谁听谁的？就这样，陈豨敷衍着答应和韩信的约定。同时陈豨严格约束自己的部下，做事尽可能低调，摆出一副无公害的样子。

但是无论陈豨表现多无害，他的地位注定了他的悲剧。周昌到任邯郸之后，很快就把目标定在了可以威胁赵王安全的陈豨身上。周昌分析，刘邦活着，陈豨不是威胁。一旦刘邦驾崩，吕后成了太后，只需要一道懿旨，陈豨就能把刘如意押赴长安。所以周昌上书刘邦，说陈豨搞事情。

那么说陈豨有造反的嫌疑吗？完全没有。周昌想了半天，说陈豨的门客数量多。这倒不是关键，关键是陈豨的门客还都很讲礼貌。消息传回长安，刘邦采纳了周昌的建议。陈豨的门客有礼貌，这还了得？彻查！

这上哪儿说理去？陈豨就怕出事，所以教育自己的门客，个个都是道德模范。平日里这些人谈吐文雅，举止得体。扶老太太过马路，捡到一文钱也要交给衙役叔叔。可就在刘邦需要陈豨出事的大前提下，就算陈豨遣散门客，也逃不过此劫。

廷尉开始调查部分陈豨的门客，反正欲加之罪吧，查谁，谁就有问题。比如说吧，查到张三，问昨天干啥去了？答扶老太太过马路了。好，结论有了。张三假借扶老太太过马路为由，实际上是到老太太家踩点，企图盗窃。这还不算完，廷尉用尽一切办法，也得让张三招供去老太太家踩点是陈豨唆使的。

这样一搞，陈豨害怕了。很明显，上边这是要搞自己了。下一步该怎么办？两条路：或者跑，或者反。陈豨举棋不定，于是派出心腹北走匈奴。在北方还有一个赵国，就是韩王信拥立赵利建立的赵国。这个赵国属于汉朝跟匈奴之间的缓冲国，陈豨要留条退路，就派人去北赵国联系王黄、曼丘臣求引见。前边咱们说过，王黄和曼丘臣都是商人出身。而陈豨的亲信部将也多是商人出身，所以他们跟王黄、曼丘臣很聊得来，就这样，陈豨的后路算是铺好了。当然了，后路多了也未必是好事，这点后面的事情可以证明。

贯高事件发生后的第二年，也就是高帝十年的五月，太上皇驾崩。国丧期间，刘邦召诸王侯来长安治丧。圣旨传到陈豨那里，陈豨觉得眼熟。这跟刘邦召唤韩信到云梦泽的套路极其相似。去了，可能就完了。于是陈豨回复刘邦，说自己抱病不起，不能前往长安。

陈豨担心去长安就被擒获，不去又怕给刘邦留下灭了自己的口实。跟韩信里应外合吧，陈豨对韩信的门客们信心又不足。思来想去不如学韩王信闹独立，在汉朝和匈奴之间建立第二个缓冲国。

太上皇驾崩四个月后，陈豨联系北赵国，宣布造反。由于当时国丧刚过，陈豨的造反并不在刘邦的计划之内。毕竟按照惯例，神奇的谣言还没有传播开来，等于是陈豨抢在刘邦前面下手，打了刘邦一个措手不及。

陈豨手握重兵，代、赵两国无兵抵御，所以刘邦不得不再次动用中央军北上平叛。中央军虽然精锐，但是跟陈豨的部队比起来，并没有优势。因此刘邦下令，让周昌赶紧组织赵国子弟，先组建一支赵军扼守邯郸。如果邯郸丢了，中央军则无法在河北、山西一带有所作为。

从战略上讲，刘邦的部署没有问题。可关键是在执行阶段，周昌上哪儿组织一支可以抵御陈豨的精锐来固守邯郸？刘邦此行并没有把握，所以他要带上淮阴侯韩信。破代灭赵那是当年韩信的拿手好戏，在韩信曾经驰骋过的疆场上，刘邦带着韩信还是比较踏实的。

不过韩信不会再给刘邦卖命了，他称病不去。说好的陈豨造反，他就在京城里应外合。所以韩信在家召集好门客全副武装，等待陈豨传来消息。韩信没想到，陈豨压根没打算和他合作。陈豨的合作对象是匈奴，是韩王信。所以陈豨一来没跟韩信通消息，二来没按照和韩信的约定南取邯郸。陈豨大肆劫掠河北，然后打算去北方建国。由于陈豨的不按套路出牌，导致原本没准备好的刘邦仓促应战，导致抱定必死决心的周昌没遇到陈豨的大规模打击，导致一心造反的韩信傻乎乎在家等消息。正是因为如此，很多人的命运因为陈豨的非主流叛乱而改变。

陈豨终于举起了造反的大旗，刘邦和陈豨不得不正面对决。陈豨的谋反，在当时普遍受到同情。你想吧，陈豨是刘邦的铁杆，无论是起义战争时代还是诛灭臧荼的时代，陈豨都屡立战功。韩王信北走匈奴建立伪赵之后，接替韩王信镇守代地的就是陈豨。刘邦想要废太子，所以在削弱太子党的过程中，收缴赵王张敖兵权的还是陈豨。而现在陈豨被逼反的痕迹明显，这让天下诸侯普遍寒心。

如果陈豨的门客有不法行为，当地政府调查是很正常的。但是朝廷里派人来查陈豨的门客，说不是针对陈豨就没人相信了。此外，能查出来的事情，都是欲加之罪。在那个上流社会人人养士的时代，陈豨的门客算是相当规矩的了。就这样都能牵强地把罪名指向陈豨，搁谁都得反。

刘邦征讨陈豨，本想带上用兵如神的淮阴侯韩信。但是被刘邦伤透心、吓破胆的韩信决定跟刘邦决裂，坚决不跟着刘邦去讨伐陈豨。陈豨大反代、赵，自称代王。本来不带韩信的刘邦对此战并无必胜的信心，不过刘邦万万没想到，陈豨并没有跟他争夺天下的想法。陈豨企图在北方建国，因此并没有攻下战略要地邯郸。刘邦带兵来到邯郸，见陈豨意不在中原，于是突然变得胸有成竹。刘邦命令周昌继续征兵，并调燕王卢绾、梁王彭越、齐王刘肥参战。刘邦倒要让韩信看看，不带他自己一样能打胜仗。其实这时候，最紧张的人并不是头一次造反没什么经验的陈豨，也不是在家忐忑等消息的淮阴侯韩信，更不是准备不充分的刘邦，而是那个背地打陈豨小报告的周昌。

周昌从中央三公之一的御史大夫变成地方三公之一的丞相，本身就不爽。他检举陈豨搞事情时间节点选得不对，加上他自己准备不充分，导致陈豨突然造反，赵国二十五城丢了二十城。要不是陈豨不想夺取中原，周昌和刘如意都得变成陈豨的战俘。而且刘邦交给周昌的紧急任务他也没完成，这也不赖周昌，当时的形势下，周昌确实不能马上拉起一支有战斗力的队伍。

刘邦到了邯郸，庆幸陈豨没有南下。这时候紧张到极点的周昌开始推卸责任，说赵国形势一团糟，是地方上的政府官员和部队军官不给力，应该把这些人斩首。刘邦问周昌，这些地方官跟着陈豨反了吗？周昌说那倒没有。刘邦说丢城失地那是因为这些地方官手里没兵，怎么能因为这个斩杀地方官？都判他们无罪。

刘邦的潜台词是，这帮人丢城失地是因为没兵，而这帮人没兵的原因是朕不给，所以大家都留点脸，都赦之无罪，否则的话整个赵国都要反了。刘邦无视了周昌的小报告，然后开始检查周昌同学的任务完成情况。让周昌组织的军队就先不看了，把军队的将领叫来聊聊工作吧。周昌无奈，从底下人中精挑细选了四个人，让这四个人去见刘邦。

刘邦一看见这四位爷就骂街，注意，是一见到就骂街。刘邦这些年什么样的人没见过，身强力壮如樊哙，文弱不堪似张良，帅呆酷毙像陈平，不拘小节类刘敬……总之呢，这个人外形是什么样，刘邦并不在意。能达到让刘邦一见就骂街的状态，可见这四位爷是多么不堪入目。关键这四位不堪入目的爷还是周昌精挑细选的，那周昌这活干得怎么样，一目了然。被刘邦一骂，四个精挑细选的废物吓得如同烂泥一样匍匐在地。周昌也十分忐忑，谁也不知道刘邦接下来要拿谁撒气。

但是作为一个领导，大局观极强的刘邦给这四块烂泥封了爵位，让这哥四个都食邑千户，这是四块烂泥之前没想到的，也是在场所有人没想到的。周昌稍稍松了口气，但是跟着刘邦来邯郸的中央军不乐意了。建朝五年了，诸将的分封工作依然没有完成。当年跟着刘邦入蜀的将领还有没排上队分封的，倒让这四个奇葩先封了。诸将表示不满，封雍齿也就算了，封这四个就过分了。

刘邦也是不得已而为之。调兵的诏书已经传向了四方，齐王刘肥、燕王卢绾、梁王彭越、淮南王英布的部队都没有来。这里边有的是山高路远还没来到，有的是压根不想来。毕竟陈豨造反这个事，被逼反的痕迹太明显。也就是说，眼下刘邦能动用的，除了中央军，就剩周昌找的这群废物，不用他们没人可用。重赏了这四位，其他赵国子弟就会觉得刘邦重用赵人，所以就在刘邦和陈豨之间，更倾向于刘邦。

出处

上问周昌曰：“赵亦有壮士可令将者乎？”对曰：“有四人。”四人谒，上谩骂曰：“竖子能为将乎？”四人惭伏。上封之各千户，以为将。左右谏曰：“从入蜀、汉，伐楚，功未遍行，今此何功而封？”上曰：“非若所知！陈豨反，邯郸以北皆豨有，吾以羽檄徵天下兵，未有至者，今唯独邯郸中兵耳。吾胡爱四千户封四人，不以慰赵子弟！”——《史记·韩信卢绾列传》

刘邦在邯郸没能等来诸侯的援军，尤其是离得并不远的梁王彭越，能征善战可以填补韩信不来空缺的彭越，居然没有积极响应刘邦的号召。刘邦来不及分析个中原因，陈豨对汉朝的大规模进攻来了。

陈豨和韩王信联合作战，兵分三路对汉朝进行了大规模的打击。韩王信在匈奴的日子过得并不舒坦，那苦寒之地的环境多恶劣且不说，关键是冒顿单于根本不拿他当个人。韩王信本身就是汉朝的叛徒，他想要活命，必须铁了心跟着匈奴一条道走到黑，那韩王信的处境可想而知。

韩王信如此，陈豨也是如此。陈豨之所以下定决心造反，一方面是周昌打小报告挤兑陈豨，一方面是纪检部门搜捕审讯陈豨门客找碴，一方面是刘邦废诸侯王让诸侯丧胆，另一方面就是韩王信不断派人跟陈豨接洽，给足了陈豨造反的信心。

但是陈豨如果跟随韩王信的脚步，也会在匈奴地盘上遭受非人的待遇。鉴于此，韩王信拉陈豨下水，就是为了占据汉朝北方的土地，联合组建一个实力足够强大的国家来跟汉、匈三足鼎立。与其被汉、匈挤兑，不如让汉、匈争着买账。如今汉匈和亲，匈奴不打算对汉朝用兵。韩王信和陈豨的地位非常尴尬，所以这次大规模南侵战争，那是势在必得。

韩陈联军的计划是声东击西，鉴于刘邦亲自坐镇邯郸，诸侯态度不明朗，所以联军派出陈豨大将张春带兵万人攻打聊城，韩王信部将王黄带精锐骑兵千余人攻打曲逆（今河北省顺平县东南）。聊城在邯郸的正东，曲逆在邯郸的正北。如果刘邦按兵不动，则联军可以围困邯郸。如果汉军迎战张春，则王黄的机动部队则可以迅速南下破邯郸。另外陈豨立的丞相侯敞带了一万大军四处游荡，骚扰各路汉军不敢轻易擅离岗位，邯郸的形势，其实非常危险。

正所谓国难思良将，上阵父子兵。这两句本来不是一套，但确实是这次邯郸危机最应景的两句。刘邦审视了一下身边的这群战场宿将，出主意是都不行，但是论冲锋陷阵，有两个显然很靠谱。头一个，老将郭蒙。郭蒙那是老战士了，他属于在反秦斗争中成长起来的战场骁将。第二个更厉害，是汉朝诸将都服气的猛将曹参，此时担任着齐国丞相。刘邦派郭蒙带精兵去迎战张春，同时让曹参带领齐国的军队去协助郭蒙作战。

本来联军占据绝对主动，张春、王黄在东线进攻吸引汉军注意力，而汉朝的西线就会相对空虚。而韩王信的主力就在西线，随时能对长安、洛阳进行打击。就在这时候，韩王信没想到，陈豨的大将张春在聊城被郭蒙和曹参打得全军覆没。而且汉军东线的主力用的是齐王刘肥的部队，真正的汉军主力在猛将周勃、柴武的带领下猛攻韩王信的大本营马邑。与此同时，刘邦亲带周昌组织的大军从邯郸出发，攻下了伪赵王利守卫的东垣（今河北省石家庄市）。联军声势浩大的南侵战争全线崩溃，韩王信兵至参合城（今山西省阳高县），跟柴武对峙。柴武给韩王信写信，劝其投降。韩王信表示，自己在匈奴并不快乐，但是投降必死的道理他也是懂的。所以他本着不再受辱的原则，能多活一天是一天，坚决不投降。韩王信不降，柴武也不再讲什么情面，攻破参合城，屠尽一城人马，韩王信的两个儿子得以逃脱，汉文帝时韩王信的儿孙归顺汉朝，那是后话。

就这样，叛国五年的韩王信身死国灭，对他来说也是一种解脱。韩王信的悲剧确实让人唏嘘不已，论起来他跟刘邦的关系可谓十分密切。当初刘邦跟项羽争夺天下的时候，韩王信就被刘邦委以重任，独立跟项羽册封的韩王郑昌在韩地作战，屡立战功。荥阳大战，韩王信、周苛、纪信、枞公一起在关键时刻奉命殿后，给刘邦争取撤退时间。虽然那三位为刘邦死节尽忠，韩王信被俘投降。但是韩王信一瞅准机会，就逃出了项羽的大军，大有千里走单骑之势，留有用之身再度回到刘邦身边。

然而就是这样一个刘邦的铁杆，被刘邦谣言杀燕王臧荼，无故废楚王韩信给吓破了胆。明明是刘邦出于对他的信任让他镇守代地，但韩王信怎么看都像废韩王的节奏。之后韩王信叛国北走匈奴，策反陈豨，终于在参合城结束了自己折腾的一生。

第五十一章　韩信的结局

在古代要想当个名将，必须要具备以下几点要素：

首先说这个人一定要有天分，如果这个先天条件有所缺失，那是后天无论如何都弥补不了的。

其次，在古代为将，必须要有丰富的知识储备。比如说大家都是科班出身，带兵来到一个地形适合驻军的地方。有的人会根据自己仅有的知识判断此处可以驻兵，知识更多一点的会知道此地的梅雨季节就要到来，这个地形放在西北是绝佳的驻兵地点，在江南就是绝地。有的将军大喊一声前面有梅林，将士们马上条件反射，不再口渴。有的将军大喊一声前面有梅林，将士们马上抄家伙拼了！塔克拉玛干哪儿来的梅林？

第三就是将才和帅才的分水岭了，必须具有极强的意识。意识这个词随着一批竞技类游戏的大热，“意识流”成了一个很高端的流派。所谓的意识，就是在对的时间出现在对的地点。要做到这一点，就必须得做好相当精准的预判。今天的将军们打仗，各类电子设备齐全，现代化战争越来越向游戏的操作界面发展。再想想古代打仗，连地图都没有精准的，没有路标，甚至都没有路，在漫天黄沙中精准地打击目标，这得多大能耐？当然了，多数情况下，这个意识得和运气挂钩。但是运气这个东西，确确实实得靠有准备的人抓住。

这时候，再来分析一下韩信当年对刘邦说过的话。韩信说刘邦最多能带十万大军，而自己则没有上限。这句话的根据是什么呢？其实这就是说的意识问题。古代战争没有电台，所以一个将军对军队的掌控，几乎所有事情都得做出预判。刘邦带过六十四万大军，结果项羽三万骑兵一到，毫无准备的刘邦不可能马上指挥六十四万大军该怎么办，所以只好大家各自跑路，六十四万联军瞬间崩塌。

而汉朝“意识流”的代表人物韩信，也有预判不准的时候。他跟陈豨约定好了里应外合造反，而陈豨真的反了。这都没关系，有关系的是既然陈豨造反了，为什么不给韩信送信儿里应外合呢？当时没有电话，具体原因韩信只能凭借自己超强的意识去预判。道远还没来到？送信儿的被击毙了？陈豨压根不和自己合作？总之韩信任何信息都没得到。

韩信造反为什么这么依赖陈豨呢？就当时的汉朝而言，论军队实力，最强的是中央军无疑。排名第二的就是陈豨掌握的代、赵军。至于第三名是彭越还是英布都不重要，重要的是中央军里边最精锐的是机动灵活的郎中骑兵。如果陈豨不能把刘邦拖住，那么只要韩信在长安搞事情，郎中骑兵可以飞快地驰援长安。如果刘邦的主力被拖住，韩信这些年养的门客都是万中无一的高手，带领他们先释放囚徒增加自己实力，再神不知鬼不觉地突然奇袭未央宫活捉太子和皇后，到时候宣布刘邦战死，然后拥立太子登基当傀儡，大封天下诸侯让大家踏实，韩信则可以名正言顺地监国。就算将来刘邦回来也不好使，毕竟长安的诸臣都成了新皇帝的开国功臣，所以只能一条道走到黑。

就当时而言，能有本事拖住中央军的，从牌面上看只有陈豨的代、赵军。所以韩信才会那么着急，反与不反，全看陈豨和刘邦的战事。韩信不指望从长安的新闻里能看到什么，就算刘邦战死，长安的新闻也得说汉军大获全胜，这是稳定社会的需要。

韩信等不及了，于是主动派人联系陈豨。这次联系需要时间，但是造反这个事，可没有那么多时间去等。历史上造反这些事，领头的可以策划很长时间。但是这个事要办的时候，一定要引诱底下人一拍脑袋马上就做了，千万别思考。因为任何形式的造反，都是细思极恐的事。要不说秀才造反十年不成呢，考虑得太多肯定不行。

韩信失误就失误在对陈豨有了误判，消息迟迟不来，韩信过早激发了底下人的热情，结果韩信关键时刻身边没有蒯彻或者李左车给自己鼓励，一犹豫，底下人的热情消退了，甚至有人提出不想干了。

本来韩信就没谱，结果又出现了扰乱军心的人，所以韩信就把这个人关了起来，准备择期杀掉。被关的这个人的弟弟赶紧去告密，说韩信在家组织特遣队密谋造反。

按说刘邦不在长安，韩信的唯一胜算就是出其不意地攻打未央宫。现在有人告密，情况就不一样了。按照一般思路，对于这种阴谋颠覆政权的人，必须马上派兵拘捕。问题来了，兵呢？都让刘邦带走了。御林军作为禁宫守卫，自古以来都是起到安保的作用，指望这些仪仗队打仗是不行的。所谓的大内高手的高，那是高在擂台上，论实战拿不出什么像样的成绩。别的不说，中国历史上那么多次都城保卫战，别管成功与否，哪次不是靠着外地的勤王部队？有哪些所谓的大内高手为保卫都城做贡献了？

所以，就当时而言，如果朝廷马上和韩信起冲突，能依赖的最多也就是丞相萧何的门客。当然了，别的大臣家也有门客，但是组织起来费劲不说，论训练有素和作战素质，跟韩信的门客显然不是一个等级。如果太子刘盈暴脾气一上来，带着御林军和丞相家的门客去拼杀韩信。那么结果无非是两个，其一是败了，那就跟后世曹魏皇帝曹髦带着御林军去杀司马昭一样，只能是死路一条。如果刘盈胜了呢？有把握活捉军事天才韩信吗？够呛吧。韩信这种人如果带着残部到了地方上，那能掀起巨大的风浪。怎么说汉朝内部的危机，都比陈豨叛乱的危机要大得多得多。

好在朝中主事的不是太子刘盈，而是皇后吕雉。吕雉是个强悍的女人，一个手段不次于刘邦的强悍女人。中国历史上有四大美女，吕雉是不能上榜。但是要排出中国历史上的四大悍妇，按顺序必须是吕雉、独孤伽罗、武则天、慈禧。

正是因为吕雉在长安，所以朝廷就算知道了韩信阴谋造反，知道了汉朝危在旦夕，然而并没有贸然去跟韩信起冲突。吕雉很厉害，她居然若无其事命令媒体发布头条置顶专题文章，说刘邦剿灭陈豨即将回来，要大臣们进宫一起开个“剿灭乱臣贼子欢迎圣上凯旋趴”。

消息传出来，韩信蒙了。反还是不反？他的犹豫症再度发作。这时候家里来人了，说请韩侯爷去宫里赴宴。那韩信哪敢去啊，再次称病在家等消息。这时候大丞相萧何亲自来慰问，说不用多待，进去道个贺就回来，省得皇后挑理不是？

韩信觉得萧何说得有道理，跟着萧何就去了长乐宫。你说萧何当时紧张吗？应该会很紧张。韩信的武功是不错的，万一他觉察到情况不对，掉头就走，谁能拦住他？京城能打的诸如樊哙、周勃、曹参等人都被刘邦带走了。这一点吕后早有准备，派人把韩信迎接到宫里娱乐气氛最浓厚的钟室。钟室没有美妙的钟声，等带韩信的一群殿前武士突然出招摁住了韩信，韩信的丧钟正式敲响。

吕后深得刘邦的真传，除了贯高案吕后为张敖辩护之外。这种事吕后都不审讯，直接判处了韩信死刑，而且是立即、就地执行。

韩信算是服了，这简直是出门就上当，当当都一样。这次被抓跟上次在云梦泽被抓有什么区别？没有区别。非要说有，那就是上次被抓，韩信感到不服、委屈。而这次，韩信是大彻大悟。上次韩信被抓，大声喊着兔死狗烹。这一次韩信突然之间就活明白了。

司马光对韩信的评价最到位，他说刘邦在云梦泽无故拘捕韩信，固然是刘邦不对。但是这对君臣之间的矛盾不是从那时候的开始的，如果追本溯源，两人的矛盾是从韩信平定三齐逼迫刘邦封他为王开始的。

我想韩信临死之前，也是想明白了这个道理。但是韩信更清楚，他这样一个在政治事件上犹豫症严重的人，之所以豪气万丈地去平三齐坑死刘邦最爱的郦食其，又敢把话挑明要当齐王。归根结底，那是阴谋家蒯彻给他出的主意。所以被判决死刑且立即执行的韩信临死前只说了一句话：“吾悔不用蒯通之计，乃为儿女子所诈，岂非天哉！”

韩信在临死之前，用这句话拉蒯彻垫了背，可见最后韩信琢磨透了，他悲剧的症结所在，就是这个算命出身的蒯彻。

长乐宫钟室内，武士手起刀落，用兵如神的韩信将星陨落。

出处

吕后欲召，恐其党不就，乃与萧相国谋，诈令人从上所来，言豨已得死，列侯群臣皆贺。相国绐信曰：“虽疾，强入贺。”信入，吕后使武士缚信，斩之长乐钟室。信方斩，曰：“吾悔不用蒯通之计，乃为儿女子所诈，岂非天哉！”遂夷信三族。——《史记·淮阴侯列传》

有人说韩信是个好军事家，不是个好政治家。但是韩信这样一个患有严重犹豫症、拖延症和选择困难症的人怎么能成为一个军事家呢？那到底军事家和政治家怎么区分呢？说到根子上，能正确决定这仗该不该打的，是政治家；而能正确操纵怎么去打赢战争的，是军事家。韩信能打胜仗，但是从来不知道哪些仗该打，哪些仗不该打。比如说平定三齐之战，韩信打得那叫一个漂亮，但是赢了战争的韩信，输掉了人生。这就是政治家和军事家的区别，韩信好在临死前明白了，不像后世的岳飞等人，到死都没明白。

第五十二章　吕后势力渐大

在陈豨和刘邦的这场对决中，随着两个韩信的败亡，刘邦占据了绝对优势。陈豨在西线遭到了太尉周勃的猛烈进攻，东线有齐国丞相曹参高歌猛进，中路有刘邦的中央军屡屡得胜，最要命的是东北部燕王卢绾不断骚扰陈豨的退路，陈豨进退维谷，只好收集了韩王信的残部王黄、曼丘臣等，然后向冒顿单于求援。

陈豨虽然死而不僵，但更让刘邦不放心的消息传到了前线，让刘邦一刻也不敢在地方上待着，迅速回到了长安。这个消息说起来很简单，吕后杀掉了淮阴侯韩信！然而这个消息背后的信息量极大，让刘邦坐立不安。

平心而论，刘邦对韩信，那是想杀而不敢杀。因为韩信这个人，那是不能随便杀的。从刘邦开始决定重用韩信以来，韩信就一直是刘邦集团的二把手。登坛拜将，韩信是唯一一个。以大汉左丞相的身份带兵，韩信是唯一一个。刘邦多次起死回生，都是从韩信那里调兵。固陵之战刘邦吃不下仓皇而逃的项羽，还得请韩信出山给项羽最后一击。诸王劝进刘邦称帝，韩信是带头的那位。总之呢，韩信的功劳，是天下人看在眼里的。至于韩信平时嚣个张、跋个扈、高个调，跟韩信的功劳比，压根不能放在台面上说事。

这就造成了中国历史上很多开国君主都头疼的问题，帝国的副统帅、二把手总能让开国君主惴惴不安。这是个解不开的结，韩信本领太大，刘邦不得不重用他。虽然很多次刘邦企图绕过韩信解决问题，但是他做不到。就这样，韩信跟很多历史上的才俊一样，凭本事被领袖一步步捧成了二把手。随着帝国建立，韩信就成了刘邦最忌惮的人。你说韩信对于刘邦来说，到底有什么罪？导致刘邦非要跟韩信过不去。

很多人解读为：怀璧其罪。也就是说，韩信最大的罪过，是本事太大。其实并不是这样，因为如果没有萧何，韩信的丰功伟绩就无从谈起。韩信真正的罪过就是：年轻。

对，跟历史上很多被整死的才俊一样，韩信最大的罪过是：太年轻。韩信死的那年才三十五岁，试想一下，如果韩信不死，刘邦驾崩之后，朝中谁还制得住韩信？是，萧何可以。但是萧何那个岁数，显然熬不过韩信。被刘邦寄予厚望的曹参、灌婴都是韩信的部将，单凭周勃怎么能跟韩信比呢？作为一个开国领袖，这些问题，是刘邦不得不考虑的。其实宋朝岳飞也是这样，有人说岳飞死于文字狱，那句“再从头，收拾旧山河，朝天阙”是岳飞的死因。有人说岳飞老喊着“迎回二圣”，触犯了宋高宗的底线是岳飞的死因。有人说岳飞死于奏陈宋高宗立太子。其实最直接的原因就是岳飞太年轻，死那年才三十九岁，而那些能跟岳飞掰掰腕子的大将如韩世忠、张俊等都快六十岁了，天下局势不稳，武将叛变的事宋高宗也经历好几回了，他真怕一个年轻且有威望的统帅。所以韩世忠可以退休，张俊可以明升暗降震震场子，而岳飞必须死。

刘邦曾试图动韩信，就是云梦泽拘捕韩信那次。结果非但没有查出韩信的死罪，还弄得从此大汉朝政局不稳，韩王信因为这事吓得反了，刘邦被贴上了残害功臣的标签。以当时刘邦的威望，不足以杀了人还能获得赞誉。他跟韩信的关系像极了一对情侣，女方对男方帮助很大，全心全意地为了男方的事业和生活付出。但是由于女方太能“作”，所以男方想分手。不过无论男方以什么理由分手，都会背上负心汉的标签。所以这时候男方最迫切希望的是女方提分手，什么理由都行。

刘邦对韩信就是这个心态，他最希望的就是韩信真真正正地去造反，要不然就算杀了韩信，也只能引发更大的动乱。正因为如此，当刘邦听说韩信造反被吕后杀掉之后，表现的“喜且怜”（《史记·淮阴侯列传》）。“喜”好理解，韩信终于自己搞死了自己，刘邦活活美死。“怜”就值得玩味了，因为刘邦突然发现，韩信死得不是时候。

因为强大如韩信，居然神不知鬼不觉地被吕后给杀了。那就是说，其实帝国的真正威胁根本不是韩信，而是吕后。更关键的是，就算韩信造反跟刘邦争衡疆场，刘邦也不怕韩信。但是吕后的实力现在大到了可怕的地步，刘邦这个岁数，没精力、没能力，更没实力跟吕后进行权利争夺战。据不完全统治，吕后集团的关键成员有：太子刘盈、鲁元公主和张敖夫妇、丞相萧何、智囊张良、商山四皓、猛将樊哙、能人审食其。指望陈平、周勃、曹参跟这些人对抗，显然不现实。刘邦打心眼里希望这时候身边能有个韩信，可惜的是韩信只想当大王，不想当丞相。

刘邦不想再跟陈豨浪费时间，他必须马上回家，要不然镇不住场子了。刘邦回到长安，高度赞扬了吕后镇压韩信的正义之举，然后马上打听韩信这厮临死前说了什么？吕后告诉刘邦，说韩信后悔没听蒯彻的话在齐地造反。

蒯彻，刘邦听说过这个人，目前他正在山东装疯卖傻。因此，刘邦给自己的大儿子齐王刘肥下令，拘捕蒯彻送到长安来。

关于刘邦和蒯彻的这次见面，双方对结果都是心知肚明。就算蒯彻犯了教唆罪，就他目前这个无公害的状态，罪过再大都大不过贯高。刘邦都不曾亲自提审贯高，但非要面见蒯彻，说明刘邦要用蒯彻。所以对于这次见面，蒯彻精心准备了一份演讲稿。但是蒯彻的那点道行，跟刘邦比就太不入流了。这样一场决定历史走向的见面，在未央宫开始。

刘邦知道，蒯彻这种人，无情无义，唯利是图，可用但不可重用。所以这场见面一开始，刘邦就要炖了蒯彻。蒯彻不慌不忙，把自己的演讲内容娓娓道来。这段演讲稿写得非常好，蒯彻首先高度肯定了自己的能力，号称如果韩信用他早就一统天下了。然后高度赞扬刘邦的合法性，把刘邦比作古代圣君尧帝，说自己当时相当于盗拓的狗，就算对着尧帝犬吠，那也是为主人尽忠。换言之，谁要是用他蒯彻，蒯彻就死心塌地为谁当狗。

刘邦说，放了他。

然后，蒯彻蒙了，皇上是没杀他，但也没用他啊。皇上这是弄啥呢?

宫中耳目甚多，刘邦什么都没说。但是后来，蒯彻成了齐国丞相曹参的门客。再后来，曹参进入中央担任了丞相。可惜的是曹参早死，不过若干年后的诸吕之乱，正是曹参辅佐过的齐国保全了刘氏江山。这一切，绝非偶然。

这一年注定是多事之秋的一年，刘邦封四子刘恒为代王，在名义上主持周勃灭陈豨的战斗。

这一举措，其实就是刘邦开始安排后事的节奏。代国离长安最近，代王的精兵只要不是吕后一党，也算是留下了刘氏的有生力量。就像把周昌按在赵国一样，刘邦让战功赫赫的曹参继续待在齐国。在没有韩信的日子里，刘邦希望将来能够成为击溃诸吕奇兵的人，是彭越。

在大汉的军方，地位、能力、战功仅次于韩信的就是彭越。跟卢绾比，彭越能力更强。跟英布比，彭越不仅能力更强，忠心也更值得信赖。

然而诡异的一幕就此出现，之前刘邦招彭越去长安，彭越每次都去。往前推一年，太上皇驾崩，刘邦招彭越来吊丧，彭越也来了。招陈豨，陈豨反了。而刘邦攻打陈豨的时候，招彭越，彭越却称病不去。为什么？其实彭越真的病了，他虽然没去，但是他的部将却带着兵帮助刘邦新组建的赵军作战。但是刘邦对彭越不满，派人去骂了彭越。

刘邦就是这样，喜欢谁就骂谁。比如郦食其，当年经常被刘邦骂成狗。比如刘敬，刘邦骂起来也不留情面。包括夏侯婴、萧何、陈平，哪个没被刘邦骂过？但是刘邦骂彭越，让彭越很害怕，因此他决定带病去见刘邦。彭越的狗头军师扈辄对彭越说，不可！被骂了才去，这是找死。

其实这个事有点像《水浒传》里的一个小故事，说太尉高俅想整禁军教头王进。于是问底下人为啥王进没来上班？底下人说王进请了病假。高俅非说王进渎职，派人把王进叫来问话。高俅还是问王进为何不来上班，王进说病了。高球说，胡说，病了怎么现在来了？说明这是装病！

你看，这就是传说中的两头堵。但是这个事情的前提是高俅想整王进，而刘邦却不想整彭越。且不言彭越的功劳，也不说彭越跟刘邦的交情，就说当时刘邦连陈豨和韩王信都没解决，怎么会吃饱了撑的去对付彭越呢？

在汉初异姓王中，彭越算是个兼容诸王特点的综合性诸侯王。论跟刘邦的亲疏关系，彭越仅次于燕王卢绾，根本不次于吕后一党的赵王张敖；论带兵，彭越仅次于楚王韩信；论武功，彭越不输于淮南王英布；论区域威望，彭越在梁地的声望相当于长沙王吴芮在百越地区的威望；总之呢，这位社团大哥出身的梁王殿下，跟刘邦的关系非比寻常。

说起刘邦和彭越的初见，那绝对是一见如故。两个人的初次见面还是在秦末战争时，那是个拼血统讲声望的战争时期，刘邦和彭越都有雄才，却只能跟着别人亦步亦趋。但是刘邦一眼就看出了彭越治军严谨，战略架构清晰，是个不可多得的军事奇才。而彭越跟刘邦也是相见恨晚，因为除了黑道这些流氓，还没有人对自己有过赞许。两个人就这样建立了友谊，两场战争之后，刘邦兑现诺言让彭越做了梁王，彭越也为刘邦称帝立下了汗马功劳。

汉朝建立之后，首任燕王臧荼在神奇的谣言中谋反，被刘邦置于死地。大汉功勋之臣楚王韩信在神奇的谣言中被降为淮阴侯。老战士韩王信叛国身死，那是咎由自取。赵王张敖门客行刺未遂，被降级也说得过去。总之彭越不信老哥们刘邦会对他下手。虽然当时的诸侯人人自危，包括彭越的部下都觉得刘邦早晚要对他下手，但是彭越不相信，即便是陈豨谋反、卢绾通敌，彭越依然没做过任何出格的事。哪怕是自己因病不能跟随刘邦作战被骂，但是彭越依然坚信自己的王位无虞。

随着淮阴侯韩信被吕后处死，刘邦赶紧离开前线回到长安。等到刘邦回了长安安排完蒯彻的任务，有人向刘邦告发，说彭越谋反。那么这位告状的仁兄有证据吗？可能有，还是先抓人再看吧。

此时的彭越一来绝无反心，二来没想过刘邦要向他动手。因此特警队去拘捕彭越的时候，手握重兵的梁王殿下居然没有任何准备，从容地被抓到了洛阳，注意，是抓到了洛阳。当时大汉朝的都城在长安，自从长乐宫和未央宫建好之后，国家的政治中心就完全搬到了长安。但是刘邦对彭越的审讯，是在洛阳进行的。经过审讯，彭越谋反证据不足，刘邦下令，将彭越废为平民，迁往四川。此案刚刚完事，更诡异的一幕出现了。本应该在长乐宫大门不出二门不迈的吕后居然急匆匆往洛阳赶去，途中“偶遇”了被贬为庶人的彭越。

两人一见面，彭越就哭诉自己无罪，希望能回老家昌邑安度晚年。吕后说可以，然后带彭越又回到了洛阳。吕后见了刘邦，直接告诉刘邦，要杀彭越！刘邦不置可否，吕后让彭越的部将检举彭越再造反。再造反，厉害了我的彭越，这罪名也是够可以的了。吕后的人一再奏陈族诛彭越，刘邦无奈，下诏将彭越灭族。

出处

于是上使使掩梁王，梁王不觉，捕梁王，囚之雒阳。有司治反形已具，请论如法。上赦以为庶人，传处蜀青衣。西至郑，逢吕后从长安来，欲之雒阳，道见彭王。彭王为吕后泣涕，自言无罪，愿处故昌邑。吕后许诺，与具东至雒阳。吕后白上曰：“彭王壮士，今徙之蜀，此自遗患，不如遂诛之。妾谨与具来。”于是吕后乃令其舍人告彭越复谋反。廷尉王恬开奏请族之。上乃

可，遂夷越宗族，国除。——《史记·魏豹彭越列传》

这就是彭越案的始末。比起其他的异姓王，彭越案疑点重重。有人告发彭越谋反，刘邦为什么不按照司法程序把彭越交给廷尉审判？为什么刘邦要离开长安亲自到洛阳审理彭越？为什么查无造反实据的彭越会被判决降为庶民发配四川？为什么吕后突然从长安出发拦截彭越回洛阳？为什么吕后一定要杀彭越？为什么司法部门要奏请族诛彭越？这背后隐藏着巨大的玄机。

刘邦从废楚王韩信开始，天下诸侯震怖，都觉得刘邦刻薄寡恩。随之而来的韩王信、赵王张敖事件，几乎坐实了刘邦杀功臣的名声。但是彭越跟刘邦之间是没有隔阂的，彭越没想过刘邦会杀他，刘邦也没想过彭越会反。

江湖上都知道，刘邦召见哪位异姓王，哪位异姓王就得倒霉。但是彭越招之即来，从未表现过疑心。就在彭越案发生的前一年，太上皇驾崩。刘邦召诸侯进京吊丧，彭越第一时间赶到，而陈豨就因为这事疑心从而造反。

后来刘邦征讨陈豨，本想带着淮阴侯韩信撑门面，结果韩信称病不给他面子。刘邦想退而求其次让彭越给他撑场面，结果彭越因病不能前往。两人都说得病，虽然一假一真，但是这个事让刘邦很生气，该要面子的时候，俩大将都没给他面子。

之后的事就有意思了，北方战场的形势并不复杂，但是长安传来了韩信被吕后诛杀的消息，这让刘邦坐立不安。刘邦为了对抗吕后势力，安排了周昌、曹参、蒯彻在地方上潜伏。而刘邦最看重的潜伏对象，就是这位梁王彭越。

正因为如此，刘邦才会离开长安亲自到洛阳审讯彭越，为的就是避开吕后对彭越面授机宜。四川那是刘邦的根据地，彭越到了四川，必然不是那么简单。

但是刘邦处理彭越案太过诡异，很快被吕后察觉到了异常。刘邦绕过廷尉去洛阳审讯彭越，这里面必有蹊跷。吕后赶紧从长安出发，果然发现彭越没有被判决死刑。这不对啊，这是刘邦吗？吕后还记得当初贯高案的时候，刘邦态度决绝地要把鲁元公主和张敖置于死地。如今居然对彭越网开一面，这里边绝对有事。吕后不问是什么事，她发动自己的势力，逼迫刘邦下诏族诛彭越，解除了后患。

在吕后的操纵下，彭越不仅被族诛，还不许收尸。彭越部下大夫栾布不顾禁令，高调地给彭越收尸。刘邦下令逮捕栾布亲自审讯，栾布仗义执言，历数战争时期彭越的桩桩大功。就当时的形势而言，不仅仅是韩信，彭越也具备跟谁谁就能取天下的潜质。刘邦大为感动，亲封栾布为都尉，这实际上就是对栾布的保护。

这一次，刘邦完败。

这一次，吕后完胜。

这一次，彭越玩完。

彭越的死让刘邦痛苦异常，这不仅让他亲手杀死了自己看重的亲信，还让他背上了禽兽的骂名，更让刘邦觉得吕后的势力已经压得他喘不过气来。这一年是高帝十一年，刘邦六十岁了。说实在的，闹起义闹了一辈子，刘邦真没过几天舒心日子。遭到彭越案沉重打击的刘邦回到了长安城未央宫，意志消沉的刘邦深居禁宫不见大臣，过起了秦二世当年的日子。

刘邦的清闲没过半个月，担心刘邦在深宫当中搞事情的吕后派亲信樊哙带着大臣硬闯禁宫，硬是把刘邦“请”出来，让他必须活在大家的眼皮子底下。刘邦五味杂陈，上一次樊哙这么愣还是在鸿门宴上给项羽施压，这次樊哙用在了自己身上。

出处

帝有疾，恶见人，卧禁中，诏户者无得入群臣，群臣绛、灌等莫敢入，十余日。舞阳侯樊哙排闼直入，大臣随之。上独枕一宦者卧。哙等见上，流涕曰："始，陛下与臣等起丰、沛，定天下，何其壮也！今天下已定，又何惫也！且陛下病甚，大臣震恐；不见臣等计事，顾独与一宦者绝乎！且陛下独不见赵高之事乎？"帝笑而起。——《资治通鉴》

树欲静而风不止，既然逃避不是办法，刘邦决定再跟吕后比画比画。在此之前，刘邦虽然深居禁宫，但是悄悄地办了一件大事。

在吕后势力逐步做大的同时，刘邦也盘点了一下自己的势力。能称得上铁杆的有曹参、周勃、灌婴、陈平、周昌、陆贾、叔孙通。这老几位总的来说官阶不如后党成员高，实力不如后党成员强，但是这几位都很低调，并不引人注意，甚至相当长时间之内，吕后都觉得这几位是中立派，因此并不加害他们。

刘邦是出了名地讨厌儒生，但是那都是表象。事实上刘邦对儒生的重用，不比后世任何帝王差。在没有郦食其的日子里，刘邦最爱的儒生就是陆贾。当然了，在董仲舒之前的儒生，都是实干派。刘邦对陆贾委以重任，让他赶赴南方，去册封南越王赵佗。

赵佗对汉朝的感情很复杂，一方面他是秦朝人，一不小心自己的祖国变成了汉朝。另一方面他自立为王名不正而言不顺，能得到中原大国的册封，有利于他震慑民族成分复杂的南越地区。赵佗是河北人，自从任嚣病亡之后，他就显得很寂寞。赵佗当年在大秦，不敢说能比肩蒙恬，最起码论综合素质比王离、杨熊之类的将领强得多。假如赵佗不是随任嚣镇守岭南而是驻兵中原，陈涉大泽乡起义之后，真轮不到章邯带兵平叛。所以在很长一段时间里，在岭南坐观中原成败赵佗很感慨，如果他在中原，什么项羽、韩信，都不是他的对手。

陆贾的到来，让赵佗终于有了可以聊天的对象。别人都见识太短，尤其是越人，刚学会汉语，根本没法往深了交流。正因为如此，赵佗和陆贾结下了深厚的友谊，看在陆贾的面子上，赵佗臣服大汉，接受了汉朝的册封，自此岭南名义上成了汉朝不可分割的一部分，大汉异姓王又多了一位。而这位南越王，在刘邦驾崩之后没少给吕后找麻烦，直到诸吕之乱结束，汉文帝派陆贾再度出使南越收服赵佗，这是后话。

有了赵佗这个外部力量牵制，刘邦在内部又玩了一出大胆的计划，借以向吕后集团出阴招。从时间上看，彭越死了三个多月了。彭越被枭首，尸体是栾布收的。这都过去三个月了，刘邦决定向诸侯们送个神秘礼物，那就是由彭越的肉制作的肉酱。很明显这不是彭越的肉，三个月了，彭越的肉也烂得差不多了。这都不重要，重要的是刘邦说这是彭越的肉，而这些肉只针对一个人，此人就是淮南王英布。

在这场帝后之争中，英布继彭越之后走上了躺枪之路。

第五十三章　恐“布”

一年的工夫，朝廷先诛韩信，后灭彭越，恐怖的气氛弥漫在整个大汉帝国。其实汉初那些年也并不是只有血腥的政治斗争，也有美好的爱情故事发生。今天这桩波澜壮阔的惨案，还真得从一桩爱情故事说起。

笔者作为一个“80”后，小时候没少看《还珠格格》，里面有句出镜率很高的台词老被念叨：山无棱、天地合，乃敢与君绝。其实这句词的出处跟汉初一个名人有关系，此人就是汉朝开国八大异姓王之一的长沙王吴芮。

吴芮是吴国贵族后裔，可惜啊，他这一支在越王勾践杀掉吴王夫差之后四处逃窜，早就不是什么贵族了。但是吴芮不辱祖上名号，为人仗义公正，在吴越地区很受各族人民的拥戴。秦朝时，吴芮是吴越地区各族人民推选出来的番邑令，当时的吴芮就手握一万多兵马，实力强大。如果单纯靠武力割据，吴芮活不到汉朝建立。秦始皇是什么人，那是一言不合就派三十万人北征匈奴、五十万人南讨百越的人。吴芮那万把来人，想在秦朝武装割据那是找死。吴芮的优势就是为人公正、仗义、关心百姓疾苦，又能担起事来在地方上做好事，所以秦始皇也不得不承认吴芮在吴越地区的地位，封之为番君。

后来无论是秦朝暴政还是秦末战争，抑或是楚汉之争还是汉初动乱，吴芮都在南方稳稳地当着领袖。他的封号可能是番君，可能是衡山王，也可能是长沙王。但无论他的名号是什么，在南方提起吴芮，都得由衷地赞叹这是条汉子。不管是楚霸王项羽还是刘邦，都得买吴芮的面子。就连吴家的世仇，越王勾践的后人们也自觉地站在吴芮的旗帜下，比如无诸和欧阳摇，都甘愿听从吴芮调遣。吴芮人缘就是这么好，而且都知道他只想建设江南，无意逐鹿中原，这也是吴芮的生存之道。

吴芮最令人羡慕的是拥有一场美好的爱情，其妻毛萍，那是文艺范十足的大才女。多年来无论局势多么危机，吴芮和毛萍都恩爱地在一起。两人兴趣相同，三观契合，又都具有文艺气质，这种爱情自然牢不可摧。

吴芮和毛萍去世，其子吴臣继承王位。两年后吴臣病逝，吴臣之子吴回继承王位。今天这段故事，就跟吴回有着密切的关系。

论起来淮南王英布是吴芮的女婿，也就是长沙王吴回的姑父。这一年是汉高祖十一年（前196），年初死了韩信，年中死了彭越，七月份一坛子肉送到了正在打猎的淮南王英布手里，送肉的说，这是反贼彭越的肉。

英布接到肉，感觉这不是一坛子肉，这是挑战书。彭越有罪吗？就在彭越被灭族后，给彭越收尸的栾布在跟刘邦的对质中已经把话说得很清楚了，栾布说彭越“反形未具”，刘邦封栾布为都尉，也就是说刘邦认同了彭越没有造反。

既然彭越没有造反，也就是说刘邦杀错了人。既然杀错了人，刘邦不仅不认错，也不给彭越平反，还在三个月后突然把彭越的肉酱送给淮南王英布，这让英布怎么想？没错，就是让你英布瞎想，就是挑衅，来呀，互相伤害呀！

那么说英布就此准备造反了吗？没有。英布、彭越、韩信这些出身寒微的人，在境界上还是有一定的局限性，小农意识还是比较强烈。对他们来说，能当上大王称孤道寡，那就是人生最高追求，任何事都要为自己的王位让路。萧何、张良、陈平、曹参从不计较官位的高低、爵位的上下，有的人急流勇退，有的人自污求平安，有的人默默地在地方上混日子，谁也不会计较蛋糕分给自己多少。而英布这样的人，对王位的贪恋达到了痴迷的地步。虽然他抱着肉坛子做好了造反的准备，但是他的原则没有改变，敌不动我不动。不到万不得已，绝对不放弃王位走向造反的道路。

然而天下没有不透风的墙，英布在六安调兵遣将招兵买马，最起码在淮南国声势不小。七月，英布的爱妾去医生家瞧病，恰好医生家对门住着英布的手下贲赫。贲赫一看这得巴结一下啊，所以带着礼物到医生家给英布爱妾送礼。这一聊很开心，贲赫、医生、英布爱妾就在医生家里大摆筵席，喝起酒来。完事这小妾回宫没法交代啊，出去看病怎么醉了？小妾就说跟贲赫、医生一起喝酒来着。英布大怒，顿时感到自己的冕旒冠闪现一道绿光。这事不禁琢磨，越琢磨越不对，得抓来贲赫问问。贲赫身正不怕影子歪，闻风而跑路，英布没能逮住他。贲赫一跑，坐实了他跟英布爱妾的问题。贲赫为了求生存，到长安去状告英布谋反。

出处

初，淮阴侯死，布已心恐。及彭越诛，醢其肉以赐诸侯。使者至淮南，淮南王方猎，见醢，因大恐，阴令人部聚兵，候伺旁郡警急。布所幸姬，病就医，医家与中大夫贲赫对门，赫乃厚馈遗，从姬饮医家；王疑其与乱，欲捕赫。赫乘传诣长安上变，言："布谋反有端，可先未发诛也。"上读其书，语萧相国，相国曰："布不宜有此，恐仇怨妄诬之。请系赫，使人微验淮南王。"淮南王见赫以罪亡上变，固已疑其言国阴事；汉使又来，颇有所验；遂族赫家，发兵反。反书闻，上乃赦贲赫，以为将军。——《资治通鉴》

至此，刘邦反击吕后的大业，完成了十之七八。再下一步就是给英布加把火，让他彻底谋反，然后让太子刘盈攻打英布。按照计划，刘盈战败获罪，赵王刘如意接任太子的机会就来了。贲赫的诉讼在朝中掀起了轩然大波，丞相萧何认为，英布这么贪恋王位的人，应该会抓紧时间享受王位给他带来的每一分每一秒的快感，断不会起兵谋反。刘邦表现得很谨慎，一改捉拿臧荼、韩信、彭越时的闻风而动，他先囚禁贲赫，然后派人高调地去淮南调查英布的反情。英布大惊，那还查什么啊，根据韩信、张敖、彭越的故事，只要有人来查，不管查得出还是查不出反情，王位都不保了。因此英布果断的斩杀贲赫全家，正式起兵谋反，为了王位，放手一搏。

刘邦慢条斯理地召开御前会议，说英布造反，诸位臣工有什么办法解决？诸将士气高涨，都要去活埋了英布。既然如此，大会一致通过了对英布用兵。至于谁去打这一仗，刘邦表示要回去研究一下。

那么说谁去打这一仗呢？诸将也都回去犯嘀咕。别看开会的时候一个个都很激动，号称要活埋了反贼。但是真让谁去的时候，没有谁是不害怕的。因为造反那位不是别人，是大名鼎鼎的英布。

英布是骊山囚徒出身，秦末战争的时候跟随吴芮出道，从此屡战屡胜，成了猛将的代名词。后来英布、吴芮、陈婴等地方豪杰都跟随了项梁，英布从此获得了更大的舞台。哪怕是面对秦军人将王离，英布也是屡战屡胜。后来项羽得势，英布作为楚军先锋将，无论是战秦军还是破函谷关，英布都身先士卒，给秦军和汉军都留下了恐怖记忆。直到项羽封了英布为九江王，一代战神的斗志突然就消失了，无论项羽和刘邦打得多热闹，英布只管享受王爷的生活，哪头都不帮。直到有一天，比英布更猛的龙且带着娄烦骑兵突然杀到，英布这才败走成皋，正式跟了刘邦。

多年以来，英布就是刘邦帐下的三号人物，战功、能力仅次于神一样存在的韩信和游击战大师彭越。楚汉战争后期，英布和刘贾精诚合作，成了项羽南路最头疼的劲敌。这次英布起兵，朝中大将都有什么把握能在这个猛将兄手下讨得便宜。那么说猛将英布造反有胜算吗？没有。其实严格来说，英布那不叫造反，他就想裂土称王，固守一隅罢了。对于英布来说，造反只不过是维持王位的一种手段而已，他没想改朝换代。

老司机夏侯婴的门客薛公敏锐地察觉到了这一点，他说英布如果取吴楚而北攻燕齐，那大汉朝就悬了。如果英布取吴楚而占敖仓守成皋，则足以跟大汉平分天下。但是如果抢劫吴楚而守长沙，那他就可以去死了。刘邦问薛公，英布会选择哪条道路呢？薛公说英布这种人，小农意识，胸无大志，肯定走第三条找死的道路。

薛公说得很有道理吗？不重要。重要的是刘邦封了薛公千户，让薛公思想飘满全军。本来让大家感到恐惧的英布，让大家燃起了轻敌的情绪。这时候刘邦下令，太子刘盈挂帅，征讨必败的反贼英布。

刘邦这招明打英布实打吕党的计划，几乎瞒过了所有人。但是大家别忘了，太子爷身边还有四个神奇的老师呢。这商山四皓看出了刘邦的用意，因此赶紧去找吕党重要成员建成侯吕释之，告诉吕释之赶紧去找吕后，阻止太子出兵。为啥呢？乍一看太子带兵对吕党来说是好事，但是商山四皓看出来了，就算英布胸无大志，但是单凭太子刘盈是打不过英布的。如果打输了，太子名誉扫地，必胜的仗打输了，这太子也不用当了。假如太子打赢了呢？到时候功高震主，刘邦随意编个僭越的罪名就能废太子。总之呢，英布不足虑，这是皇上跟皇后之间的博弈。

出处

是时，上有疾，欲使太子往击黥布。太子客东园公、绮里季、夏黄公、角里先生说建成侯吕释之曰："太子将兵，有功则位不益，无功则从此受祸矣。君何不急请吕后，承间为上泣言：'黥布，天下猛将也，善用兵。今诸将皆陛下故等夷，乃令太子将此属，无异使羊将狼，莫肯为用；且使布闻之，则鼓行而西耳。上虽病，强载辎车，卧而护之，诸将不敢不尽力，上虽苦，为妻子自强！'"于是吕释之立夜见吕后。吕后承间为上泣涕而言，如四人意。上曰："吾惟竖子固不足遣，而公自行耳。"——《资治通鉴》

吕释之赶紧通知吕后，吕后赶紧去找刘邦连哭带闹，宁死不让太子刘盈带兵。太子党铁杆叔孙通、张良也出来给刘邦施压，刘邦不得不放弃了自己反击吕后的重大计划，亲自带兵去征讨英布。

第五十四章　最后一次亲征

大汉帝国是越来越不让刘邦省心了，做开国皇帝做到这个份上，能和刘邦比悲催的也就是隋文帝和唐高祖了。除此之外，中国历史上哪个统一王朝的开国君主不都是妥妥地当着伟大领袖傲视群雄?

即便是隋文帝，也是在临死前发现祸乱在于内。唐高祖再怎么悲催也是肉烂在锅里，传位给哪个儿子也到不了外人手里。唯独刘邦，都到了他当皇帝的最后一个年头，外患还有北方的陈豨、南方的英布作乱，内乱还有吕氏集团不断渗透到帝国的任何角落。总的来说，刘邦预感到帝国有改姓吕的可能，这一切都是太子刘盈不可阻挡的。

总而言之，借给太子兵权去讨伐英布的计划被商山四皓看破，刘邦不得不亲自披挂上阵，去讨伐战斗力极强的淮南王英布。当初刘邦大力炒作薛公，让干部们都学习薛公思想，把英布贬低成随手可以捏死的跳梁小丑。如今吕后把难题丢给了刘邦，虽然英布不堪一击，但是太子没打过仗，经验不足，还是皇上亲自去捏死这个胆大妄为的英布吧。

刘邦见在中央刘氏集团已经无法跟吕氏叫板，又害怕将来吕氏把刘氏子孙一个个都弄死，所以刘邦不遗余力地把自己的子孙分封到地方上为王，而且汉初这些王爷们，在地方上享有极大的权力，兵权、经济权、人事权都在王爷们的手中。这次讨伐英布，刘邦带上了自己的儿子刘长，并封其为淮南王。

刘长是刘邦儿子中武力值最高的一位，其人好勇斗狠，力大无穷，活脱脱一个小项羽。讨伐英布的主将是灌婴，也是以勇武见长，刘邦这次南征，把能带走的精锐都带走了。在中央军出动之前，已经有两位王爷跟英布发生了军事冲突。当年刘邦废了楚王韩信，把韩信的地盘一分为二。刘邦的亲弟弟刘交被封为楚王，战功赫赫的堂兄弟刘贾被封为荆王。刘交那是文化人，论打仗的本事不比刘仲强。刘贾多年来跟着彭越、英布学了不少东西，算是个将才。但是这二位王爷面对英布，那就差得远了。刘贾也算是有着多年的戎马生涯，更有策反西楚大司马周殷的辉煌战绩。结果在这场战争中战败身死，成了英布的祭刀之鬼。刘贾尚不是英布的对手，刘交就更不行了，楚军大败，英布高歌猛进，一路接近了刘邦的老家沛县。

英布很得意，因为在他的眼中，刘邦岁数大了，连打陈豨都是打了半截回长安，可见刘邦厌战。再一个除了韩信跟彭越，汉军诸将谁也不是他的对手。所以英布一如当年的项羽，所到之处劫掠一空，骄横轻敌。英布万万没想到，在前线他竟然看到了刘邦的銮驾，皇上当真亲征了。

刘邦恨疯了英布，因为刘邦从英布的布阵中看到了当年项羽的影子。刘邦果断避其锋芒，坚守庸城。曹刿当年说过："一鼓作气，再而衰，三而竭。"刘邦成功地运用了这一理论，并不急于跟英布决战。等到"彼竭我盈"的时候，刘邦出马质问英布，为何造反？

按理说英布该怎么回答刘邦，这是一门大学问。造反得有理由、纲领、檄文，要不然谁陪你做这些脑袋别裤腰带上的工作？就连陈涉都知道说："大楚兴、陈胜王""王侯将相宁有种乎"。而英布却发挥了作死的最高奥义，说"欲为帝尔"！

出处

冬，十月，上与布军遇于蕲西，布兵精甚。上壁庸城，望布军置陈如项籍军，上恶之。与布相望见，遥谓布曰：“何苦而反？”布曰：“欲为帝耳！”上怒骂之，遂大战。布军败走，渡淮，数止战，不利，与百余人走江南，上令别将追之。——《资治通鉴》

这就很嚣张了，英布一句话不仅把汉军的火激起来了，也把淮南军的火激起来了。淮南军中有很大一部分是刘贾的部队，跟着英布造反也是不得已而为之。现在英布赤裸裸地把自己当皇帝作为革命纲领，那谁陪你玩啊。接下来一场大战，离心离德的淮南军丧失了战斗意志，汉军大胜，英布带着百十号人逃亡，混战中刘邦误中流矢。

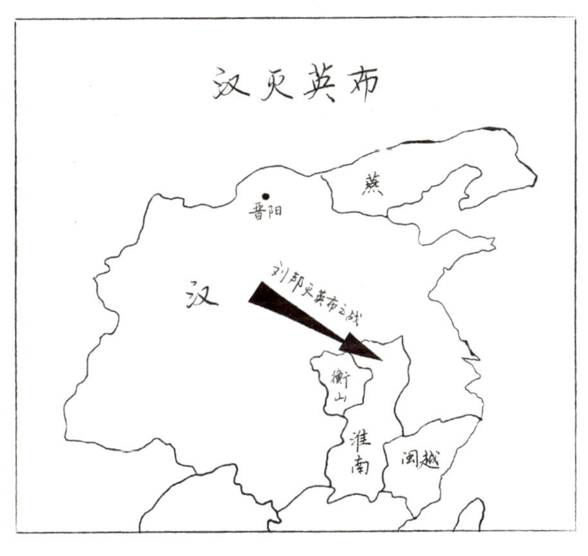

打仗这事，有时候就这么简单。刘邦虽然算不得军事家，但是这么多年的磨炼，让他还是很有心得的。当然了，英布阵前作死自废武功也是刘邦没想到的。当年项羽带着百十号人逃亡，尚能斩将、刈旗、溃围。英布这百十号人，显然不具备这个效果。即便是项羽复生，带着百十号人又能翻起多大浪来？

刘邦没工夫在这里多耽误时间，他派人追捕英布，而刘邦自己要赶紧回长安，毕竟长安才是刘邦最牵挂的地方。但是都到了家乡，刘邦回到了丰邑，宴请乡亲们共诉当年的情怀。

情怀，是一种随着年龄增长而愈加浓郁的情愫。刘邦六十岁了，身上又带有箭伤，这次回到家乡，他自己也觉得是最后一次。这里有刘邦太多的回忆，当年的母校马公书院还在，当年他爱过的姑娘也好，寡妇也罢，不知道还有哪些健在。当年欺负过他，被他欺负过的乡亲们，也不知道哪些还在。总之丰邑是刘邦充满回忆的地方，是刘邦难以割舍的乡愁。

刘邦悲从中来，不可断绝，作《大风歌》一首，其文曰：

大风起兮云飞扬，威加海内兮归故乡，安得猛士兮守四方。

这首歌极具楚地风格，虽然说的是自己威加海内回家乡的事，但是依然掩盖不住刘邦内心的悲凉。如今的局势是大风起兮云飞扬，能守四方的猛士一个个都是离心离德悲惨的结局，上哪儿再去找能力如同韩信、彭越、英布、陈豨、韩王信这样的猛士呢？刘邦唱完此歌，潸然泪下。谁能知道他这个当皇帝的苦？

出处

上还，过沛，留，置酒沛宫，悉召故人、父老、诸母、子弟佐酒，道旧故为笑乐。酒酣，上自为歌，起舞，慷慨伤怀，泣数行下，谓沛父兄曰："游子悲故乡。朕自沛公以诛暴逆，遂有天下；其以沛为朕汤沐邑，复其民，世世无有所与。"——《资治通鉴》

刘邦这个人，品行算不得好，但是乡亲们确确实实念刘邦的好。且不言楚国人刻骨仇恨的秦朝是刘邦推翻的，单说这几年的赋税徭役真比伟大的秦朝轻多了。这场酒，名义上是刘邦请乡亲们大宴十几天，实际上这笔钱刘邦是不出的，费用统统由沛县地方政府来出。地方政府出的钱，中央政府是不划拨的，这笔钱要从地方老百姓的赋税中出。也就是说，按照当时的制度，虽然是刘邦请乡亲们吃饭，但是最终的结果是乡亲们集体请刘邦吃饭。

刘邦知道乡亲们负担能力快到极限了，于是准备起驾回宫。这时候，感念刘邦恩情的乡亲们又组织了大量物资，诚心诚意地再挽留刘邦喝了三天酒。

刘邦离开了丰邑，北上去了趟曲阜。那个据传说最恨儒生的刘邦祭拜了孔庙，并开启了中国古代官员先祭孔子后赴任的先河。在刘邦回长安的路上，长沙王吴臣的王世子吴回给英布送了一封信，说他也想跟着英布逃往南越国投奔赵佗。论起来英布是吴回的姑父，自家人还是相信自家人。然而吴回给英布的信件其实是个误会，英布按照吴回指示的路线南逃，在一户农民家里歇脚的时候，被吴回的伏兵杀死，一代枭雄英布，死得无声无息。其实英布不知道，就算他逃到了南越，也免不了被赵佗斩杀。正值大汉和南越的蜜月期，赵佗犯不上为了英布得罪大汉，英布插翅难逃。

出处

汉别将击英布军洮水南、北，皆大破之。布故与番君婚，以故长沙成王臣使人诱布，伪欲与亡走越，布信而随之。番阳人杀布兹乡民田舍。——《资治通鉴》

解决完英布，大汉朝的异姓王还有四个。分别是跟刘邦最亲密的王爷，燕王卢绾；最新晋王爷，淮南王吴臣；实力最强的王爷，南越王赵佗；最安分的王爷，闽越王无诸。刘邦挣扎着带伤回到了长安，很快，一个好消息和一个坏消息同时摆在了刘邦的龙书案上。

第五十五章 发小

刘邦经过长途跋涉，终于回到了市容严整的长安城。这座城市中，有秀美灵动的长乐宫，有巍峨宏伟的未央宫，有刘邦的妻子吕雉，有刘邦最爱的戚夫人。这里，是刘邦的家。本来想好好养伤的刘邦，很快就陷入了深深的纠结当中，一个好消息和一个坏消息同时摆在了刘邦的面前。

好消息是太尉周勃北伐陈豨成功，大将樊哙将陈豨斩首。由于朝廷重金悬赏活捉王黄、曼丘臣，眼见末日在即的叛军绑了王黄、曼丘臣献给朝廷。大家都是买卖人出身，在商言商，追求利益最大化而已。既然这次在韩王信和陈豨身上投资失败，那就迅速止损，献出还有剩余价值的王黄和曼丘臣，不能血本无归。

随着陈豨叛乱被彻底剿灭，坏消息接踵而来。在审理陈豨部下的时候，审出了一桩惊天大案。

那是在陈豨起兵造反前期，刘邦北攻邯郸，燕王卢绾攻打陈豨后方。大将柴武斩杀韩王信，陈豨眼看要玩完，于是收编韩王信残部王黄、曼丘臣等人，向冒顿单于寻求军事支援。燕王卢绾绝对不允许这样的事情发生，为了从根本上截断陈豨的退路，卢绾派张胜出使匈奴，说陈豨在中原大败，希望匈奴不要跟一个败军之将合作。在见匈奴的领导之前，张胜在匈奴遇到了一个汉朝同胞，这两人的聊天改变了很多人的命运。

和张胜聊天这位，是前任燕王臧荼的儿子臧衍。臧衍这个前燕国王世子变成了逃往匈奴的丧家犬，肯定对刘邦恨之入骨。

你想吧，韩王信有兵有将有地盘，就这样带着嫁妆跟了匈奴，冒顿还不拿韩王信当个人看。臧衍兵败出逃，一毛钱价值都没有，可想而知这哥们在匈奴混得多艰难。因此这位怀着深刻国仇家恨的前燕国王世子，无时无刻不想着给汉朝搞事情。比如说这次，臧衍拉张胜聊天，就不怀好意。臧衍的话是这样说的，他说张胜之所以受到重用，那是因为张胜是匈奴事务方面的专家，燕国需要张胜。而燕国之所以平安无事，那是因为诸侯接连造反，大汉兵连祸结，所以朝廷没腾出手来对付燕国。如今燕国是讨伐陈豨的急先锋，万一陈豨被灭了，朝廷就有功夫讨伐燕国了。燕国如果不存在了，张胜也就完蛋了。所以张胜要生存，就必须保证燕国生存。燕国要想生存，就必须保证陈豨生存。

出处

胜至胡，故燕王臧荼子衍亡在胡，见胜曰："公所以重于燕者，以习胡事也。燕所以久存者，以诸侯数反，兵连不决也。今公为燕欲急灭豨等，豨等已尽，次亦至燕，公等亦且为虏矣。公何不令燕且缓豨，而与胡连和？事宽，得长王燕，即有汉急，可以安国。"胜以为然，乃私令匈奴兵击燕。绾疑胜与胡反，上书请族胜。胜还报，具道所以为者。绾寤，乃诈论他人，以脱胜家属，使得为匈奴间。而阴使范齐之豨所，欲令久连兵毋决。——《汉书·韩彭英卢吴传》

也就是说，臧衍教张胜养寇自重。张胜觉得臧衍说得很有道理，马上改劝匈奴小规模攻打燕国，企图制造燕国边境不稳的假象。

那么臧衍这话真的说得有道理吗？只能说乍一看是那么回事，但仔细一琢磨，臧衍就是为了搞事情，这话简直是胡说八道。刘邦和卢绾是同年同月同日生的发小，两家是同村，两人是同学，刘邦和卢绾的感情不是一两句话能说清楚的。年轻那会儿，刘邦无论是当亭长还是坐牢，抑或是当山大王、造反，卢绾都坚定不移地站在刘邦身边。刘邦废韩信，把楚国一分为二，任命刘贾、刘交为王。刘邦废张敖，把赵国一分为二，任命刘如意、刘恒为王。刘邦杀彭越，把梁国一分为二，任命刘恢、刘友为王。等于刘邦每废除一个异姓王，就会立两个同姓王。只有对燕国，刘邦杀掉臧荼之后，明明可以把燕国改成同姓国，但他却封卢绾为燕王，说明刘邦对卢绾是百分百信任的。燕国的存在与否，跟陈豨反不反没有任何的关系。

捋一捋这个时间顺序，卢绾先当燕王，陈豨才当了代相，之后才有了陈豨叛乱，因此卢绾当不当燕王，真跟陈豨没有关系。而且臧衍忽悠张胜的时候，梁王彭越和淮南王英布还在，怎么能说陈豨如果被灭，刘邦一定会对付燕国呢？臧衍的话，分明是唯恐天下不乱，纯属一本正经地胡说八道。

张胜脑子进水在匈奴胡闹，让卢绾非常生气。明明让他去忽悠匈奴打陈豨，现在这人居然忽悠匈奴打燕国。卢绾赶紧上书刘邦，说张胜叛国谋反，燕国警方已经捉拿张胜全家，准备将他们灭族。没多久，让卢绾惊讶的是那位定性为汉奸的叛贼张胜，居然理直气壮地回到了燕国，还劝卢绾养寇自重。

本来卢绾不至于相信张胜的鬼话，但是张胜回来的时候，正值梁王彭越被擒，这让卢绾着实吓了一跳。毕竟彭越跟刘邦关系铁，为人忠心，能力出众。既然彭越都保不住身家性命，自己也得提前做个准备。但是卢绾已经上书刘邦说张胜谋反，所以卢绾只好让张胜再回匈奴，然后杀了一堆不相干的人，冒充张胜的家人。之后卢绾派范齐去联络陈豨，让他长期在边境搞游击，凡事别太较真。

这事卢绾做得非常干净，绝对是神不知鬼不觉。但是没想到，第二年陈豨就被樊哙斩了。斩就斩彻底啊，没想到樊哙只杀了陈豨，其余叛将都成了战俘。经审讯，卢绾的事情暴露了。

刘邦不太能接受这个现实，除非卢绾当面亲自告诉刘邦，他要造反。刘邦派人去找卢绾，召他来问话。卢绾哪敢去啊，周勃前脚平叛成功，刘邦后脚就来召卢绾。卢绾心虚，称病不去。这事要搁别人，刘邦早就点起大军兴师问罪了。但是称病的是卢绾，不是彭越，不是韩信，所以刘邦没有动粗。刘邦思来想去，再派别人去请。这次去请卢绾的，一个是御史大夫赵尧，一个是辟阳侯审食其。卢绾听说来的是赵尧和审食其，更加害怕了。赵尧那是大汉纪检委的老大，他来了，有审查卢绾的嫌疑。审食其那是吕后的死党，他的到来，让卢绾得到了一个信号。来请他的并不是刘邦，而是吕后。

卢绾避而不见，对亲信们说，如今皇上病重，吕后专权。吕后先杀韩信，又杀彭越，专业诛杀功臣。所以，坚决不能跟着审食其去长安，去了就得死在那。卢绾的亲信们一听这事，那赶紧撒丫子跑吧。赵尧和审食其没能见到卢绾，却发现燕王府有不少人背着包袱带上家小，来场说走就走的旅行。看这些人决绝的眼神，那意思是再也不回来了。审食其赶紧派人探听消息，一问才知道卢绾竟然故意不见他们。审食其决定不等了，马上回长安，跟刘邦添油加醋地说卢绾反不反不知道，反正他装病不来朝，他手下人不少开始逃往，据传说燕王跟冒顿勾三搭四。

出处

高祖使使召卢绾，绾称病。上又使辟阳侯审食其、御史大夫赵尧往迎燕王，因验问左右。绾愈恐，闭匿，谓其幸臣曰："非刘氏而王，独我与长沙耳。往年春，汉族淮阴，夏，诛彭越，皆吕后计。今上病，属任吕后。吕后妇人，专欲以事诛异姓王者及大功臣。"乃遂称病不行。

——《史记·韩信卢绾列传》

就这样，刘邦和卢绾没能见到面。这哥俩没能及时进行沟通，在残酷的现实下，在互相的猜忌中，兄弟之间发生了决裂。刘邦认定了卢绾造反，卢绾认定了吕后要杀他。刘邦要活捉卢绾亲自问问，卢绾要等着刘邦病愈后派来个周勃、曹参、夏侯婴这样的老哥们来请他，他才敢去刘邦。

刘邦派不出老哥们，当时的刘邦箭伤难愈，吕后大权独揽，吕后希望的是卢绾跟刘邦决裂，吕后希望的是刘邦天妒人怨成为孤家寡人，吕后希望的是刘邦成为一个滥杀无辜的恶魔，这样她才能在刘盈执政后把自己塑造成伟大的救世主。

所以，刘邦能派去找卢绾的老哥们，只能是吕后的亲妹夫樊哙，还得打出派兵攻打卢绾的旗号。卢绾遣散军队，带着一家老小迁往长城边上，等着刘邦病愈之后去谢罪。这就导致了樊哙和卢绾没能见上面。误会进一步扩大，卢绾被迫流亡，刘邦再失强援，等待刘邦的，只能是死亡吗？

第五十六章　最后的挣扎

对于刘邦来说，还有太多事想做。但是岁月不饶人，箭疮不饶人。事情太复杂，刘邦没精力再跟一个超级女政治家搞一场旷日持久的斗争。既然没工夫再搞大餐，那就来个快餐吧。

刘邦刚回到长安，就遇到了传说中的卢绾造反案。鉴于朝廷跟燕国的沟通不畅，卢绾谋反的罪名被坐实，刘邦派出征讨卢绾的大将，是吕后的亲妹夫樊哙。

刘邦仔细分析了一下，吕后之所以能做大，原因是当时形势造就了忠于刘盈的太子党和忠于吕后的吕党相互依附。没吕党保着，太子党的核心人物刘盈不能当皇帝。没太子党的号召力，萧何、张良这样的重臣不会帮助吕党。假如没了刘邦，太子党断然不是吕党的对手。而固有的帝党人士要么被搞死，要么就会认清形势而依附吕党。所以刘邦决定釜底抽薪，先换太子，这样帝党人士会在刘邦驾崩后紧密围绕在新皇帝身边。

刘邦废太子的第一步，就是掌兵。掌兵的首要一步，就跟卢绾有关系。吕党重要成员樊哙前脚去讨伐卢绾，帝党核心人员陈平后脚就跟了上去。因为在百万军中取上将首级这样的事，当时只有陈平做得到。比如说当年项羽手下的核心人物，诸如范曾、钟离昧等，在陈平的计谋下，都在关键时刻被项羽抛弃。比如说汉朝最厉害的大将韩信，也是中了陈平请君入瓮之计而在云梦泽被擒。当时地球最强君主冒顿单于也是中了陈平的计谋而放走了刘邦。所以说这次在百万军中擒拿深得军心的樊哙，还得是陈平出手。

按下陈平不提，总之刘邦坚信陈平出马，一个顶俩。吕党第一武将即将完蛋，而刘邦同时要对太子党第一文臣出手，此人就是丞相萧何。刘邦搞政治斗争，总是先制造谣言，等谣言深入人心之后，再出手对付政敌。比如说刘邦对付臧荼，根本没有先动手，而是用流言蜚语活活把臧荼逼反。为了对付韩信，刘邦制造了赦免季布事件、诛杀丁公事件、云梦泽巡视事件。总之过去刘邦出手，那玩的是艺术，出手扑朔迷离。但是现在的刘邦没工夫再玩这么麻烦的事了，他要简单粗暴。

早在刘邦征讨英布的时候，刘邦就琢磨着对萧何下手。萧何是个政治敏感度非常高的人，为相十多年，一点把柄都没给刘邦留下。假如刘邦要“打老虎”，萧何不贪污。假如刘邦查纪律，萧何从来不渎职。最狠的是这都十多年了，连个重大安全事故都没出过，这让领导怎么对萧何下手？顾不了那么多了，萧何此时的罪名，莫须有了。只能问问老萧：你怎么不戴帽子？

在刘邦还没回长安的时候，萧何府中一个爱抖机灵的门客跟萧何讲，领导都讨厌没缺点的下属。要想让领导放心，就必须有把柄落在领导手里。本来萧何不赞同这个理念，但是考虑到现在自己老站在刘邦的对立面，这对患难兄弟之间的感情有了不少隔阂。那么说要不要给刘邦留点把柄呢？萧何聪明着呢，他明着自污，实际上是给刘邦制造一起攒人气的事件。

就在刘邦銮驾回长安的时候，路边忽然涌出一些百姓找刘邦，说萧何办的种种不法事件。萧何办了哪些对不起百姓的事呢？原来老萧仗着自己的权势，非要买百姓家的地。百姓们不卖，老萧就带非政府武装力量去强行购买。最狠的是买人家的地，还不让人家定价，价格得老萧说了算。最后谈完了，老百姓也搬迁了，该给的补偿款老萧还欠着。

刘邦很开心，回宫就召来萧何问罪，说老萧你这不对，欺负人得有个限度，赶紧去给老百姓道个歉，把事情处理好。按照一般逻辑，萧何无论怎么处理这事，刘邦都会在萧何解决完这个事情之后给萧何极大的处分。到时候老百姓重回家园，肯定念刘邦的好，痛骂萧何。萧何琢磨着这样干，刘邦应该满意吧。萧何为了让刘邦获得更多的民心，奏请皇帝开放皇家动物园上林苑给老百姓耕种，老百姓收粮食，剩下的秸秆喂动物，那老百姓得更念皇上的好。

萧何没想到，刘邦这次回来就要办他，无论萧何做什么，都是错的。刘邦听完萧何的话之后勃然大怒，愣说萧何收受商人贿赂，为资产阶级请命在朕的动物园耕种赚钱，良心大大坏了。下狱问罪！

出处

相国因为民请曰："长安地狭，上林中多空地，弃，原令民得入田，毋收槀为禽兽食。"上大怒曰："相国多受贾人财物，乃为请吾苑！"乃下相国廷尉，械系之。——《史记·萧相国世家》

这一下可谓是一石激起千层浪，太子党大佬萧何被捕，吕党必须设法营救。前者刘邦审彭越，司法部门完全无视刘邦的诉求，愣是按照吕后的主意判了彭越"再谋反"。这次刘邦把萧何绳捆索绑送入监狱，廷尉自然不可能审出罪来。那这事怎么了结？后党实力派人物王某某以一个十分强硬的姿态出现在了刘邦面前。

王某某很低调，低调到司马迁都不知道他叫什么。当然了，王某某叫什么不重要，重要的是他官拜卫尉。卫尉这个官仿佛很陌生，但是职权却相当唬人。卫尉是九卿之一，主管皇宫禁卫军。手握所有御前侍卫的低调人物王某某突然出现在了刘邦面前质问刘邦：萧相国有什么大罪当的上这么多刑具押入大牢？

这很失礼啊，一个侍卫头，做好皇宫安保工作就行了，敢这么直眉瞪眼地问皇上为啥这样审判丞相？简直是作死。但是刘邦不敢得罪这位王某某，毕竟自己的小命在人家手里捏着。刘邦耐心地解释：你看人家李斯当丞相，朝中政令对百姓有好处的，都说是秦始皇的主意。危害百姓的，都说是自己的主意。再看看萧何，收商人钱财，收百姓民心，办这事当然要处罚他。

再看王某某，瞪着眼就跟刘邦拧着干，他说萧何的所作所为才是一个合格的丞相该干的事。为民请命，错了吗？此外，这么多年战争生涯，萧相国一个人在关中，他要是想反，早就占据关中了。他连关中都不占据，怎么会收商人的贿赂呢？李斯那是做人的榜样吗？在他的鼓吹下，秦始皇一直觉得自己伟大，最后不还是葬送了秦朝吗？皇上这样怀疑萧相国的用心，太浅薄了。

王某某这番话，简直是上级训下级。翻遍《史记》《汉书》《资治通鉴》，只有这位王某某敢这样对汉高帝刘邦这么说话。刘邦被自己的下属教训了一顿，还落得浅薄的名声，非常生气。《史记》上说，刘邦听完王某某的话，“不怿”，意思就是不开心，很恼火。但是，刘邦不敢发作。最后，刘邦忍了一肚子邪火，不仅没有治王某某的欺君之罪，而且没有跟王某某理论。这两人可不是唐太宗跟魏征，魏征再耿直，也不敢说唐太宗浅薄。刘邦思虑再三，当天下令释放萧何。

出处

数日，王卫尉侍，前问曰：“相国何大罪，陛下系之暴也？”上曰：“吾闻李斯相秦皇帝，有善归主，有恶自与。今相国多受贾竖金而为民请吾苑，以自媚于民，故系治之。”王卫尉曰：“夫职事苟有便于民而请之，真宰相事，陛下奈何乃疑相国受贾人钱乎！且陛下距楚数岁，陈豨、黥布反，陛下自将而往，当是时，相国守关中，摇足则关以西非陛下有也。相国不以此时为利，今乃利贾人之金乎？且秦以不闻其过亡天下，李斯之分过，又何足法哉。陛下何疑宰相之浅也。”高帝不怿。——《史记·萧相国世家》

按说这事不就完了？完不了，刘邦必须给萧何道歉。史书上没写吕后到底给刘邦施加了多少压力，或者说这位王某某是不是真的有很明显的威胁举动。但是刘邦确确实实心不甘情不愿言不由衷地跟萧何道了歉。萧何从牢里出来，直接去见刘邦。萧何行礼的时候，刘邦说相国别多礼，您是为民请命的好相国，我是桀、纣那样的昏君。我抓了您是为了让百姓们知道您是好人，我是坏人。

出处

是日，使使持节赦出相国。相国年老，素恭谨，入，徒跣谢。高帝曰："相国休矣！相国为民请苑，吾不许，我不过为桀纣主，而相国为贤相。吾故系相国，欲令百姓闻吾过也。"——《史记·萧相国世家》

随着萧何的释放，刘邦反攻吕后的信心遭到了巨大打击。后党实力与日俱增，刘邦身体每况愈下。萧何稳居相位，吕家势力崛起。刘邦逆转不了刘氏的日渐衰弱，但是对于刘邦来说，认输是不可能的。

尾　声

刘邦的箭伤越来越重，在那个没有消炎药，甚至都没有消毒药物的时代，任何外伤都能导致严重的发炎、破伤风等疾病。在那个年代，这都是要命的。

刘邦强打着精神继续战斗，但是效果微乎其微，吕党势力已经做大，即便刘邦再不服输，也无能为力。不过刘邦斗争了一辈子，他坚信用权谋可以解决所有问题。吕后为了让刘邦消停点，希望刘邦能把人生的重点放在养病上，于是她找了一个号称能够治疗箭伤的名医来给刘邦疗伤。名医简单诊断了一下刘邦的伤情，说此伤不重，只要刘邦配合治疗。吕后安排这种事，其实很容易控制一个病入膏肓的人。就说现在吧，每个城市都有这样一群人去骗老年人。他们有可能卖药，有可能卖保健品，有可能卖医疗设备，有可能卖杯子、枕头、按摩床等。总之呢，这些人抓住了老年人对某些疾病的厌恶和恐惧，很容易让老年人本着试试看的心态把钱花了。

刘邦不是一般的老头，他对吕后找来的医生完全不感冒。生死有命，富贵在天。刘邦完全无视医生给他燃起的希望，怒斥医生之后，开始着手预备后事。刘邦认定，自己生命已经走到了尽头，不可能对吕后进行有效地反击。太子刘盈那两下子，也不可能斗得过吕党。所以，刘邦要给太子党增加力量，无论如何不能让江山落到吕氏手里。

刘邦旧事重提，换太子。此时周昌不在，无论是张良也好，还是叔孙通也罢，都不能说服刘邦彻底放弃换太子。关键时刻，刘邦看到了太子背后有四个老头。问问吧，这四位是谁？答案出乎刘邦的意料，这四位就是刘邦多次派人招揽而不可得的商山四皓。刘邦惊呆了，问这四位，不是不当官吗？这四位说了，他们哥四个墙都不服，就服太子。

出处

汉十二年，上从击破布军归，疾益甚，愈欲易太子。留侯谏，不听，因疾不视事。叔孙太傅称说引古今，以死争太子。上详许之，犹欲易之。及燕，置酒，太子侍。四人从太子，年皆八十有余，须眉皓白，衣冠甚伟。上怪之，问曰："彼何为者？"四人前对，各言名姓，曰东园公，甪里先生，绮里季，夏黄公。上乃大惊，曰："吾求公数岁，公辟逃我，今公何自从吾儿游乎？"四人皆曰："陛下轻士善骂，臣等义不受辱，故恐而亡匿。窃闻太子为人仁孝，恭敬爱士，天下莫不延颈欲为太子死者，故臣等来耳。"上曰："烦公幸卒调护太子。"——《史记·留侯世家》

刘邦彻底绝望了，刘盈羽翼已丰，无法撼动了。既然刘盈无法撼动，那就意味着赵王刘如意和自己心爱的戚夫人岌岌可危。鉴于此，刘邦对身后事，做了以下三手准备：

首先针对卢绾事件，刘邦定下国策：非刘氏而王者，天下共击之。这样从法理的角度阻止了吕氏为王，这样即便是吕后强行封吕氏家族子弟为王，也名不正言不顺。

第二，刘邦给刘氏诸王赋予了巨大的权力。刘氏诸王的封国跟赵佗的南越国一样，实质上就是独立的王国。诸王拥有独立的财政大权、军事大权、人事大权、法律大权。各封国与其说名义上受朝廷节制，不如说靠亲情受刘邦节制。一旦刘邦不在了，吕后再厉害，对付一两个封国就算是厉害的了，想对付所有的封国，几乎是不可能的。虽然这个政策导致了后来汉景帝时期的七国之乱，但是也正是这个政策平定了诸吕之乱，没让刘氏江山落到外人手中。

第三点也很重要，是关于丞相的人选。萧何岁数不小了，下一任丞相是谁，从某种角度讲，比下一任皇帝是谁都重要。吕后试探性地询问刘邦，下一任丞相让谁来做。刘邦五星级推荐：曹参。为什么是曹参？曹参看上去跟刘邦关系并不亲近。曹参和萧何当年就是县里的同事，两人共同跟了刘邦。多年来，萧何在大后方保障了刘邦的后勤，曹参在最前线冲锋陷阵。真到分蛋糕的时候，公认的安逸之星萧何被刘邦称为功劳第一，而公认的功劳第一的曹参居然被刘邦排除出了中央。连周昌被放到赵国当丞相都引起了周昌极大不满，而身背七十余创的曹参居然被刘邦摁到齐国当丞相，给人的感觉就是刘邦不待见曹参。再一个，曹参恨萧何，虽然是老哥们，但是建朝之后，两人不和也是世人共知。曹参一个武夫出身，刘邦让他当丞相，不会引起吕后的警觉。至于曹参跟刘邦是否有密谋，蒯彻到齐国跟曹参有什么交集，我们不得而知。不过可以知道的是，曹参是不会跟吕后一条心，而作为大汉军方最有影响力的男人，吕后也不敢明着动曹参。有曹参在，江山就一定姓刘。

但是曹参比萧何也小不了几岁，万一他也死了呢？刘邦说下一任丞相，是王陵。王陵是出了名的耿直，为人没什么城府，让他当丞相，也不会遭吕后猜忌。但是这样的人注定办不成大事，所以刘邦说王陵能力不足，要让陈平辅佐王陵。王陵不遭吕后猜忌，但是陈平一定会遭吕后猜忌。不过刘邦从不操陈平的心，他知道陈平一定会取得吕后的信任，而陈平一定会掀翻吕氏外戚。刘邦定了性格耿直的王陵做丞相，为人坦荡的周勃当太尉，跟吕后不和的赵尧当御史大夫。有这三公吸引火力，陈平处境就会相对安全。尤其是刘邦对吕后强调，能安刘氏天下的，必然是周勃，一句也没提陈平。刘邦只能送陈平到这了，剩下的路，得靠陈平跟整个吕氏集团周旋了。曹参的任务是保住刘氏江山，周勃、王陵、赵尧的任务是吸引吕后的火力，周昌的任务是保住戚夫人和赵王刘如意，而陈平的任务是颠覆吕氏外戚，让权利回到刘氏手中。刘邦的死党就这几个，帝党孱弱的实力，显然没有引起吕后的重视。因为眼看刘邦要驾崩，吕后的工作重点要转移到对付太子党当中来。

部署完这三点之后，刘邦平静地躺在龙榻上，该操的心都操完了，剩下的就看陈平了。与此同时，陈平在前往燕国前线的路上。当时的卢绾虽然被定性为反贼，但是卢绾在长城边上等待着刘邦来听他的解释。卢绾解散了军队，以完全无公害的姿态等待刘邦。也就是说，樊哙此行与其说是平叛，不如说是去逮捕卢绾。而陈平去追赶樊哙的随从当中，藏着一个当朝太尉周勃。

陈平以文臣的姿态从容地进入了樊哙的大军当中。以陈平雷厉风行的手段，很快拘捕了没做任何准备的大将军樊哙，就在诸将要闹事之前，太尉周勃出现在了主将面前。由于樊哙多年来都是周勃的部将，所以周勃很快掌控了整个军队，没有造成哗变。陈平不负所托，工作完成得很漂亮。就在这时候，消息传来，大汉帝国的缔造者，汉高帝刘邦驾崩，没留下任何遗言。从跟吕后的这场斗争来看，刘邦失败了，而且一败涂地。接过刘邦重托的陈平适时地调整了对吕政策，释放了樊哙，跟吕后成了自己人。

出处

二人（陈平、周勃）既受诏，驰传，未至军，行计之曰：“樊哙，帝之故人也，功多；且又吕后弟吕之夫，有亲且贵。帝以忿怒故欲斩之，则恐后悔；宁囚而致上自诛之。”未至军，为坛，以节召樊哙。哙受诏，即反接，载槛车传诣长安；而令绛侯勃代将，将兵定燕反县。平行，闻帝崩；畏吕谗之于太后，乃驰传先去。逢使者，诏平与灌婴屯嵲荥阳。平受诏，立复驰至宫，哭殊悲；因固请得宿卫中。太后乃以为郎中令，使傅教惠帝。是后吕谗乃不得行。樊哙至，则赦，复爵邑。——《资治通鉴》

刘邦撒手西去，卢绾悲痛欲绝。他知道没机会再跟老哥们刘邦解释什么，同样他也不想跟吕后说些什么。因此，卢绾全家投奔了匈奴，刘邦第八子刘建正式成为燕王。大汉局势风云突变，但是一切又非常有序。

太子刘盈毫无意外地成为汉朝第二代皇帝，而吕党成员毫无意外地充斥到了各大职能部门走向了台前。太子党和吕党不再是战友，而太子党的领袖萧何此时也病入了膏肓。萧何临终前，正式向汉惠帝刘盈推荐了政敌曹参当下一任丞相。萧何知道，曹参是个能保刘氏江山的人。站在吕党对立面的人物，由刘邦变成了陈平。过去的陈平唯刘邦之命是从，现在的陈平，要独立完成颠覆吕党的任务。

在未来的日子里，吕后果然一步步掌握了国家政权。赵尧果然成了吕后的第一打击对象，周昌没能保住戚夫人母子，王陵果然直言犯上吸引了吕后打击的火力。整个吕氏集团都没想到，一向是吕氏集团自己人的陈平暗中下了黑手，在吕雉死后调动各方势力灭了吕氏集团，扶了刘邦的第四子代王刘恒重掌刘氏江山。

至此，秦末、西楚、汉初这段波澜壮阔的历史，大致就讲完了。在这段历史当中，项羽、韩信、刘邦这三个楚国人成了最耀眼的明星。这三位千百年来留下了太多话题，有人说他们是英雄，有人说他们是竖子。有人赞叹于他们的成功，有人唏嘘于他们的失败。有人总结他们的经验教训，有人给他们做了很多假设。

当我们翻阅那些尘封了许久的文言文之后会发现，这三位都成功过，也都最终走向了失败。项羽缔造了一个强势的西楚王朝，但也不免乌江自刎。韩信威震天下，无人不服，但也难逃身死未央。刘邦君临天下，但也难免晚年丧权。这就是宿命，就像当年的那个神奇的预言一样，楚虽三户亡秦必楚，最终灭亡秦朝的是楚国人刘邦。但是若干年后，把楚国人项羽分尸毁掉西楚王朝的又是一帮秦人士兵。到底是楚灭秦还是秦灭楚，永远也说不清楚。具体到个人，项羽、韩信、刘邦的成败，其实也是宿命，可以堂而皇之地去分析总结他们的成败得失，但是谁也改变不了宿命。

每个人的一生，成功还是失败，往往都是同一个原因。项羽的成功，源自他的简单粗暴。江东多豪杰，只有敢于在郡守府亮剑的项羽成了江东领袖。宋义非庸才，但是只有不做任何思想斗争就拔剑的项羽才能夺了他的兵权。章邯是英雄，但是只有敢于以死相搏的项羽才能收降这位秦国战神。项羽靠着简单粗暴一步步成了新的领袖，建立了西楚王朝。我们可以看到项羽的成功一点也不烧脑，同样是项羽这个简单粗暴的性格特点，让他可以在战场上无往不利，给他三万铁骑，他能横扫五十九万反楚联军。可也正是因为项羽这个性格特点，让在战场上英勇无敌的项羽输掉了战略，在项羽的眼中，战争的真谛就是跟对手的主力决战，甚至是和对手阵前单挑。这也就是为什么屡屡在战场上取得战斗胜利的项羽，地盘越打越小，当他跟刘邦死磕的时候，韩信开辟了第二战场，彭越在游击战中实力坐大。项羽在自杀前夕，依然英勇无敌地演绎着简单粗暴。他斩将、刈旗、溃围，但是改变不了最终的结果。我们从史书上看得很纳闷，项羽每战都能大放异彩，但是却越打势力越小。项羽对现实也很无奈，自己总结为失败是天意。事实上我们没法以成败论英雄，项羽靠着简单粗暴取得了成功，也靠着简单粗暴走向了失败，那简单粗暴是对还是错？这个性格特点放在项羽身上，我们难以说清对错，这就是宿命。

韩信也是如此，在上演的逆袭当中，韩信靠的并不仅仅是高超的军事才能。韩信的核心性格特点就是自视甚高，因为自视甚高，所以韩信平民出身不去好好种地，非要学习文武之艺。正因为韩信自视甚高，所以他不甘于舒适地当项羽的侍卫队长。正因为韩信自视甚高，所以他不安于当连敖、治粟都尉，甚至不能当一般的将军。正因为韩信自视甚高，所以他必须灭掉齐国当齐王，因而得罪了刘邦。正因为韩信自视甚高，所以他行为高调，出入陈兵的他成了刘邦的打击对象。正因为韩信自视甚高，所以他绝对不能当个淮阴侯度日，最终造反身死。韩信成功和失败，都是因为自视甚高。韩信永远不低头，所以在头上戴上了王冠。韩信永远不低头，所以最后掉了脑袋。韩信自视甚高是对是错？说不清。他不是张良，所以不会急流勇退。当然了，他如果像张良那样懂得急流勇退，也无法在战场上建立那些丰功伟绩。

刘邦骨子里是个善于搞权谋的人，因为他善于搞权谋，所以他当上了亭长。正因为他善于搞权谋，所以他编造了自己神奇的身世。正因为他善于搞权谋，所以他结交了社会不同阶级的人士。正因为他善于搞权谋，所以他混进了吕太公的宴会。正因为他善于搞权谋，所以他能制造斩白蛇事件。正因为他善于搞权谋，所以他能控制下属、盟友，能瓦解对手，最终君临天下。当然，正因为他善于搞权谋，所以他寒了太多人的心，造成了太多老哥们和下属的不信任。从而导致了刘邦晚年的离心离德，大权旁落，凄凉地走完了自己最后的人生。所以刘邦靠权谋一统天下，也是因为权谋丢掉了大权。

也就是说，项羽、韩信、刘邦的成败，都是取决于时运。有的时代适合项羽，所以项羽成功。有的时代适合韩信，所以韩信成功。有的时代适合刘邦，所以刘邦成功。最终的结果就是，万般皆是命，半点不由人。那其实千百年来无论是人还是一个王朝，这种宿命怪圈一直存在。之所以大多数人逃不过宿命，主要因为一个人或者一个王朝最引以为傲的成功经验，只在他们成功的那一刻是有用的。不代表这是万世不移的真理。马上得天下的王朝，终究不能马上治天下。古人成功的经验我们往往无法运用，但古人失败的教训，都能成为我们走出宿命的指引。

其实不光这三位历史人物，我们每个人都难逃这样的宿命。造成我们成功的性格特点，很有可能会成为我们失败的原因。所谓江山易改本性难移，谁能笑到最后，大多数人要靠宿命，而能掌握在我们自己手里的，只能是适应时运的改变，虽然这很难。

这段历史对于中国来说，革除了传统的贵族文化传统，真正意义上打破了周朝时期诸国的文化和地域的界限，在匈奴和南越的夹缝中，汉族逐渐形成。也正是从汉朝开始，中华文化开始往外部传播，影响了整个东亚。虽然现在很多人都说日本保留了大量唐文化，其实日本传承的更多是汉文化。比如和服，更像汉朝的服装。比如武士刀，更像汉朝环手刀。比如榻榻米，就是汉朝的叠席。比如木屐，就是汉朝人的传统鞋子。

同时汉朝也是大规模吸收外来文化的时期，娄烦、白羊等北方胡人和南方百越人开始融入汉族当中，开启了汉族民族融合的先河。一个伟大的农业文明帝国在世界的东方大放异彩，成了世界历史发展的重要组成部分。